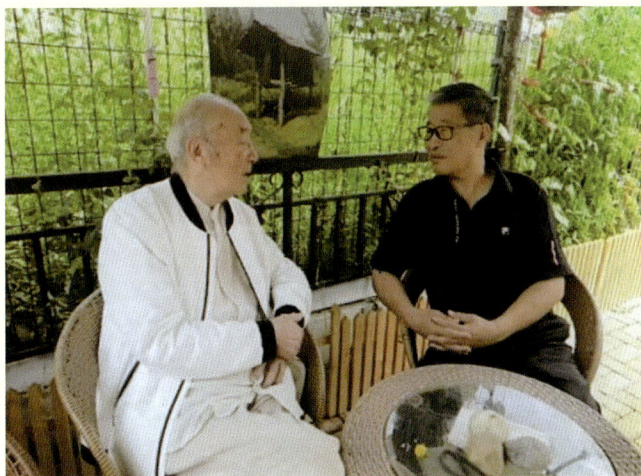

◆ 与郭兴文同志晤谈
（2018 年，作者住
宅后院）

◆ 与王建中先生
合影

◆ 与余爱水夫妇
合影(1987年)

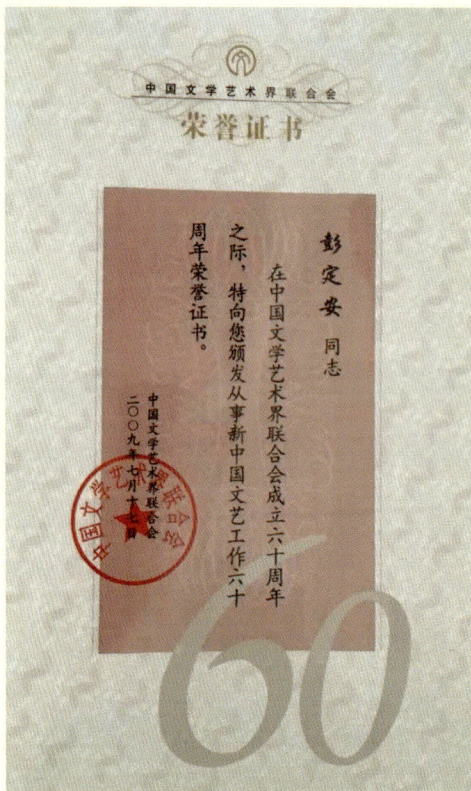

◆ 中国文联颁发的荣誉证书
（2009年）

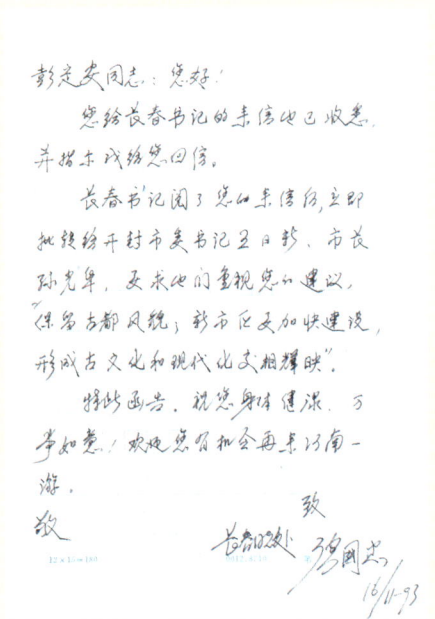

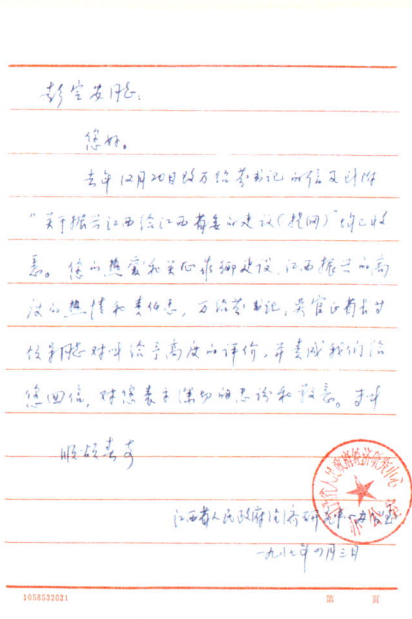

◆ 江西省政府与河南省委为作者提供的有价值的决策建议，给作者的表彰函

◆ 在敦煌莫高窟留影（2003年，敦煌）

◆ 在卫星发射基地观看神舟五号飞船发射升天（2003年）

◆ 出席中国作家协会第六次全国代表大会（2001 年）

17

中国现当代文学论集

彭定安文集

彭定安/著

东北大学出版社

·沈阳·

图书在版编目（CIP）数据

彭定安文集.17，中国现当代文学论集 / 彭定安著
.—沈阳：东北大学出版社，2021.8
ISBN 978-7-5517-2357-2

Ⅰ.①彭… Ⅱ.①彭… Ⅲ.①社会科学—文集②中国
文学—现代文学—文学研究—文集③中国文学—当代文学
—文学研究—文集 Ⅳ.①C53②I206.6-53

中国版本图书馆CIP数据核字（2020）第030480号

出 版 者：东北大学出版社
　　　　　地址：沈阳市和平区文化路三号巷11号
　　　　　邮编：110819
　　　　　电话：024-83680267（社务部）　83687331（营销部）
　　　　　传真：024-83683655（总编室）　83680180（营销部）
　　　　　网址：http://www.neupress.com
　　　　　E-mail:neuph@neupress.com
印 刷 者：辽宁一诺广告印务有限公司
发 行 者：东北大学出版社
幅面尺寸：170 mm × 240 mm
插　　页：4
印　　张：14
字　　数：222千字
出版时间：2021年8月第1版
印刷时间：2021年8月第1次印刷
责任编辑：李　佳
责任校对：刘　泉
封面设计：潘正一
责任出版：唐敏志

ISBN 978-7-5517-2357-2　　　　　　　　　　　定价：63.00元

目录

CONTENTS

我与中国现代文学研究①

　　这是我对一个学术提问的回答。在答案中，我表述了自己对中国现代文学的认识，以及对中国现代文学研究的意义的理解。因此，实际上形成一种问答式的对于中国现代文学的性质与社会–文化价值的诠释。故以此选入本卷文集。

　　问：您为什么选择中国现代文学研究作为自己的终身事业？您曲折的人生历程，对此是否产生过犹豫和动摇？今天有何深切的感悟？当今研究中国现代文学究竟有何价值和意义？

　　答：这主要是阅读范围和生活经历所决定的。当然，也与现代文学对于我们那一代人的诱惑力、启蒙意义和思想价值有关。我的中学时代是在抗日战争和解放战争时期度过的。在主观方面，这正是爱好文学、对文学影响的接受力和服膺度最强最高的人生时期，而那时候能够读到的，也主要是中国现代文学作品；客观方面，那正是民族精神激扬奋发、反抗专制争取民主的斗争持续不断进行，最后发展到大规模国内战争的高度的时期。而这两个方面的基本思想感情、生活情状与人生体验，也都在现代文学的作品中得到体现。那些优秀的现代文学作品，反映了这个时代的生活和精神，也为我们那一代青年提供了接受、学习与舒泄的精神途径；我们那一代青年，也在其思想与艺术的哺育下成长。因此，在日后选择研究方向时，就几乎是自然而然地走向现代文学这个领域。

　　由于是这样地选择了现代文学，几乎可以说是"许身现代文学"，所以，在以后漫长的研究道路上，从未有过动摇的想法。

　　我从切身的体验中感受到，中国现代文学的思想力量和精神价值。

---

①　原载《东方论坛》2009年第4期。

从整体上说和从多数作品看，也许它们的艺术水准有不足之处；它们的现代性还不够充分，但它们的社会意义、历史价值、教育作用，是不可低估的。它们曾经在思想与艺术上，养育了几代人。其中不少是民族精英、杰出人物、文化英雄以及著名作家等。就是现在活跃于中国当代文坛、堪称领军人物的著名作家，也都是在现代文学的哺育下成长的——至少在他们成长的过程中，尤其是初期，是如此，即使他们现在不怎么看得起现代文学及其作家，包括鲁迅在内；而现代文学的价值和文化积淀的意义也正在于此。

与这种历史的渊源相接，就体现了今天研究中国现代文学的意义和方向。中国现代文学是中国现代的历史反映、社会档案、人生记录，它全面地、感性地、形象地反映了这一切，化为社会大事件、人生的悲欢离合故事，反映出来，后人从这些作品中可以读到中国人民从屈辱到斗争、从失败到胜利、从积贫积弱到自由解放的过程，读到中国人艰苦的人生和奋斗的历程，读到中国人的品格和人性。这些，在现代中国人中，是具有教育意义、思想价值和审美愉悦的。研究这些，从中发掘意义，就是现代文学研究的意义和价值。或有人说，"我就是读文学作品，欣赏艺术，甚至有时'看着玩儿'，没那么'严重'，所以现代文学没啥'玩意儿'。"对于这种谴责以至嘲笑，只能耸耸肩，什么也不说。阅读和欣赏，完全是个人的自由、个人的选择。现代文学和现代文学研究都并不要求"全民性"，它们的受众只能是一部分人。有人想要从文学作品中了解中国社会、中国的人生、中国人民的斗争历史，就会愿意去读中国现代文学作品，喜欢其中的优秀作品；如果没有这种愿望，自然不会有兴趣去读。那也没有什么，彼此并不妨碍。

问：您认为在现代作家作品研究方面存在哪些问题？对此您有何改进意见？

答：存在一种偏差。

这是一种"纠偏"性偏差，一种逆反心理造成的偏差，一种忽视"大格局"的偏差，一种从一端跑向另一端的偏差。我们曾经更多地从社会-政治的层面上去肯定和评价现代文学，这在相当的时期内，是很自然的，合理的，符合当时的历史条件和社会状况。在人民受难、民族遭劫、抗击外敌、国内阶级斗争激烈（包括国内战争在内）这种社会-民族境况下，社会的阅读"接受屏幕"、人民的审美"期待视野"，具有强烈的政治倾向和需求，是必然的；因此评价体系中的政治分量很重，也是自然的。但是，后来的发展，随着"左"的思想、路线、政策的极端化的推行，政治成为唯一的标准，而且其"政治"的内涵也狭隘化了。因此，产生了严重的审美偏差和评价偏差。现代文学在这种政治的和政治化的"审美"标准的"独木桥"上，纷纷扑通扑通落水，几乎所剩无几；"文化大革命"期间，所谓"三十年代文艺黑线论"出来，现代文学就几乎全军覆没了。这当然是不符合现代文学的实际情况的，是反文学、反文化、反审美的。

新时期以来，拨乱反正，"把被颠倒的是非颠倒过来"，这种偏差得到纠正。这是应该的、正确的，是好事。但是，事情又走到另一方面去了。这就是对原来的现代文学史和现代文学评论中被忽略、被批判的作家和他们的作品，给予重新评价，对原先充分肯定的作家和作品，也给予重新评价。不同的是，前者是从消极的被忽略、遭批判，变为积极的被肯定、被赞扬；后者则是相反，从高度肯定和评价到降低调子、到一般肯定、到消极评价。其中包括向来的现代文学讲授中的鲁（迅）、郭（沫若）、茅（盾）。最严重的是，"倒洗澡水连孩子也倒掉了"，对现代文学几乎全盘否定，而且，其做法，往往是以砍鲁迅来"祭旗"。连现代文学的伟大旗手都否弃了，现代文学还存在什么？

事实上，无论用怎样的"纯文学"-美学标准来衡量，一个伟大时代的几十年的文学业绩，或者说"一个特定时代与社会的文学反映和表现"，无论怎样缺乏思想和艺术水平，也不至于全无可取的。

在人们正在拨乱反正，重新评价现代文学，并提出"重写现代文学史"的时候，从海外传来了由外籍华人学者撰写的中国现代文学史。它的评价体系、审美标准和文学理念，都大不同于我们向来信奉和熟悉的体系，令人耳目一新，得到相当普遍的认可。应该说这部现代文学史刷新了我们向来的同类著作，提出了不少新的观点、观念和对作家、作品的评价。其中有的部分，被广泛接受或部分地、批判地被接受。同时，有的研究者则奉为圭臬，否弃以前的同类著述。不免显得偏颇。

在这部"输入"的中国现代文学史中，正面评价了周作人、沈从文、张爱玲等一向被怠慢、被忽略、被否弃并曾经遭到严重批判的作家。这些过去被冷落的杰出作家，得到公正的对待、新的评价，这都是应该的、正确的，是新时期好的文化现象。但是，新的偏差又从另一个方向产生了。为数不少的研究者，包括高等院校专业的教师和校外的非专业的现代文学研究者，对鲁、郭、茅鄙弃之，而对周、沈、张则评价甚高，有的甚至颇有顶礼膜拜之势。作为研究，一般地说，这样做也无可厚非，一家之言，大家讨论嘛。不过，有三点却是值得思考的。

第一，这种带有翻案文章性质的重新评价，往往公开地、明显地，或者隐蔽地、潜在地，以鲁、郭、茅，尤其是以鲁迅为潜在的批判对象、隐蔽的对立面，来做彰显、赞扬其研究对象（比如周作人或沈从文、张爱玲）的"垫底"——"垫背"。可以说，有的论者是树起了另一面中国现代文学的旗帜。

第二，是这种"翻案文章"，越作越深广，对周、沈、张的评价逐步升级，越评越高，得"诺奖"啦，唯他们和他们的作品是真正的文学啦，大有中国现代文学就剩他们了。在这种未免过分的评价中，出现了一些离开了对象实际的拔高的、空洞的评价，不免令人有喧嚣、虚夸的感觉。比如周作人有的文章不过是就某个问题，提出某本著作中有什么论述或说法，全篇文章不过提出题目，然后列举几本著作的论说，中间加几句转折性说明，没有任何自己的体认和发挥，"文抄公"式，连周作人自己也说这类文章，好处在能提出什么书里有什么论说，而能提出这几本书来，"也不容易"——学问即在此。这倒是实事求是的态度。而有的论者，却能把这种文章说得神乎其神，好得不得了。但浅学者读后却是怎么也找不出论者所说那些高超的学问、艺术与技巧。

第三，大凡这种新论，都带着非政治的倾向以至打出"非政治"旗号，来否弃左翼作家及其作品，以至否定大多数现代文学作品。其实，这种"非政治"的论证，都带着另一种政治，其"'非政治'的政治倾向"也是很浓重而强烈的。即如前述外籍华人学者的中国现代文学史著作，其政治倾向也是明显的。

这里，我还想探讨一下所谓"纯文学"的问题。前已说及，中国现代文学，由于出现、产生于民族救亡图存、人民流血牺牲争取生存和自由民主的、抗击的、革命的、斗争的历史时期和时代条件下，所以"天生"的、"自然的"、"命中注定"的具有显著的强烈的政治性和政治品质，其审美特质也与之汇合熔融。所以那种"非政治""无政治"的文学作品，几乎难于找到，尤其那些比较出色、影响较大的作品，更是如此。政治和文学的汇溶与歧路，是值得审慎对待和认真研究的，确实不是一个"非政治"就能解决问题的。而且，就是仅就一般"纯文学"标准来衡量，也需要宽广和深细的审美剖析，不是简单从事，就可以分辨明晰的。比如茅盾的《子夜》，它的政治性和社会性都是很强的。在新时期，据说有的高校教师就持基本的或完全的否定态度。其实，这部作品，初看和粗看，确实会感到可读性差、"艺术性"差；但是，它的扎实地、真实地反映20世纪20—30年代的上海以至中国的社会状况、民族资产阶级的艰困发展及工人运动的状况，等等，都是成功的，后世读者可以从中了解许多社会知识与历史面貌。即使就叙事艺术来讲，它的"古典"式规范叙事，它的严谨的结构以及语言的规范、简练、中国风韵，等等，也是可取的，是"另一种"文学文本和审美文本。读者和评论者可以不喜欢它，不去研究和讲解它，但完全否弃则是不够实事求是的。

所以，总体来讲，我觉得我们需要"捐弃前嫌"，不狭隘、能宽容、大胸襟，用全面的、规范的、时代与民族的，以及世界的眼光和比较文学的批评标准与文学理论，来"重读"现代文学文本，认真、细致、客观地进行研究，在研究的基础上，论证和评价。

我们还需要打破过去的狭隘观念，进行总体的中国现代文学研究。这里，我以为应该借取法国年鉴学派的新历史观念，作"综合的""总体的""长时段"的中国现代文学史研究。"综合的"，就是把"现代文学"纳入中国现代的民族的精神史、文化史，作为它们的有机部分和最敏感部分来研究；"总体的"，就是应该包含所有在这个历史时期中产生的一切文学现象、文学作品，文学运动，对它们做总体的、综合的阅读和研究，它不仅包括左翼文学、进步文学，而且包括过去不一定恰当地称为右翼的、落后的、"颓废"的文学（前些年有的学者对"鸳鸯蝴蝶派"就作了很好、很有价值的研究）；而且，还要包括国民党系统的文学、反动文学。还有，特别要包括民间文学、民间创作、口头文学。所谓"长时段历史观"，就是把历史——我们这里是文学史和文学作品与作家，纳入长时段的历史范围中，来考察、来评估，而不是短时段的作为。总之，是把现代文学作为中国现代社会生活、历史时期的一切文学性的反映、表现、创造、审美活动和人际交流、民族交流，作为一个总体进行综合性、长时段的研究。这应该是法国年鉴学派历史观中的"总体史""综合史""长时段历史"研究式的"'中国现代总体文学史'研究"。

　　顺便还说一下现代文学史的定名问题。我以为还是称"中国现代文学史"，不过，这里的"现代"，从"时间-时代"的概念，转换为"性质"的概念，即表示的不是它的现代历史中的文学的性质，而是它的"现代性"，是中国文学从传统向现代转换期的文学。我写过一篇论文，提出"中国现代文学的基本的文学任务和使命就是追求和创获'现代性'，完成从传统向现代转换的历史任务"。因此，称现代文学是确切的。比"20世纪文学"的只突出标示时间性，要好一些。一孔之见，谨提出供讨论。

20世纪中国文学：寻找和创获现代性①

　　五四以来的中国文学，已经快要走完整个一世纪的艰苦历程了，在这近百年的历史过程中，中国文学的一个基本的艺术主题、基本的目标，就是寻找和创造现代性。详细地表述，就是寻找、创造与追求现代化目标和社会现实生活相对应的艺术文化的现代品性，寻找和创造一种文学，足以客观地又是主观地，反映不断增加现代性的社会的、政治的、经济的、文化的，以及乡村的、城镇的，大城市的结构性变化和纷繁复杂、和着血泪的社会变革与社会生活。这种文学，要能够反映并且帮助创造一个中国人的新的、现代理性世界与情感世界。

　　为了完成这个主题"作业"，为了达到这个目标体系，中国文学同时面对着一个相连又相对的重合主题而陷入两难选择，它们是：（一）

---

① 原载《社会科学辑刊》1994年第5期。

　　说明：仅就我有限的阅读范围来说，最早是在美籍学者李欧梵先生的一篇鲁迅研究的文章中，读到"寻找现代性"的这一提法。受到启发，我将这一历史和艺术命题，作为观察和梳理中国现代文学发展轨道和历史-时代内涵的总题目，来展开我的探讨。未必有当，但由于总体视角的变换和集中，或者能"透视"出一点新的东西。这仅是一个尝试，愿求教于方家与同行。

如何对待传统文化？（二）如何对待外来文化？用我们历史性地习用的命题来表述，就是"洋"和"中"的问题。差不多在整个文学征程中，都是以这一命题为基本的战略决策课题："土"和"洋"、"中"和"外"的问题。简直可以说，一代又一代艺术文学志士，在这个"铁的命题"面前进退失据、左右为难，有的有得有失，有的失多于得，有的甚至碰得头破血流。这是因为，这个主题本该是文学范围的事，却紧紧地关涉到民族命运的课题和民族斗争、阶级斗争的课题。这是中国现代社会生活和民族命运所决定的。这有充分的合理性，也具有充分的历史权利。要求作家艺术家合理地、科学地、有历史眼光又有现代意识、有政治眼光又有艺术魄力地处理它。这本来都是自然的、合理的，既可鼓励艺术家的创造又可造就其艺术成就的艺术的历史和民族课题。但是，不幸的却是中国现代斗争的激烈和人们（尤其是那些可以主宰人们命运的人们）的对于这种激烈斗争的过分激烈的态度和政策，使本来就够激烈的斗争，变得更激烈，并且把斗争的领域扩大化，斗争的性质也严重地歪曲了。一个艺术的课题——自然，也会自然而合理地从艺术连及政治而具有一定的政治性，但它的基本性质终究是艺术的课题，——变成了一个非艺术的纯政治课题。不少文艺理论家和作家之所以在此课题面前碰得头破血流，原因就在此。

同这一命题紧密相连的另一个课题则是"为人生"还是"为艺术"，详细地表述就是"为人生而艺术"还是"为艺术而艺术"。这个命题的自在的对立性，也是历史地然而同样是不幸被扭曲和扩大领域了，因而，也成为一个非艺术的纯政治命题，许多作家、艺术家、理论家，也同样不是因为主张"为艺术而艺术"，而是注意了艺术问题，而碰得头破血流。

这种历史的发展历程，不能不影响到中国现代文学的发展，并且，不能不影响到它的对于"现代性的追求和创造"这一历史艺术课题的更好地完成。

我们之所以在试图回顾中国现代文学的历史时，一开始便追述这种"历史的痛苦"，目的自然不在于想降低对于历史成就的估价，而恰恰在于一种心态，是一种进行历史反思时自然产生的一种"思路"：成就是很大的，但是，"如果不……"，成绩会更大得多。的确，就世界性的时代条件来说，就中国现代历史的社会变革状况所提供的客观条件和丰富的"生活之源"来说，以及，就中国这一大批现代作家，尤其是其中的为数不算太少的佼佼者的主观条件——他们的学识、艺术修养和艺术才能，他们对古今中外艺术积淀的吸取和消化的程度，等等——来说，中国现代文学都可以取得比已经取得的成就要大得多的成就。

一

当20世纪之初，世界——这里主要指以欧美国家即资本主义国家为"代表"、"象征"和"领头"的世界——发生经济的灾变和世界大战的巨祸时，资本主义世界发生了大破坏、大动乱、大震荡，从而也产生了大怀疑、大痛苦和精神世界的大变换。而正当此时，中国社会却发生了在总趋向上是向着已经产生负面效应和历史灾变的显出"垂死性的资本主义"前进，这在民族的、历史的发展阶梯上却是合理的带着青春气息的向上的发展。这一历史的总向性就是追求和创造现代性。其历史的成就是巨大的。中国产生了新的阶段、新的生产力与生产关系，即资产阶级和无产阶级、工业生产和资产阶级生产关系。社会结构发生了空前未有的变化。变化的因素和冲击之流，从城市向农村喷射。由近郊而远郊而乡村。其余波及于穷乡僻壤。社会的结构性变化，引发了人们的生活内容和生活方式的变化。引发了空前的社会流动（水平流动和垂直流动都在其内），由此也就"单项"地和综合地产生了新的思想、新的观念、新的价值取向，从而引发了新的文化的产生，其中包括新的文学和新的艺术。并且，新的文学艺术居于前沿地位地萌生并作为"表现形态"，而在社会上、历史层面上出现。这一切，在社会的、历史的、政治的、经济的思想文化的各个领域里发生并交叉影响，在运行中产生一种大时空的"社会旋涡"，在大时空的旋涡之中，凝聚、结晶、升华出新的精神文化，并以文学为敏感部分而首先表现出来。这就是中国现代文学产生的历史社会之因和思想文化之源。

这种"因""源"，必然地表现为一种历史、社会、经济之"缘"，其状态是社会生活与国民心态的醒悟、震颤、疑惑、欢乐、痛苦、哀伤，集中表现为一种社会蜕变——国民文化心态蜕变，这是一种由传统向现代的蜕变，一种传统文化发生裂变而去旧迎新的蜕变。这一切蜕变，"生活化""人格化"地表现在城乡生活的状貌变化和人间悲欢离合的故事之中。无论状貌变化还是悲欢离合，其内涵、其形态、其理性世界和情感世界，都是从未有过的，大异于东方古国的"向来的生活"，这集中地就表现为程度不同的现代性。如农民的"辛亥革命式"造反（不同于历代的单纯的农民运动），农村的破产和破产农民的流入城市，走进工人和城市贫民以及流氓的行列，新的非传统士阶级的现代知识者的出现，他们的新旧混杂的精神世界与行为规范及引发的苦闷以至痛苦；新知识者的爱的欢欣与痛苦，新的城乡经济生活中的人们（资产阶级、小业主、工人等等）的种种"人间相"，如此等等，都成为新文学倾诉的内在含蕴和表现对象。从而，新文学就在内容和形式上，都程度不同地具有了现代性。新经济、新政治、新社会、新文化，整体地、综合地、形象地反映于新文学之中。

上述一切，被一代作家，运用诗歌、小说、散文（杂文）、戏剧等新的文学样式表现出来。它们在总体上，成为一部史诗，呈现在世人面前（包括本国和外国）。呈现在民族的历史行程之中，它是以新面貌出现的，一以其所定的社会内容、人物形象、故事情节而呈现其新；二以其新创造的艺术、社会典型而呈现其新；三以其运用从未受到重视有历史渊源却又具新姿态的白话语言而呈现其新；四以其新的叙述方式、叙述策略而呈现其新；五以其文学样态上的空前未有而呈现其新。总之，以新的生活、新的社会、新的人物、新的语言和总体上的新的文学而呈其新于世人面前。

这些文学成就，以其不可抹杀的社会档案价值和历史文献价值而留巨大刻痕于史册之上，也以其不可低估、不可抹杀的新的艺术价值而刻痕于历史、文学史、艺术史之上，还以其精英产品的贡献，而刻痕于世界史、艺术史的史册之中。这理应成为中国人现代性的贡献，成为现代史上的中国人的光荣。

二

五四以来的中国现代文学的主要作品样式如诗歌、文诗、小说、戏剧，都是外来艺术形式。它们的外来性，体现着它们的现代性。它们的产生，首先意味着，也首先体现着对传统的批判和反叛。这种批判与反叛，又首先意味对于传统的束缚的批判、背弃和对于新形式的创造。胡适《尝试集》首先作出这种尝试，以后又有了鲁迅、周作人、刘半农等人的早期的创造，再之后又有郭沫若的女神的献姿、闻一多的探索、徐志摩的新创。在诗歌方面的这一系列的创造，都是为了现代性的追寻和创造，诗人和作家们的努力，获得了成功。在小说方面，其实可以考虑把鲁迅作于1912年的《怀旧》算作现代文学的第一篇小说创作，尔后则要数陈衡哲在美国所写的《一日》了，再以后，才是《狂人日记》诞生。它以其思想上的深刻和艺术上的成熟，充分地显示了其现代性而成为习惯上的中国现代小说史的"开篇之作"。散文和散文诗，尤其是后者，也是以它的根本上的不同于传统散文，即从生活、思想到艺术形式、语言，都是具有其现代性而成为现代文学的瑰宝的。特别要提到的是散文。这是完全新的形式，但更重要的还在于它的全新的观念、思想，全新的意象创造和叙事范型，全新的象征手法，全新的审美素质和审美天地。而这一切，正是构成散文诗的现代性的基本质素。在这方面，鲁迅的《野草》，不仅达到了本艺术样式的巅峰，而且达到了五四以来新文学的艺术巅峰。

戏剧的现代性是同样明显而突出的，如果不说一个"最"字的话，它的故事、人物、结构、整体叙事范型，它的主题和语言，它的观念和意蕴，即整个的审美素质和审美天地都是完全变了，完全新的。胡适的《终身大事》、丁西林的《一只马蜂》，"旗开得胜"，曹禺则使之达到精粹成熟的地步。它们的总体特征，同样是在思想和艺术上的现代性的觅得和创造。

当然，所有这些文学的成就，不会是无源之水，它的反叛的成功和创新的成就，也都不是无源之水。它们一在有"生活之湖"，二在有"艺术之源"。首先是我们前面提到的新的社会结构、新的社会生活、新的观念与精神世界，产生了冲破传统束缚、反叛传统的要求和足可反传统的底气和力量；其次，便是对于外来（实际就是西方）的形式的借取。没有这个借取，也许只会有在旧形式束缚下的"艺术的苦闷"，不能表达新的生活、情感、思想的"痛苦"，而难于抛弃旧形式；只因为有了"西方形式"便可伸手拿来应用，借来"新瓶"装进"新酒"，便成新文学，乃有新文学在形式上、在艺术上的现代性。

（当然，我们这里是一种极简略的概括，而不是论述，因而舍去了许多的"细节"和因涉及细节而发现的、必须论及的问题。）

三

　　无论是反叛旧传统，还是创造新形式，我们五四以来的从事这一工作的文学新军，都是从一开始就是"兵分两路"，有着"东路军"和"西路军"之分的。当然，这只是从发起者、带头人这样的意义上来说的。这东西两路军，都可以列出一长串佼佼者的名单。东路军，陈独秀、李大钊、鲁迅、周作人、钱玄同等，都是五四运动中的骁将，又是新文学的开创者、辟路者和主将；西路军，自然以胡适为代表，以后有闻一多、徐志摩等等。在"队伍"的排列上，我们似乎可以有"东"胜于"西"的感觉，这大概有两个原因，一是在五四运动前，留学日本的学人大大多于到欧美留学的学子，二是日本近在"咫尺"，一衣带水，不仅传统相通，而且明治维新以来的经验和成功，对东邻大国具有巨大的吸引力和启示性。不过，这两路军的"进行"之路却都是乘"西风东渐"的东风而驰驱的。因此，他们的总鹄的是一致的，都是向西方学习，即从西方学习如何来创造社会的、民族的、文化的现代性。不同的只在于西路军直接向西方学习，接受西方文化，东路军是通过日本"桥"来学习西方，是既通过日本学习西方，又直接学习日本"如何学习西方"。而且，他们所学的西方是"日本选择、接受后"的西方，是"日本式学习西方"地学习西方，这带来了两路军的总体文化性格的差异。五四时期及其以后的史实表明：东路军多激进的民主主义者，革命意气风发，斗争气势凌厉；而西路军则表现出"西洋绅士风度"，他们多为自由主义知识分子，学者气更重于作家风。

　　这一基本状况，决定了他们的在民族生存的战场上、在文化革命和文学创作的沙场上，彼此的斗争目标、战斗风格、创造领域，都有"自然分工"式的不同，因而，其成就、贡献、影响，也各不相同。他们曾经是互动互促、互补互进的，后来又曾经互争互斗，互批互判，尔后又有一段时期曾经一方占据统治地位而另一方处于被批判、遭到彻底否定的阶段。然而从"长时段历史观"看来，在"历尽劫波"之后，又从两者之中发现了融通性、一致性、互补性；虽然，不可能使两者完全认同，也不能、不应该全盘抹杀了曾经有的一段论争的原则意义。

四

我们在前面指出过，东西两路军，都是向西方学习的，都是从西方寻找和学习现代性的。这是一种民族的接受。

接受，不是一种单向、单项、直线式的"输送—吸纳"过程，而是一种双向、多项、流变、互动的"输送—过滤—选择—接受"的创获式接受过程。这是一个主体和客体互相作用的过程。首先是"中方"以自己的传统文化为根基的接受定式，去面对"西方"，以这种定式所产生的"接受视界"和"接受屏幕"去观照、选择、滤过所触到的西方文化本文，择其可喜可爱、以为可用者而取之。事实上，在这一选择过程中，就"主体对客体发生作用"地对对方之本文进行解读、诠释，这就已经有部分的改塑了。然后，在接受之中和之后，才有以之为"模本"的创造。这种创造，必然地会在两个方面刻上民族的烙印。一是这种接受本身，就是经过选择、解读、诠释的，非完全的西方本文，这"模本"就是注进了东方——中国精神的；二是使用这种本文模式，来反映中国的社会、中国人生、中国心态，就会更加注进中国精神，并且改塑了原有的西方本文模式，而具有了中国精神。这从胡适的新诗、鲁迅的小说、周作人的散文、郭沫若的诗歌、曹禺的戏剧中，是都能看得出来，得到具体的印证的。而正是在这一点上，我们看到了"西化"和"中国化"的交接融汇和一致的地方，看到了"洋化"和"民族化"的一致的地方。甚至可以约略窥见"为人生的艺术"和"为艺术的艺术"的某种必然汇接之处。——因为不管如何的"为艺术而艺术"，总是要以艺术在一定程度上反映现实、反映人生的，除非作者不是生活于一定时代、一定国度、具有一定的人生情况的活的人，但这种作家是没有的。

从这里，我们可以寻觅到两个方面的论题。它们可以说都是围绕着现代性的创造这一问题来展开的。第一个问题是：中国现代作家们，很有时代觉悟、很有眼力地、勇敢而机敏地，向西方借取了艺术形式，创造的新灵感，并且吸收西方的观念和思想体系，来改造自己来自传统文化的审美定式、审美意识和审美理想，从而创造了具有与传统不同且程度不同地具有现代性的现代文学作品。它们反映了具有一定程度的现代性的中国现代社会、现代人生，从而不仅为中国传统文化增添了新花异范，而且参与了世界文化事业，使现代文学参与世界文学对话。

第二个问题，根据前述的种种情况，我们应该具有一种更为宽广的新文学观，它既包含各种不同政治观点、政治态度的作家，又包容了各种不同的文学流派。在文化上，既有激进主义的，又有文化保守主义的。他们曾经有过争论，有过不同的历史作用，但他们的文化创造成果，都应该得到承认。现在，我们出版了（而且发行数量不少）胡适、林语堂、梁实秋、张爱玲等作家作品，便是这种历史事实的现时的回应。

五

中国的"现代接受"和文学现代性的创造，都是在一种时代条件和历史状况所决定的世界文化语境中来进行的。中国人的时代文化心态，同这种世界文化语境的结合，这种接受主体和接受客体的结合，决定了中国人在现代对外来文化的接受状况和创造文学现代性的状貌。

在20世纪，在全世界范围内发生了社会的大发展、大变革、大动荡，其中包括人类历史上从未发生过的第一次世界大战。由于社会结构、社会生活的大发展、大变革，产生了社会心态的剧变和文化的转型。这在世界文化格局中的表现，就是：西方文化的异化与转型，东方文化的反省与觉醒。西方在20世纪来临之际，面临着资本主义制度的弊害的早期的一次总爆发，也面临着一个新的时期，鲁迅当年在其启蒙论文中，在总结西方19世纪末至20世纪初的思想文化大潮的演变之迹和困扰之状时，所作的描述评议，至今仍保留着它的启示意义：

> 递夫十九世纪后叶，而其弊果益昭，诸凡事物，无不质化，灵明日以亏蚀，旨趣流于平庸，人惟客观之物质世界是趋，而主观之内面精神，乃舍置不之一省。重其外，放其内，取其质，遗其神，林林众生，物欲来蔽，社会憔悴，进步以停，于是一切诈伪罪恶，蔑弗乘之以萌，使性灵之光，愈益就于黯淡，十九世纪文明一面之通弊，盖如此矣。……
>
> ……泊夫末流，弊乃自显，于是新宗蹶起，特反其初，……意者文化常进于幽深，人心不安于固定，二十世纪之文明，当必沉邃庄严，至与十九世纪之文明异趣，新生一作，虚伪道消，内部之生

活，其将愈深且强欤？精神生活之光耀，将愈兴起而发扬欤？成然以觉，出客观梦幻之世界，而主观与自觉之生活，将由是而益新欤？内部之生活强，则人生之意义亦愈邃，个人之尊严旨趣愈明，二十世纪之新精神，殆将立狂风怒浪之间，特意力以辟生路者也。

鲁迅相当准确地揭示了这个世纪之交的西方社会思想文化之弊害，就在物质生产的大发展和物质生活的大变化。由是而引起"物欲来蔽，社会憔悴"的深邃的病害，人的精神生活遭到破损与毁坏。因此，20世纪将循着"文化偏至则变"的规律，反其旨趣而发展，重精神、重个人、重内部之生活。这里，实际上揭示了现代主义文化思潮兴起之缘由。这就是反19世纪文化思潮之旨趣，异化而转型。

当此之世，东方则是另一番文化景象。东方的落后和挨打，特别是受到西方物质力量、物质文明的侵害，而觉醒了，觉醒到自身的落后，而挨打，于是而反思，反思而得出结论，即古老之东方文化，不适应现时代的潮流，不进则退则亡，必须学习西方的文化。要重科学、重工业生产、重物质文明。日本是首先觉醒并伸手向西方，由穷变富、由落后变强盛了。中国则醒悟后急起直追，一以学西方，一以赶日本之学西方。这里出现一种复杂的、有趣的文化现象。当西方以发展工业文明、物质文明而遭到人的精神世界的破损、困惑，而转眼向东方寻找自身之所缺的文化精神时，东方人却看见了西方的物质之光、近代科学之光、工业文明之光，而痛感自身文化精神中的农业性、人文性、前近代性的羁绊，而转眼伸手向西方。这样，一面是西方文化的异化转型，而另一方面却是东方文化对西方文化的追踪跟进。暂时顾不上弊害之到来和"异化与转型"的前景的可能出现。

中国也是如此选择的。日本的学习西方而成功启示和鼓舞了中国人，而西方的物质主义弊害暂时还未曾为多数中国人所注目和警惕。

站在现时代的立场上，用现代语境的观察来评议过去，这实际上是西方已经产生了"现代性质疑"，已经萌发了反现代化思潮，而东方则在拼力以追求现代性。

这里，我们就可以看到，东方立场的对现代性的追求和创造，无论是社会方面的、物质生产方面的，还是精神世界的、文化的，都是同西方的"现代性"，大异其趣的，他们之间有着百年以上的时间差。彼此对现代性的理解，都有不同的历史含义和社会内容。一个是工业的、现代的社会，一个是农业的、前现代社会，这是差异的主要社会依据，而彼此文化的传统和特征之不同，是东西方文化体系之间的差异，便更助长了这种"时间差"的内涵间隔。

因此，在我们面前就呈现出这样一种有趣的现象：东方的学习西方，中国之步西方的后尘，并不是以其目前正在兴盛的文学潮头为圭臬，亦步亦趋地学习，而是越过这些，把眼光往回放得更远一些，更往历史的前一阶段寻找到可用可取的东西。在这里，起到牵引作用的，也仍然是社会生活、历史发展阶段的力量。所以，在中国现代文学中所发生的事实是：一方面对西方的"现代性质疑"未能注目而仍旧拼力向现代性全面追寻，一面则循着西方的足迹走着它们走过的历史道路。我们还没有获得人家已经创获的社会物质条件，我们也就不能完全正确地解释其文化本文，自然也就不能有"视界融合"式的接受。

因此，我们追求的现代性，自然是既非传统的，又非现代的，而是介于"前现代"与现代之间的"准现代"。

不过，这里有一个重要的问题需要辨明。文学的阶段等级，绝不是按传统（古典）—前现代—现代—后现代，这样来逐级判定高下优劣的。也就是说，无论是一个民族的文学整体，还是一位作家、一部作品，其文学价值，绝不是在这一等级序列中寻到一个合适的位置而判定其高下优劣；这里所标示的主要是在文学发展时期上的先后，而不是艺术价值的高低。古希腊史诗，可以高于现代派诗歌；中国的唐诗，其艺术价值，在古典的意义上，为后世所有的诗歌不可企及。马克思赞誉希腊神话具有永恒的魅力，俄国批判现实主义的文学高峰时期的大师们的作品，也可高于现代主义的一些代表作，从这个意义上说，中国现代文学所创获的文学中的准现代性，并不就低于现代派作品，就具体的作品和作家来说，完全可以居其上。我们在这里评议中国现代文学在总体上的仍处于"准现代性"（这不排斥个别作家、个别作品达到现代水平），主要是想说明，这种"准现代性"一方面是中国尚在追求现代化过程之中的现代社会的反映；另一方面，这种在现代性方面的局限，也限制了文学的发展，限制了文学对现实的反映和反映的能力、力度和成就，当然，也就限制了中国文学的参与世界文学事业的能力。至今在西方世界，只承认中国的少数作家（如鲁迅、沈从文等）具有了现代作家的意识和文学水平，就是这种限制的一种突出表明。

六

在一个国家和民族之中，在一个时代的文学领空之上，从来都不是只飘扬着一面文学流派的旗帜，即使存在一个主流流派，也不会是它"独霸天下"。这既是社会生活和社会分层所决定的，又是文学发展的历史所决定的。从这一观点出发，我们看到，在中国于上世纪末、本世纪初发动现代文学运动的时候，在当时启蒙运动者面前，也就是在中国文坛面前，飘扬着四面世界文学思潮的旗帜，这就是：除了传统（古典）现实主义不计之外，有（一）浪漫主义；（二）批判现实主义；（三）现代主义；（四）革命现实主义——社会主义现实主义。其时间跨度，大体上是革命现实主义——从19世纪末到20世纪的20—30年代。

在这期间，中国的文学先觉者们，那些身列东路军或西路军行列中的新军骁将们，不仅是敏感的，具有很高的文学觉悟的，而且各自注意到这四面文学旗帜，因此，各依性之所近、情之所衷、艺（艺术）之所爱，而选择、介绍了这几面旗帜的各自的代表作家。一时间，或说在一个相当长的时期之中，诸家纷呈。巴尔扎克、雨果、托尔斯泰、易卜生、契诃夫、高尔基、尼采、陀思妥耶夫斯基、波特莱尔，此外还有很多欧美作家，都被请了进来。尼采的震颤与呼号、波特莱尔的神秘和抗议、陀氏的残酷揭露，作家本身都曾成为中国文坛的宠儿，其艺术素质和深邃心态都曾为中国一代文士和部分青年读者所赞赏。

尽管，这四面旗帜都曾经在中国的文学上空飘扬过，都被中国文坛所接纳，但是，它们的地位不同，受众不同，效应不同，特别是，它们的发展和命运不同。在归宿的意义上来说，真是"任凭弱水三千，我只取一瓢饮"。中国的革命的现代文坛，在20—30年代和30—40年代的两个历史时期中，先是取向多元，而后是诸流归一，大体上是革命现实主义、社会主义现实主义独占文坛，而横扫了其他一切流派。虽然后者仍然存在，仍有发展，但都居于遭压的、向隅的地位，未曾得到很有利的发展。

这是因为，中国在这近半个世纪中，依然是前工业化、前现代社会，而且，特别是在几十年中，列强瓜分、外寇侵略、民族危亡，救亡图存、抗暴御敌，是全民族的头等大事，是社会生活的主体，是历史的第一大主题，民族战争和阶级斗争从未断过，而且尖锐激烈。因此，在社会的土壤中，"文化"的因子，弱于"武化"的因子，许多文人，在几十年的战争和斗争生活中，脱下了文装，穿上了武装，投身于战斗中。这一切，都是民族的命运、社会的现实所决定的。正是在这种历史条件下，一方面是民族苦难深重，另一方面则是民族精神昂扬，新的民族觉醒的来到。几千万人口以至几亿人口，奋起为民族生存、人民解放而英勇斗争。这就为文学提供了新的生活、新的题材、新的人物、新的主题，从而也就为艺术形式、艺术素质的发展，提供了内在的动力和新的艺术灵感。文学在这期间的发展是很明显的，尤其是在这个期间，在共产党的领导下，在八路军的浴血奋战下，开辟、建设并不断扩大了抗日根据地。在这里，一大批国内最优秀的作家艺术家，在正确的文艺思想指导下，接触了新的生活、了解了新的群众，并直接投身于火热的斗争之中，从而写出了许多从未有过的新的文学作品。文学在这个时期的另一个大的发展，就是走出了原来比较狭小的圈子，而同比较广大的群众结合了，同伟大的抗日战争结合了。这必然地推动了文学自身的发展和艺术上的成长。特别是，在尖锐的阶级斗争和全民性的抗战中，文学成为重要的、敏感的、走在斗争前列的、具有广大群众性的锐利武器，因而，加重了自身的责任感，提高了社会功效。

这一切，都有两方面的效应。其一是文学在特殊条件下的特殊的发展，这是空前的，也是发展很快、收获很大的。其二，则是正因为是一种特殊条件下的特质性的发展，所以，便有所突出也有所偏向地发展了某一个方面的特质，包含文学的内容、题材、主题、典型、艺术素质等在内。而其总汇性的表现就是在文学的主流派上，只着重发展了一个流派，而压抑甚至打击了另外的流派的发展。这就是从20—30年代和30—40年代的，从多种流派的兴盛，逐渐发展到连批判现实主义也受到冷待，而只看重革命的现实主义（逐渐地到后来只剩社会主义现实主义），只承认无产阶级革命文学，只褒扬写工农兵、歌颂工农兵的文学了。

从"长时段历史观"来看，从文学的、艺术的以至文化的发展观来看，未免有得有失。因为，文学艺术是一个广阔的精神世界、审美天地，它同人类的生活世界和精神世界具有对应性的关系，是同样广袤无根的，本应是多种多样、丰富多彩的。在现实生活是以斗争、战争为主体、主题，全民性卷入的情况下，生活本身决定了文学艺术的题材、人物相对的集中，艺术素质的偏于一方；但是，生活仍然是多样的、丰富的、多层次的，审美的需要也仍然是同样的状况，因而，是不宜过于集中、过于单一、过于"排他"的。

在这方面，应当承认，在理论封闭、偏狭和政策上以及政策的推行上的不恰当地强调一律，对实践起到了消极的作用。

不过，情况虽然如此，其他流派的文学仍然有一定的发展。中国现代文学仍然从世界文学的大渊中吸取了有用的汁液。后者，如鲁迅曾经吸取了尼采、波特莱尔、安特莱夫的艺术养料；前者如戴望舒、李金发、卞之琳曾经接受现代派诗歌的影响。

应该指出的是，那些离开现实物质和精神的条件较远的、在一定程度上有模仿、照搬之嫌的现代主义创作之如流星闪空，一过而逝，自然也不是完全由于文坛主流流派的压抑，而是同时也还由于与它们自身的脱离现实社会受众的审美水准、审美趣味有关。

值得注意的是，我们在现在来重温历史、学习和研究文学发展的历程时，应该给它以一定的位置。——只有一定的位置，一个客观的、准确的、科学的符合其自身状况和历史本来面目的位置，才既不要像过去有一段时期一样，一笔抹杀，也不要像近些年有的人所做的那样，又"捧上了天"，似乎文坛留下的有价值的也就数他们了。（就像近几年对于周作人抹去污点、一味吹捧，而不是承认他应当肯定的文化价值的做法那样）

七

中国现代文学的果实，从它的客观历史条件来说，只能是如此。这是它的时代特质。从总体上看，现代文学一方面以各种形式、各种艺术素质不同的作品，反映了这个伟大的、艰困的、战斗的时代，反映了这个历史时期的政治、经济、社会（包括城市和农村）的面貌和发展历程。透过这些和着血泪的作品，世界的和中国的现代人，会看见、了解那一代风流、一代世风，触摸到中国人艰困地创造新生活，追寻现代性的剑与火的历程。另一方面，同时也就创造了不同于传统文学的现代文学的现代性，中国人的生活，中国人的文化心态，中国人的苦难和奋斗，中国人的文化心态，中国人的向现代转换的理性世界和情感世界，都反映和反应于其中了。这是中国人的本来面目，也是中国一代人的骄傲与光荣。从偏狭的欣赏与接受来说，《阿Q正传》之于这时期的中国农村生活与农民，《子夜》之于这一时期的城市生活和民族资产阶级及城市其他阶层，《边城》之于中国内地的封闭世界，《围城》之于这一时期的知识分子，是都有广阔的视野、深邃的历史眼光和厚重的文化与审美价值的反映的。它们有资格进入世界文学的长廊，应是无可犹豫的。只是我们的文学批评和文学研究，长久地习惯于社会学的、历史主义的批评，而在审美素质、审美天地方面的剖析，在文化层次上的挖掘，却做得很不够，因而在这些文学瑰宝中，还有蕴含在内的宝贵东西，我们未曾发现、予以阐发。1993年曾读到季羡林先生的一篇文章，其中写道：

> 近四五十年以来，我们论文多以马克思主义文艺理论为准绳，这本来是未可厚非的。标准的说法是，思想性与艺术性并重，实则思想性占了垄断地位，艺术性只成了一句空话，以至谈虎色变。大家写评论文章，甚至撰写中国文学史，大都是高谈阔论他们所谓的思想性，而对一个作家或一篇文章的艺术性，则只是倒三不着两地、轻描淡写地说上几句空洞的话，应景而已。（《从〈文学语言概论〉谈起》，载《人民日报》1993年10月4日）

这是一针见血之论，文学史如此，文学批评如此，自然作为其"成果"之反映的文学选本，更是如此了。这种理论的影响所及，便是成为一种作家创作的指导和批评的威慑，也成为社会审美和文化选择的导引和规范，于是，流风所及，大家就都一起坐守在"思想性"的窠臼里去创造和欣赏艺术了。这不能不束缚文学的发展。这在理论的根基上，就是把"为人生"的艺术，强调得、贯彻得过了头，好像没有艺术性的为人生的文学，仍可算是文学，而且只有这才是最好的艺术，正是在这种思想理论的禁锢下，我们曾经冷待而且批判了沈从文，也冷待和忽视了钱钟书、张爱玲。

八

　　我们的现代文学在寻找和创造现代性的过程中，不免怠慢和疏忽了民族传统。这原因是多方面的，大概，我们几十年来的作家队伍，基本上是从知识分子中产生的，特别是其中的第一代，即我们前面所说的"东路军"和"西路军"中的骁将们，都是留学海外的学生出身，他们固然是学贯中西，但他们的最初的文化洗礼，却是对传统的反叛和对外国文艺的学习与钻研，这使得他们无论是在诗歌、散文方面，还是小说、戏剧方面，都以不落传统窠臼和运用西方模式为依归。鲁迅的《狂人日记》在艺术上直接渊源于俄罗斯的同名小说，而他自己也说，最早的创作小说得力于读过的百十来篇外国小说；胡适的诗歌的"尝试"，首先是在语言和格律上脱去了古典诗词的艺术"羽衣"，他的戏剧则步的是易卜生剧作的后尘。这些第一代人的第一批创作，后启了随之跟进的第二、三代作家们。同时，中国现代文学的受众，几十年间始终局限在以青年学生和城市知识分子的职业青年为主体的范围之中，他们的"接受屏幕"，也带着"洋学生"的趣味。这就从主体和客体两个方面，都局限了文学的向民族、向群众的接近和改造。

　　向来的中国抒情文学和叙事文学，在千年以上的发展途程中，从"原型"开始，代代相传，形成了以中国文学和语言为基础的叙事范型和叙事策略（抒情诗在本质上也仍然具有叙事因素和叙事根基），并以此而培养了、形成了中国人的文学气质、接受意识和审美习惯。然而，五四以后的新文学却同这种民族性原型产生了断裂。虽然像鲁迅、胡适这样的大师，都曾经并且终身致力于中国传统小说的研究，而且取得了很可观的成就，但在他们的创作中，却仍然一方面具有民族的因素，另一方面却在范型上仍然是非传统的。鲁迅曾经用了"格式的特别"来形容这种状况。这里似乎存在一个悖论式的困惑：实现现代性的追求，就舍弃了对传统的继承。但问题的实质，却在于将现代因子同传统基因的符合"文艺生态原理"实现嫁接，像果树的成功嫁接一样。这里，当然还存在一个文学受众，即中国的广大民众，尤其是几亿农民的自身文化性格现代化的实现问题，他们在某种意义上说就是文学的民族土壤，其自身的向现代转换，也决定了文学现代追求的道路之确立和成功率的提高。

不能说我们在这方面没有作出努力。我们努力过，并且可以说为此付出了某些沉重的代价，关于"民族形式"运用的讨论、关于文学大众化的讨论，都曾经相当热闹地展开过，意见、方案、理论不可谓少，但在实践中未能真正解决问题。

值得注意的是，在讨论的过程中，问题常常一滑就从艺术范围滑到政治领域里去，问题变得复杂了，而处理起来倒又简单了，学理的、艺术的、审美的问题，被简单地"政治地"解决了。

九

这里探讨的是中国现代文学在寻找创造现代性过程中的几个问题，本文并不试图全面描述这一文学历程的轨迹，而只是简略地对若干前进的足迹进行初步的考察。

这里所涉及的问题，都具有深层的文化意蕴。一个民族的文学，总是以民族的总体文化为其背景。同时，也同样涉及这一时期的社会背景，即时代的政治、经济，社会的发展的文化背景的探讨，两路分道，殊途而同归，对于中国 20 世纪文学的发展能够作深入一步的探究。本文只是约略涉足这两方面，而未更多开掘。这是要以后在其他文章中来做的。不过这里不妨指出：中国现代文学对于现代性的寻找和创造，其成败得失，皆系于中国社会、经济、文化的总体的现代性的获得。成全者是它，限制者也是它。

我们现在在这方面的探索，仍然是不够的，加强这方面的研究，也许是我们前进一步、提高一步的可供选择的道路之一。

20世纪世界文学思潮：
在中国文化土壤中的接受、消解与改塑①

在上世纪末与本世纪初相交之际，中国社会发生了发自民族深层生活的巨大而深刻的变迁，由此引发了文化的变革，并在文学领域以首先的和显现的性质和姿态，表现出来。

时逢际会，恰恰是在这一相同的时期内，以西方发达资本主义国家为主体和代表的世界文学思潮，也发生了巨大、深刻，并同样是划时代的变化。中国文学的变化，自然会要面对这一世界形势，受到这股强劲的世界文学思潮的冲击，并作出回应。

在这种一方面是民族生活和民族文学的变革与新生，另一方面是"外来生活"和异域文学的冲击的形势下，中国文学整体地和紧迫地需要处理的基本课题是：既要革新使文学具有现代性、世界性，又要继承以保持文学的民族性和传统风范。正是这两个方面，决定了世界文学思潮在中国引入—传播—筛选—过滤—接受的全过程和最终的结果与效应。

一

在19世纪末和20世纪初，西方资本主义世界发生了空前的、翻天覆地的变化。这种社会的大动荡、大震颤、大改组的状况，在文化上的表现则是旧价值体系的崩毁和思想观念的逆向发展，以至在总体上的文化转型。敏感的作家艺术家们，从现实中感受深沉的苦痛和无耐的烦

① 原载《社会科学辑刊》1994年第8期。
　本文是国际比较文学学会第14届学术年会（1994，加拿大·埃德蒙顿）入选论文。

闷，要寻找精神的出路和心灵的依托。他们实质上是代表芸芸众生以"感应的神经"和"舒泄的器官"之姿通过文学艺术的形态来披露众心。

因此，在这个历史时期内，不仅像任何历史时期一样，文坛上飘扬着的不只是一面文学旗帜，而且主要的是飘扬着几面反映时代精神气质的不同于过去的文学旗帜。它们是：A. 传统的或古典的现实主义；B. 批判现实主义；C. 现代主义；D. 革命现实主义–社会主义现实主义。

在19世纪末和20世纪初以及随后的二三十年内，在世界文坛上，这四面文学流派的旗帜高高飘扬，构成了繁花似锦而又热烈紧张的文学世界和审美天地。它们不仅都具有自身产生的根源和存在的理由，也拥有各自的受众，而且一面各有独具特色的艺术特征与审美素质，另一面又互相渗透，具有艺术上的通感与共性。它们也各自产生了本流派的杰出代表，登上了诺贝尔文学奖的领奖台。

这种世界文学的发展轨迹和特征，对于受到这股潮流冲击、影响而启动的中国现代文学，都具有其影响力并留下了刻痕。当然，这种影响和启动，都不是单方面决定于"世界文学思潮"这一面，而是同时并更重要地最终取决于中国一方的接受的基本状态与基本方式。

一个民族对于异域的文化–文学的接受，绝不是一个输出—输入—吸收的直线、单向、单相的简单过程，而是一个曲折、复杂、双向、多相的相吸相斥、交叉渗透的输出—接受的过程。其基本的决定因素是输出方的文化的特质、接受方的母体文化的特质和双方的接触过程与互相吸斥的状况。而这一过程和过程中的诸因素的作用，则表现为这样一种多元的"功能项"发生作用的"文化涡旋"状态。首先是本民族的母体文化、文学具有一种长久形成的、稳态结构的接受状态，它包含期待视野、接受视界、接受屏幕、吸收能力、抗逆性能、弹性状况等等文化、文学的质地，从接受学的角度说，可总括为接受气质。这一民族的文化气质，决定了它面对异域文化，如何评估其价值，如何决定去取的原则，然后决定如何选择、滤过、全部或局部、片断、枝节地接受选用哪部分异域文化、文学；而且，这种筛选后的吸收，还包含气质性吸收、技巧性、观念性、语言性、表述方式性以及主题学的吸收等不同方面、不同性质、不同状态的接受。而且，这种具体化了的接受，又还有误读和错位，改塑和创辟的又一个复杂多元的过程。不过，误读和错位，并非都是错误和坏事，误读，可以是一种"我的解读"和"'为我'所用"的表现，而这中间就有着母体文化的作用、开发和发展在内；而错位的对接，有时会使外来的"枝叶"枯萎，这自然是坏事；但有时候却又会像果树嫁接和植物杂交一样，产生出既非"母本"又非"父本"的具有杂交优势的优良的文化、文学花果。至于改塑和创辟，就更是母体文化发挥主体作用，吸收异质文化的一种创造性工作了。这里，当然决不可抹杀异域异质文化的撞击、启示、开发的作用。

中国20世纪文学对于本世纪世界文学思潮的接受，就经历着这样一种十分复杂、多元、多相的接受过程。其中包括误读和对接错位，包括改塑和创辟在内。

这正是一种文化的接受与消解的过程。

中国文学在结束了它的古典期并且经过了很不充分的近代化过程之后，开始了现代化的步伐。在寻找和创造现代性的开辟时期，便摆开了对世界文学思潮全面接纳的姿态。中国现代文学运动的发动者、领导者陈独秀、胡适、鲁迅、周作人等人，以及被中国现代文学研究界定名为三位大师"鲁、郭、茅"除鲁迅之外的另两位大师郭沫若、茅盾，还有后出的巴金、曹禺等等都可以说是20世纪世界文学新潮的输入者，他们都曾经热情地、甚至往往几乎是同步性地介绍新的文学思潮、新的文学理论和作家，并且翻译他们的作品。后起之秀的作家们，如闻一多、徐志摩、李金发、冯至，以至刘呐鸥、施蛰存等等，也都常常是很及时地介绍时兴的西方文学思潮流派。特别要指出的是，这些一代接一代的作家们，还在自己的创作实践中，学习、接受以至实践他们所钟爱的西方文学流派的新的创作思维、审美理想和创作方法。

关于这种带有近乎全方位和同步性的接纳西方20世纪文学思潮的状况，我们首先要指出的是鲁迅以及周作人。当1906—1909年他们在日本东京从事文艺运动，实质上是在国外进行了一次地理上和文化母体上远远走在前面因而是脱离本土的，但却是认真的中国现代文学的演习式的最早发动时，他们主要的坐标和目标、主要的参照和借鉴就是西方文学新潮，对于我们在前面提到的"飘扬于文坛的四面文学旗帜"，都给予了注意，并且进行了自己的选择。鲁迅敏感地把尼采的形象引了进来，并且一方面把他的思想作品作为西方新思潮的代表，是与19世纪思潮对抗的、挽狂澜于既倒的新潮的代表，另一方面，又作出了自己的阐释。他在《摩罗诗力说》中，请进了一大批西方"摩罗诗人"，以后，他同周作人合作编译了《域外小说集》，又"请"进了一批小说家，连同他们当时阅读、欣赏并通过其他途径介绍的外国作家在内，他们标举绍介的作家囊括了当时分属于"四面文学旗帜"之下的诸多作家。以后，十几年过去，真正的中国现代文学运动发动了，这种引进西方20世纪文学新潮的工作，便大规模和目的更明确地进行了。除了对那些已经名垂史册或名震遐迩的属于现实主义、批判现实主义的作家给予介绍之外，对于初露头角的现代主义文艺也及时绍介了。最早是陈独秀于1915年在《青年》杂志第一期上发表了《现代欧洲文艺史谭》一文，其中便介绍了西方新出现的象征主义文学。胡适在留美期间接触到在英美流行的意象主义并受到它的影响，他的中国现代文学运动最早的宣言《文学改良刍议》（1917）一文，提出的"八不主义"，就同魔德的"六个不"、艾米·罗厄尔的"六条原则"精神一致。以后，在五四运动正式发动和兴起的前后，对于象征主义、未来主义、表现主义、弗洛伊德学说、意识流等，都有及时的介绍以至创作上的运用。如鲁迅之与尼采、弗洛伊德的关系：《野草》《补天》的创作，受他们的影响，又翻译厨川白村的《苦闷的象征》等。另外，沈雁冰（茅盾）在1919年为文介绍并翻译了表象主义和"新浪漫主义"（当时的概念含义即广义的现代主义，包括唯美主义、印象主义、象征主义）。郭沫若和以他为主将的创造社甚受德国表现主义的影响。著名的中国话剧运动的主将田汉早年醉心于梅特林克、波特莱尔和魏尔伦；诗人徐志摩不仅介绍了波特莱尔，而且赞美了乔伊斯的《尤利西斯》[①]。这一远不完备的略举，已可看出新兴的中国文坛对于西方方兴未艾的现代主义思潮流派的注目和欣赏。

中国现代文学运动兴起过程中，先后建立的文学社团，也表现了这种状况，综合起来显示，民族的对于20世纪文学思潮近乎全方位接受的态势。如文学研究会之于现实主义和批判现实主义，创造社、狂飚社之于表现主义、"左联"之于革命现实主义–社会主义现实主义，等等。

20世纪世界文学思潮：在中国文化土壤中的接受、消解与改塑

① 参阅袁可嘉《欧美现代派文学概论》，上海文艺出版社，1993。

这种整体接受态势，表现了当时的中国民族沉痛地批判传统文化-文学和急切地学习西方文化-文学的心态。这两个方面是紧密结合、互为表里的。而贯穿其中的是共同的爱国主义-救亡图存的民族心态。同时，同从事现代文学运动和创造的健儿们、一辈接一辈都留学国外的学子有着重要关系。他们或者是在国外从事这项运动和文学创造，或者是学成归国后从事这项事业。但不管是何种情况，他们一是在国外就比较系统地接受了西方文学史和一般文学的影响和熏陶，二是及时地接触了当时西方流行和出现的新的文学流派和思潮。他们是敏感的新兴文学的一代，又是愤时忧国急求中国传统文化新生的先行者，因此，急切地、热情地全面接受又自行选择地向国人介绍新思潮、新流派，又运用其所造者于自己的实践中。

这种情况，是中国现代文学的幸运，也是它的不幸；是它的有收获的一次努力、一次输入，也是它的有欠缺和负效应的一次借鉴、一次接受。不过，这一切，都不是总结历史者可以责备于前人的，而应该体谅这种历史的命运而从中得到应有的教训。这以后，就有点急转弯式地改变了，在总体上，民族的接受明显而急剧地向批判现实主义、革命现实主义倾斜。这两个文学流派的旗帜高高地在文坛飘扬，而渐占世界文学主潮的现代主义却遭冷漠、压抑以致打击了。而后，则更只承认和褒扬革命现实主义-社会主义现实主义一家，而其他文学流派大都销声匿迹了。

这原因就在于，在文学的接受上，具有最后决定权的，是历史、时代、社会的诸多条件所构成的民族文学气质、接受屏幕和总体上的文化土壤。中国社会的变革和文化转换，决定了中国新兴文学的命定主题是在完成未曾完成的古代—近代的转化过程的同时，且承担着更重大的责任，即寻找和创造现代性，完成古代—近代—现代的转化，创造真正的现代文学。在这样的历史条件面前和在这样的社会现实面前，文化、文学的时代主题和历史课题，它的责任和目标，集中于三个方面：（一）对传统的批判、扬弃和整理；（二）对西方世界文学思潮的冲击的回应和对这种思潮的非冲击性的、主动的学习、了解、接触后的选择：（三）对新的文学的创造。这三个方面相区别又统一，在运作的过程中，实际上互相渗透、共同地或分别地行动而成为一个现实的、动态的"文化涡旋"，从而形成一个整体性的运动和运动着的整体。它的三个组成部分，又各自是一种运动着的变项，对另外的两个变项产生作用力。这就像一个既"公转"又"自转"而两者统一地在运动着的"文化体"一样，在运动中前进、发展、演变。值得注意的是，这种文化运动体的运动的向性、速度形态和效应，都受到这样一些力量的影响：其一是自身的传统。这一点，作为中国的文化母体和文学传统，其特征特别明显，这种明显的特点同现在它正在接触、受到冲击的西方20世纪文学新潮之间的区别（其中不乏是对立性的）又是特别明显、突出的。由于这一原因，中国现代文学的创造，不能不几乎完全地从西方照搬过来，诗歌、短篇与长篇小说，都是外来形式，离开传统的另起炉灶。其二，这种传统所形成的一种接受意识、接受态势，一方面有同它所面对的新的外来文学思潮的对抗、差别的一面，从而便会产生抗逆性，发生出一种"对抗性联系"，不无由此而来的选择后的摘取；同时，又有在转换中、在新的历史条件下所产生的文化"相似块"或"近似的'相似块'"，它则会成为更多和更热切地吸取外来新思潮的趋同力和向心力。这一点，稍稍补救了一下前一问题所造成的困境和僵局，传统艺术精神借此渗入了现代文学的创造，获得佳果。其三，新的社会、经济、政治条件的作用。这在五四时期的中国，主要是新的工业、新的城市、新的文化载体和文化群体，其中包括城市中小知识分子、留学外国的新知识分子。这是组成上述文化"相似块"的经济、社会基础和新的文化母体。其四，新的社会阶层和他们的文化心态、美学趣味、文学观念以及由此构成的接受意识与期待视野。它们主要是从传统文化中走出的新一代中高级知识分子、城市小资产阶级及学生群体，等等。这是"相似块"的最主要的部分，也是接受和介绍新文学思潮的主要文化受众与中介。

在这些变项中，最基本、最主要的。决定其他诸项的是第三项，即社会、经济、文化状况。正是它决定了中国现代文学在近一个世纪的发展途程中，对20世纪世界文学思潮的接受与消解的轨迹。前面所说的"急转弯"就是由它决定的。

中国在五四运动时期，社会固然发生了巨大变化，由此也引起了文化的由传统向现代转化的历程，但是，其基本状况，究竟还是前工业、前现代社会，而且是一种东方古国的落后的农业、手工业社会。它的文化的总体状态仍然是农业文化的、传统东方文化的一统天下。在文学上，其文学观念和审美习惯，也都仍然是传统的、农业的、非工业化和非城市化的。这样，它的文学的接受心态，就更切近现实主义、批判现实主义，而对于现代主义，则是格格不入的，感到怪异而难于理解的。

而且，这时期的中国又正处于列强瓜分、民族危亡之秋，内忧外患，不绝如缕。一面是社会憔悴、民生凋敝，贫苦大众挣扎在死亡线上，不仅痛苦不幸，而且麻木落后；同时，另一面则是近邻日本和远邻西方诸国，联合进逼，侵略日深。敏感的新兴知识分子感受到这种外敌和国内反动统治者的压迫和人民的不醒悟而悲啼呼号。这就融汇成一股强大的融合悲啼、呻吟、怒吼、呼号、战叫于一体的民族之声。它的基本主题是反帝反封建，基本精神是争生存、争解放、争自由，它的基本旋律是歌哭呻吟、反抗斗争。文学就是要体察和体现这一切的。而且，在这样的社会情势下，文学的主要受众大体分为两部分，一部分是小量的城市知识层（包含以大中学生为主体的、有中下层职员、店员、自由职业者在内的城市小资产阶级读者），另一部分是极大量的、还处于文盲状态的、前工业的、落后农业文化层次的广大受众，他们还不能接受（也没有接受要求）带有现代性的文学，以至非纯粹传统的、民间的、浅低层次的文学。中国现代文学面对的社会现实和文化大众，就是这种性质和这种水平；同时，也可以说，它就产生于和植根于这种性质和水平的社会现实与文化土壤之中。这一切，决定了这对世界文学思潮的接受意识、期待视野，决定了它对外来文学本文的解读定式、解读水平和方式。这里存在着巨大的拒读抗力，少量的最好情况也只能是一种误读和出于落后解读定式的诠释。

但是，还有更为现实、更为直接，也起着更大作用的巨大因素，这就是现实社会政治状况。在19世纪40年代到20世纪40年代末整整一百多年中，中国一直处在祸乱和战争之中。在新中国建立后的20多年中，又一直进行着以文化批判为主要特征的政治运动，直至十年"文革"。在这一百多年之久的历史时期中，第一主题总是民族战争和阶级斗争，两者交替进行或同时进行。人们的命运皆系于此。人们的思想重心、注意力的聚焦点、意识的中心内涵，自觉不自觉地或被迫地受到这一民族主题的制约。因此，不仅经济的发展，而且，教育、科学、文化的发展，都直接地受到影响、破坏以至摧残。而更深层的影响还在于整个民族、社会的"武化"因子强于文化因子。"重武轻文"，"文"处于受"武"统辖、领导、制约的地位，这就一方面使"文"不得不"武化"，而且连文人、作家艺术家，尤其是那些优秀分子，许多都投笔从戎、弃文从武，虽然他们从"文化队伍"走向"武化队伍"之后，仍然保持着文人的社会、历史角色特点和"文人习气"，但是，在总体工作和基本角色上，已经是阶级斗争的斗士或民族战争的战士了，他们的创作思维、思考的注意中心以至艺术追求，都必须也是自觉地服从"大局""大体"的。这是一种责任，也是一种自我追求。更何况，他们的那种"文"的习气，始终处于被批判的地位，他们不断地经受改造。

以上诸种因素，都在两个方面发生巨大而深刻的作用。这就是：（一）对于在文学领域中的选择，它们决定了一种民族的接受意识，使这种接受具有一种特殊的性质：选择什么和如何选择，接受之后又如何应用，等等；（二）对于文学的创造，它决定全民族的和每个作家的创造性思维、审美理想、艺术选择，使之采取一种特有特需的创作态势：如何看待生活和选择生活，如何认识和创造文学的典型，如何确立艺术与现实的审美关系，创作什么和如何创作。

这里，我们就可以寻绎出，中国民族的艺术选择，在"四面文学旗帜"中，几乎是天然地、也是合理地，更接近、更切合、更爱好现实主义和批判现实主义，而对于现代主义更疏远、更淡漠、更难于理解和接受，以致把它当作异物来加以排斥了。

在这种民族的整体接受态势和文化土壤中，中国现代文学的创获，自然地以政治为中心、重心，而以艺术为辅助、外壳，文学理论批评，也以此为圭臬。这不能不影响到中国现代文学的整体美学构造、审美特质和高艺术水平的追求与经营；也不能不在艺术、审美上表现出怠慢、轻忽以至鄙弃的状态与心态。从作家的创作心理来说，一方面受传统的制约和现实的决定，而以中国延绵千年以上的文以载道的创作立意为宗旨；另一方面，又在艺术上，偏重于"移植"西方文体，而脱离传统和广大一般受众的文化母体，尤其在诗歌、小说和散文方面是如此。这两个方面，不能不大大抑制了作家艺术才能的充分发挥，从而影响了中国现代文学的总体艺术素质与艺术水平。

当20年代过去，30年代来到时，一方面是中国苦难越加深重，列强的侵略越发深入，民族危亡更加急迫，全民族都扑向一个主题、一个沙场：爱国救亡。与之并行而又纠结一起的是在救亡与否、抗敌与否的民族大义上的两个阶级的斗争。民族斗争、阶级斗争混合一起，而且越到后来越"简化",也是明朗化、聚焦化和尖锐化为国共两党的斗争之上。这样,在文化、文学的选择上,更由现实主义、批判现实主义进向社会主义现实主义。这时,文学革命运动进入到革命文学阶段,左翼文学是最适应时代需求、适合大众需要的文学,在对外的文学选择上,更由托、屠、契而进到高尔基、A. 托尔斯泰、绥拉菲莫维支、法捷耶夫等;在文学理论的建设上,受到认同的是别林斯基、车尔尼雪夫斯基、杜勃罗留波夫这些革命民主主义者,更由他们进到普列汉诺夫、卢那察尔斯基,等等。

在这时期,王独清、李金发、戴望舒,试验过、举起过他们的在总体上可统属于现代派的诗歌,施蛰存、刘呐鸥等写出了他们的新感觉小说,但都昙花一现,在当时未曾引起更大的波澜,以后不久就"偃旗息鼓",在文学史上留下了他们的印痕,但却未曾在文学接受上留下什么可以一谈的成果。

以后,进到抗日战争的40年代,抗日的烽火燃遍了中华,民族战争所要求的文学就更加是:抗日为第一主题,社会主义现实主义是第一选择,甚至是唯一选择。这几乎完全地体现在国统区的进步的、革命的文学上和解放区的文学上;即使是少量的"非社会主义现实主义"作品,都是未能得到读者群众认同的、缺乏受众也缺乏生命力的作品。在这个时期,产生过"九叶诗派",但他们在艺术上的成就,也未能使他们进向更广大的群众而只能限于狭小的青年学生、知识分子群中;而真正能够获得群众的是艾青的革命诗歌、田间的"枪杆诗"。

50年代以后,一直到70年代末,在20多年中,这种选择达到定于一尊的程度,就是文学作品只能通过被偏狭地阐释了的"社会主义现实主义"这个极为狭窄而又极为公式化、程式化的独木桥了,真正是中外古今所剩无几,在江青、张春桥、姚文元的大棒之下,一切的现实主义、批判现实主义作家和作品都打落在水中,而且还要打"落水狗",连30年代的左翼文学都成了"黑线文艺",连解放区的文学作品也都几乎全军覆没。这时期,所谓"社会主义现实主义"也已经早已不是什么文学上的主义、流派,不是一种创作方法,而是政治的一种棍棒了,所谓"高、大、全"文艺,哪里是什么文学呢!? 理解"文化大革命"的社会、文化总背景和中国传统文化的根底,就可以把握这时期文学的选择已经不是什么文学事项了。

至此，中国文化土壤对于20世纪世界文学的选择和接受，就走到了绝顶也走上了绝路。然而，绝处逢生。历史的错误总会从历史的进步中得到补偿。从这荒谬的绝顶走下来，从这种绝路中走出来，才有了70年代末以来的中国文学的新时期。

回顾历史发展的历程，我们大致可以得出几点供参考和思考的论题：

（一）一个民族文化的土壤，决定了它对于外来文化的接受定式、接受意识、接受方式与接受过程，并且决定接受后对于异域文化元本文的解读、诠释和改塑及创辟。

（二）中国现代文学在寻找和创获现代性的过程中，那一段短暂的对于现代主义的介绍、学习、接受，是有收获的。

这些，给予了中国现代文学以新的素质、新的生机、新的创造和新的成就。诸如鲁迅在《野草》中对于尼采、波特莱尔的借鉴和改塑与创辟，在小说创作中对于弗洛伊德的借鉴、对于安特莱夫等的借鉴；戴望舒、李金发、冯至、卞之琳等诗人对于波特莱尔、马拉美、王尔德等的借鉴等等，都是很好的例证。以今日视之，戴望舒、李金发的吸取和借鉴，施蛰存、刘呐鸥的借取与模仿，都不是不可以予以肯定的。

（三）由此可知，"离土"的移植，必遭失败，但是不"离土"的部分的嫁接，却不是不可行的，不是定会收获蒺藜而不是鲜花的。艺术具有通感。异域之间的沟通，可以通过筛选、滤过、改塑和创辟，而收获佳果。因此，一方面，我们有"嫁接"所取得创获现代性方面的成就，另一方面又有"离土移植"方面的失败；而总体上，现代文学的受众是由于同传统的距离、隔膜、异态从而悬浮于民族文化土壤和广大受众的文学气质之上，生存于城市中小知识分子层面而空间狭小，未曾"获得广大群众"。同时，如果不是我们曾经过于偏狭，过于自信，过于目光短浅，过于不了解"外面的世界的热闹"，过于实用主义、"非艺术主义"，我们还可以有更多、更好、更美满的鲁迅式、"戴李"式、冯至式、卞之琳式以及"施、刘"式的接受、借鉴、改塑和创辟；中国现代文学也许会取得更大一些的成就，至少是可以取得现在不曾有的一些成就。

（四）由此我们也不能不想到，"主要的责任"固然在于母体文化的"排斥异体"的作用，但人们主观上的过于严重和过于偏狭地反映这种

"文化母体的根基"，又过于强烈地作出"艺术反应""政治反抗"，也是难辞其咎的。这使得我们即使对于现实主义、批判现实主义的接受，也是不够大度、不够广泛、不够系统的，比如同日本相比，同前苏联比，就应感到自愧弗如，这不能不说是我们现代文学以至现代文化的一种重大损失。

这造成了广大受众文学欣赏与接受的偏狭和损失；文学创作上的艺术素质和审美品格上的偏狭与低质；文学史研究上的偏狭与损失，文学理论批评上的偏狭、不重视艺术素质，从而影响了中国现代文学的发展和成就，影响了中国现代文学的"艺术发育"和它同世界文学应有的接轨，同时，也影响了我们的文学参与世界文学事业的成就。

（五）文化本质上是开放的，跨文化传通是文化发展的必然趋势。赖肖尔甚至说，一个民族的发展，至少是90%来源于异文化的移植而仅仅有10%（甚至是1%）是本民族的创造（《近代日本新观》，卞崇道译，三联书店，1992。）文学作品是文化的一部分，其发展规律皆含有这些文化的品性。因此我们可以说：中国近百年来的文化土壤固然如此，现实生活固然如此，但是，它的文学选择却并非必然完全如已经发生了的情况那样偏狭、那样顽斥固拒、那样拿对方当敌人而又以我为独尊。事实上存在一种矛盾、一种文化——文学上的内在的、自然的、长久的向异文化的传通交流、相互取长补短的要求，一种艺术上借鉴的要求和一种自身发展过程中自发产生的吸取外来营养的需求，同那种强化了的政治的、宣传的、配合的要求之间的矛盾。这种矛盾的产生，特别是强化，则是人们主观决策所决定的。它应该不是历史的必然。

五

20世纪70年代末以来，曾经"独占文坛"的文学上的各种派别和"主义"及其旗帜黯然失色，而其他几面旗帜则飘扬起来。尤其是过去怠慢了、批判过的现代主义文学流派，相继被引进、学习，吸引了新进的作家和作家的新进，流行起来，象征主义、意识流、新小说、结构主义、荒诞派，一时间都为作家们所尝试、所实验。好像是几十年的"文债"，要在几年之中偿还。这较之历史，自然是一种进步。也确实取得了空前的进步，诗歌、小说、散文、戏剧，都有了新的内涵、新的艺术思维、新的审美理想、新的艺术手法，在总体上具有了新的艺术气质。人们，尤其作家们具有了反映新的生产结构、新的社会结构、新的文化心态的、新的民族的和个体的接受意识、接受屏幕。确实，在现代化的步伐以空前未有的速度发展的过程中，在新的社会阶层产生、新的社会流动发生、新的城市人口和新的城市生活出现之后，那种虽不是已成的现代化、城市化但究竟是向着现代化、城市化、工业化迅猛发展的过程，的确出现了非传统的、非前工业化和前现代化社会的种种文化心态、公民气质，这里，从正反两个方面，即前进与保守并存的方面，反映了现代的文化、心理结构。这里具有了真正的、发育了的现代性。这正是一种准现代主义文学产生的客观条件和新的文化土壤。不过，由于两方面的原因，而使这种文学的现代性不很充分、不很地道。（一）这种公民新型文化、心理，还正在蜕变中发展，本身就不是发育全了的地道的现代性格、现代人格、现代心态；（二）作家们对于西方现代文学的全部了解、掌握得也远不地道，他们自身的心态、文化心理结构也仍在蜕变，因此，误读是存在的，他们的诠释、对接也有错位。这样，便出现了一种早熟的、外在的、动"外科手术式"的伪现代主义。

不过，不管是准现代派也好，伪现代主义也好，都是一种进步，它既是中国新的社会现实、新的文学气质、新的接受意识和接受屏幕所决定，也是这一切的体现，和反过来影响这一切"现实"的思想、文学力量。

中国20世纪文学寻找和创造现代性的梦，醒了，开始真正在实现了。当然，这不是再复制一个东方-中国式的现代主义文学和现代主义时期；也不是要去创造一个"中国特色现代主义文学"。也不一定是（或者肯定说不是）要去创造一个现代派文学。只是要创造一个中国真正的现代文学，或说寻找到了、创造出真正现代性的中国现代文学。

中国现代文学的兴起及对其研究格局的设想^①

一、为什么提出这个问题？

首先说明一下提出这个问题的原因。之所以提出这样一个问题有两个方面的原因：一个是社会科学研究出现了一些值得注意的新的趋势。我在我们辽宁社会科学院曾经专就这个问题作过一个发言，我归纳了一下，大体上有八个方面。今天，只谈和我们今天所要讨论的问题有关的五个新的趋向。

（一）研究领域越来越开阔，越来越深入，越来越丰富，越来越细致了。我们也许可以把社会科学研究的对象概括为人类自身和人类社会。现在由于研究手段的强化，科学技术的发达，所以对人类自身和人类社会的研究从领域来讲都开阔了，丰富了，深入了，细致了。比如说对人类的研究，由幼年到青年到老年，由生理到心理，由思维到行为，能够利用科学技术和人的多种智慧，进行深入、细致的研究，并得出科学的结论。这是以前的时代望尘莫及的。现在出现了很多新的学科，比如说经济学方面学科就很多，历史、文学的研究也出现了一些新的学科，研究的领域也越来越开阔了。

（二）横断科学的发展。这里主要是"三论"即系统论、信息论、控制论。这三论原来都是自然科学方面的东西，现在都被社会科学的研究所利用，而且很有好处。横断科学的发展使社会科学的研究向前迈进了很大的一步。思维科学的发展也是一种横断科学的发展。按照钱学森同志的意见，现在科学不应该是两种即自然科学、社会科学，还应该加

---

① 原载《社会科学动态》1982年第18期。

上数学，他认为数学是独立于这两个科学之外的。他说思维也不仅是两个，即形象思维、逻辑思维，还有一个叫灵感思维。

（三）综合研究的发展。这也是科学发展的一个自然趋势。恩格斯曾经谈到科学如何从混沌、一体到分支研究，以后又进而发展到综合研究。现在，这种综合研究更加发展了。

（四）国际研究格局的形成。现在不管是文学也好，历史也好，还是其他社会科学也好，都形成了一个世界性的研究格局。我们就拿中国文学来讲，或者就拿中国现代文学来讲，当然主要是我们中国人在研究，大陆是我们主要研究的体系，但是台湾地区也有人研究中国现代文学。我在沈阳听丁玲同志讲，她在美国的时候，有些美籍华人讲中国现代文学说代表作家是白先勇，那他就会用此观点建立他的格局。现在美国研究中国现代文学的人是很多的，这也是一个新的趋势。他们自然也有他们的格局。

苏联研究中国现代文学的也比较多。这又是一个有其特点的格局。所以，就中国现代文学研究来说是多角的、多极的，这样在世界性的范围来说就形成了一个格局，它有统一的地方，有一致的地方，但也有分歧的地方，有很矛盾地、很尖锐地对立的地方。我们了解这些，对我们现代文学的研究和现代文学的授课都有好处。比如你了解一些夏之清的观点，你了解一些人们对《围城》的评价和对《红岩》的评价不一致的地方，这会启发你的思路或者也有可吸收的地方，无论是正面的或者是反面的都会启发你的思路，这样你在讲课的时候就有跌宕，就不是平淡无奇的。

（五）社会科学的研究同决策行为的结合越来越紧密，也就是说同人们的各种组织、机构的各种对策的联系越来越紧密。就文学来讲就是要从史的研究中探寻规律，以指导今天的实践。

第二个方面就是打倒"四人帮"之后，清除了"左"的思想理论的影响，我们能够更客观、更科学地认识中国现代文学的兴起和它的发展历史。根据中共十一届三中全会精神，我们对中国现代文学的研究可以更客观一些了，也可以更科学一些了。比如说，在一些理论问题上，我们有了一些新的认识。由于理论上的新的认识，我们在处理中国现代文学史上的一些作家和作品的问题上就出现了一些新的情况。还有，我们对于过去一些不能研究、不能科学地给予评价的作品和一些作家，现在也改变了状况，我们能够来进行研究了，能够给他作一些科学的评价了。徐志摩、沈从文等作家，包括胡适、周作人都是这样。但是我想附带说一句，现在也出现了另一方面的倾向，现在对徐志摩、周作人又有一些评价，有另一方面的偏颇。这也很自然，再进一步研究，就可以到更科学的水平上来了。还有过去我们有一种倾向，就是对于中国现代文学的产生和发展，更多地注意了对于民族传统的继承，而对于我们所受到的外来影响，估计得有些不足，讨论得不够。如此等等，都给我们研究现代文学提出了新的要求。

打倒"四人帮"以后，我们注意到西方在文学研究方面一些新的研究方法，有些东西被我们所吸收，所以出现了一些新的研究方法的运用，这些有的是合适的，有的不一定合适，有的还需要探讨，这些我感觉到也给我们提出了一些新的课题。由于上面所说的两个方面的原因，所以，我想我们需要提出今天所要讨论的这个问题。

二、中国现代文学兴起的几个原因

中国现代文学是怎么兴起来的？他的主要渊源有哪几个方面？这是一个老的问题，也是一个已经解决了的问题。现在我们已经出了好几部《中国现代文学史》了，每一部现代文学史的绪论都已经谈到了这个问题。那么，我们为什么还要重复谈这个问题呢？因为我想到有一些问题好像需要提出来研究，或者说作些补充。这当然是探讨性的，没有把握的。探讨这个问题有什么好处呢？它可以帮助我们形成一个关于中国现代文学的总体概念。我们从这样一个总的概念出发来研究和讲授中国现代文学的历史和它的每个分支，我想会得到一些新的认识，会有一些益处。那么，中国现代文学兴起的主要原因有几个呢？我列举一下，大概有七个方面。

第一，中国近代社会产生了新的生产关系、新的阶级、新的阶层。中国现代社会的状况我在这里不能详细谈，只是概略列举一下。由于新的生产关系的产生，就出现了新的阶级——资产阶级、无产阶级；产生了广大的城市小资产阶级和知识分子；产生了这些人互相之间一致的，以及对立的、矛盾的甚至是斗争的关系；产生了他们的一些新的生活内容、新的生活方式，产生了一些新的人物，……所有这些，都会要求在文学当中得到反映，也确实在文学当中得到了反映。这样就形成了中国现代文学产生的一个因素。另外，文学作品作为社会生活的反映，随着社会发生的变化，社会阶级的构成人员发生的变化，文学本身很自然也发生了变化。

由于资产阶级的产生和发展，产生了资产阶级所需要的文学艺术，城市小资产阶级的发展也产生了一些他们所需要的文学艺术。这样就出现了现代文学的一些东西。大家知道，上海原来是一个渔村，后来成了一个国际性的城市，集中了各色人物，小市民阶层产生了，这就出现了一个才子加佳人，鲁迅讲的才子Plus佳人那样的文艺，产生了鸳鸯蝴蝶派。由于北京原来是清朝的都城，后来被北洋军阀统治了，所以出现了京派文人。鲁迅讲的海派近商，京派近官，和官场接近。这就是社会生活的变化，引起了文学方面的变化。

第二，新经济、新政治、新文化的产生和发展。这在我们历来的近代史和现代文学史都谈到过，我觉得在这个问题上需要具体化，需要进行深入的研究。我想到在这个范围里，对现代文学的诸位教师来讲，可以发挥的领域是很广阔的，写论文、做研究的领域也是很开阔的。比如说所谓新经济的出现，它是一个什么概念？我想所谓新经济的出现，从经济学家的角度来讲，会提出很多统计数字，多少工厂开办了，多少万元以上资金的企业有多少，一百人以上的工厂是多少，外资是多少，民族资本是多少，官僚资本是多少，等等，从经济学家的角度进行研究可以提出这样一些内容。那么从文学研究的角度来讲，同样可以从这些数字看到很多东西，那就是说，有一些新的大型企业出现，有资本家，有广大的工人，有工头，有童工，有女工，这里就出现了很多新的矛盾、新的生活、新的人物，也就是新的文学反映的对象。洋奴、假洋鬼子，这个现代文学里的形象，也是只有产生新的经济之后才出现的。所谓新的经济的出现，还有一个概念，就是小农经济的解体，手工业工人的破产，这就会出现许多家破人亡、颠沛流离、背井离乡、卖儿卖女等悲欢离合的故事，这是大量的文学题材。中国现代文学作品里头很多的作品写到了这些东西。为什么会出现这样的作品和作家，为什么能写出这样的作品，还不是因为出现了新的经济？作为新的经济基础的反映的新政治、新文化的出现，也给文学的发展提出了一些新的要求和新的条件。由于新的经济的出现，政权结构、政权观念、政治生活都发生了变化。

帝国主义在租界里的政权和在反动统治机构中的帝国主义分子，帝国主义各国对各自的走狗的扶持，他们所组成的各种反动机构。人民大众同帝国主义分子及其走狗的斗争；外资工厂里的政治思想统治和同中国反动政权的勾结；人民大众的没有丝毫民主权利的受压迫生活和英勇的斗争，等等，都是新的政治带来的"生活"。像《阿Q正传》里所反映的当时的一些政治结构：举人老爷、知府大人之外还有假洋鬼子这样一个统治的结构，也是半封建社会的"新"。新文化的发展当然就更多了，其中有这样一些现象，就是新的知识分子的出现，为作家队伍提供了人才条件，为作品提供了新的读者，新的思想观点，包括政治、经济、哲学、历史、社会、文艺等方面，新的报刊的创办和影响；新的教育制度和设施；等等。

第三，五四新文化运动和新民主主义革命的兴起与发展。这给中国现代文学的产生提供了深厚的、文化的、思想的和政治的基础。大家知道，1919年发生五四运动之后，第一个十年，中国现代文学发展得很快，成就也很突出。这是五四新文化运动带来的结果，以后由于新民主主义革命的兴起和发展，无产阶级领导的出现，马克思列宁主义在中国的传播，也产生了无产阶级的文艺，这样就使中国现代文学的发展一步一步地深入了。

第四，东西方文化的交流，西方文学的引入。这一条，现在值得我们很好地去研究。东方文化和西方文化是两个很不相同的文化体系。不同的文化体系中的一些东西的引入，必然会引起民族固有文化的变迁。没有西方文学的引入，没有东西方文化的交流，五四新文化运动的状况可能是另一种模样。大家知道，五四运动开始时的文学里很主要的主题就是恋爱自由、婚姻自主。冯沅君（即淦女士）最早写的小说，鲁迅是很欣赏的。鲁迅曾说她的小说是看了百来本外国小说创作出来的。鲁迅、郭沫若、茅盾、巴金他们都受到西方文化的影响。鲁迅所以能够成为鲁迅，与他在日本东京四年中和西方文化有广泛的接触分不开。我看到鲁迅的一个购书单，那里面所有欧美各国的文学史都有，如法国、美国、意大利等，这就说明他很注意研究西方各国的文学。大家知道他更注意俄罗斯文学及东欧被压迫民族的文学。巴金在法国留学，受法国文学的影响很深。胡适，更是全盘西化的主张者。郭沫若呢，他受美国惠特曼的影响是很深的。鲁迅等这些现代文学的大师，也都从事过外国文学作品和理论的引入。由于这样一些新的文学观念的引入、新的美学思想的引入、新的文学样式的引入、新的创作方法的引入，就对我们中国现代文学的产生给予了一个文化交流的基础。我想，五四运动可以说是中华民族的一次觉醒，也就是第一次思想解放运动，也可以说是中国现代的一次文学觉醒。这个觉醒的主要原因，当然是由于中国出现了新的生产关系、新的阶级，其中也包含着东西方文化的交流。这里特别说明一下，所谓交流，就是一种结合。它是以我们自己的民族传统为基础的，引入西方文化的一些东西与之结合起来，产生了我们中国的现代文学。

第五，对中国古老文学传统的批判与继承。这是一个常规性的提法，我想说一些自己的认识。中国现代文学的产生对于中国古老的文学传统来说，既是一个发展的中断，又是一个继承性的发展，既是一个停滞又是一个飞跃。我们中国是一个有古老文学传统的民族，有辉煌的文化，有非常优秀的文学传统，但是有些东西到了20世纪已经需要随着社会的变化而变化，随着社会的发展而发展。鲁迅的《狂人日记》出来以后，他自己就讲由于格式的特别而受到人们的注意。这里我想说一个情况，上个月我见到一位30年代的老作家，他认为我们现代的小说对于中国古代短篇小说的传统继承得不够。他还说，他把自己的看法对另一位有名望的老作家谈了，那位老作家也同意他的看法。因为五四运动的时候，有形式主义的缺点，坏的一切皆坏，好的一切皆好，所以对于中国民族的传统继承得不够。就是到现在也有一种偏颇的说法，就是只要你用的是中国的语言、文字，你写的是中国的生活，你的小说自然是中国民族的，这有一部分道理，这两项是决定一部文学作品的民族性的主要因素，但是仅仅有它不会就是民族的文学。美国有一位女作家叫赛珍珠的，20年代的时候写过《大地》这本书，她是用英文写的，她写的是中国的人、中国的事，但她没有正确地反映当时中国社会和中国人民的生活，并且侮辱了中国人，我们决不能说她写的是我们中国民族的文学，所以仅仅有这两项也不够。我觉得在文学上有一种东西，我管它叫"体态"，像人们的体态，它有民族的东西。这个体态构成的因素是多方面的，这里不详细谈，它有一种民族的体态。这不是语言和文字所反映的对象足以完全决定的，还有很多东西。我看了一些中国话本小说方面的研究资料和话本小说，感到我们对于中国话本小说的研究很不够，我想到一个题目，以后有时间准备写它，叫作《中国的话本时代》，我觉得中国的话本时代是一个辉煌的短篇小说发展的高峰，它比之欧洲的短篇小说创作的高峰，契诃夫也好，莫泊桑也好，并不逊色，而五四运动时期我们对于话本小说的一些优秀的传统继承得却是不够的。我们可以说，诗歌也好，小说也好，戏剧也好，有很多方面对于古代优秀文学传统的批判和继承都有不够的地方。五四运动以后，我们把古典诗歌里面的优秀东西抛弃得多了。当然现在我们不能再回到那个格律去，但是也有一些美学的原则是可以研究的、可以吸收的。话剧也存在一个与群众结合的问题，也是一个继承民族传统的问题。所以对于五四运动以后现代文学的兴起，我们可以很好地研究一下，它在对于中国古典文学传统的批判和继承方面，它做得好的和做得不好的，它得益的和受损的，都可以和应该好好总结。我们现在的现代文学的研究，在这方面谈得不太够，往往就说一个虽然有所继承，不过有形式主义，但这里有很多细致的东西可以分析，应该研究。

第六，对于近代文学的继承与突破。现代文学是近代文学的继承和发展，它不可能是无本之木，它离不开近代文学。因为在鸦片战争之后到五四运动之前，这八十个年里头，中国的文学已经发生了一些变化，虽然不是根本性的变化，但是有一些带根本性的变化，而且还有一些可以说是现代文学的先声。比如：在近代文学中间，就已经提出诗界革命的问题，黄遵宪提出要"我手写我口"，但是他的诗还是五言、四言的，体态还是古典诗歌的，而内容有了一些变化，同时运用了一些外文字的译音，在题材上有一些变化。如：黄遵宪的《今别离》写到轮船、火车，写到电报、相片这些东西，写到东西半球昼夜相反这种自然现象，都是近代的东西，这个有些变化，这当然给五四运动的诗歌革命开了一个先河。近代文学兴起后还有一个很重大的贡献，就是对于小说的地位给予很大的提高，近代文学在小说理论方面提出了一些东西。如很重视小说的社会作用，像梁启超甚至于说你要建立新的社会就要有新的小说，要建立新的道德，要培养新的人，都要有新的小说，很强调它的社会作用，这同中国过去把小说看作闲书的观点是很不相同的。他还很提倡小说为社会服务，不过他又过于狭隘，强调这一点也是可取的。另外对于古典小说也提出一些新的评价。当然对于《红楼梦》的评价是五四运动以后的事了。不过对于《水浒传》《金瓶梅》的评价却提出了一些新的观点。这就表明小说的观念发生变化了。这方面的变化在艺术方面也有表现，比如强调小说的形象性、具体性。在创作方面，谴责小说很盛行，《官场现形记》《二十年目睹之怪现状》《老残游记》《孽海花》等，这样一些谴责小说都出现了。它同话本小说、传奇都是不一样的，这些东西，都是五四运动以后现代文学的一个先声，开了一个先河。近代文学还有一个很重要的方面即翻译，刚才我漏掉了没讲。林琴南的翻译有一百多种，最近统计的数字是182种，输入了一些西方的小说，西方的小说所反映的生活，西方小说的写作格式等。大家知道鲁迅是林琴南的翻译小说的热情读者，每翻译一本他就看一本，很注意的。林琴南这个人还是有一些贡献的，当然他在五四运动期间表现不好，是新文化运动的一个对立面，但从他的翻译来讲，是有贡献的，做了一个很好的输入工作，起了媒介的作用。概括起来可以这样说，就是现代文学是对于近代文学的继承，或者说近代文学对于现代文学提供了前提。我想更值得我们研究的是现代文学对于近代文学的突破。可不可以这样说，现代文学对近代文学的突破是从改良到革命，从老的格局到新的格局，从老的读者范围到新的读者范围。这里我想要特别说明一下，从改良到革命，从文言到白话，从老的格局到新的格局，从老的读者范围到新的读者范围，要特别强调一个东西，就是历史的现象往往有一种对抗性的联系。我们说一个事物是由前一个事物的因果关系发展下来的，前者是因，后者是果。但是还有一种因果关系，我管它叫对抗性的联系。情况是这样的，我们为了要批判它、反对它，又要发展另外一种东西，对抗性的东西，这也是一种联系，因为没有前者就引不出后者来反对它，这正是前后因果之间的一种辩证的发展关系，一方面前者是从后者来的，另一方面它又是反前者而行之，所以它既是继承又是突破，它既是承认它，又是反对它。从这个观点来看，现代文学和近代文学的关系，我们可以看到它是从改良到革命。谴责小说有很尖锐的揭露、抨击、诅咒，但是从根本上来说，并不反对封建制度，像《老残游记》就是带谴责性的，对贪官污吏、酷吏、清官谴责得很厉害。《官场现形记》《二十年目睹之怪现状》也都是这样的。但他们并不反对封建制度。但是《狂人日记》一出来就气势一变，彻底地否定，否定了人吃人的封建制度，要把它改变。这是现代文学和近代文学一种很大的区别，一种对抗性的东西。所以，在文学表现上是从谴责到讽刺，谴责小说用大白话来说就是臭骂一顿，但是他没讽刺的力量，鲁迅是运用了讽刺的力量的。鲁迅说，讽刺与谴责的区别就在于谴责任意夸大，而至失真；而讽刺却夸张而不失真。讽刺的生命是真实，而谴责的失败就在失真。从小说的结构来讲，它是从传奇性的情节发展到朴素自然的发展，这是现代文学的一个变化。近代文学有很多继承传奇性的东西，它非得有许多奇人奇事奇现象，用这些东西来吸引人，所以情节是很丰富的、发展变化很大的，但是现代文学基本上批判这种东西而变得朴素自然，按照生活的本来面目去写，一般情节不很丰富，像《药》有多少情节？《明天》有多少情节？《祝福》的情节多一些，但它的基本结构还是朴素自然的。从传奇式的情节发展到朴素自然的发展，从小骂到彻底的否定，从比较狭小的题材范围到更广阔的题材范围。近代小说写官场、妓院，城市写得较多，而农村就写得很少，劳动人民作为主角在作品里出现得很少。从狭小的文艺观到广阔的文艺观，在文学观念方面来讲，梁启超完全把小说当作一个政治工具。近代文学在理论上对于文学的认识作用是谈得不够的，它对文学更多的更细的作用也是研究得不够的。现代文学在这方面就注意得多了。还有一个在艺术上从粗糙到精细的发展。近代文学有的东西是比较粗糙的，可以说艺术性是比较差的，包括那些比较好的作品。《老残游记》在近代小说里艺术上是比较精细的，有的片段，像过去选在语文教科书里的《大明湖》，有些比较精细，但有的东西是粗糙的。在艺术上还有一点就是从脸谱化的形象描写到个性化的形象描写。近代文学描写人物比较脸谱化，恶人就被描写成粗眉、阔嘴、獠牙，这和话本小说有些相似，但是现代文学注意到个性化。尤其是鲁迅作品里的人物更加个性化了。最后一个就是从类型到典型。近代小说里有一些东西写的是类型，就像挂图似的，典型刻画得不够。现代文学注意到这个问题，特别是鲁迅创造了阿Q、孔乙己、祥林嫂这样一些典型形象。我觉得这些都可以归之于现代文学对于近代文学的突破，也是近代文学和现代文学的一种对抗性的联系，也就是说，没有近代文学的前因也没有现代文学这些优秀的后果。

第七，30年代世界性的红色文学或者说普罗文学的兴起和中国左翼文学运动的产生与发展。30年代的世界性的红色文学的兴起和中国左翼文学运动的产生与发展以及农村文化革命的深入，这当然是五四运动以后较长时期的事了。作为现代文学兴起的原因，似乎时间远了些。不过，到30年代，左翼文艺运动兴起、发展，无产阶级的文艺出现，这在现代文学史上是一个划时代的变化。从阶段性来讲，作为一个新阶段产生的原因，未尝不可吧？现在有一种说法，叫作"红色的三十年代"，这种说法我认为是成立的。由于俄国十月革命胜利以后社会主义建设的成就和各方面的发展，出现了世界性的一个无产阶级革命运动的高潮，与此相适应的是文学运动的兴起，德国、法国、美国、日本都有红色文学的兴起，我们中国的左翼文学运动和这个红色的世界性的文学运动是有关系的，是受到它的影响的。中国左翼文学运动的产生和发展，给中国的新兴的现代文学输入了新鲜的血液，发展到一个新的阶段，产生了中国的左翼文化运动，取得了很大的成就。以后随着土地革命的深入，出现了农村文化革命的深入。这些都对我们现代文学的发展起了很大的推动作用，出现了很多新的、好的作品，产生了优秀的革命作家。概括上面所谈的七个方面，是否可以总起来说，中国现代文学是由一个复杂的，多方面的，集古今中外文化、文学影响的综合性系统所产生的。它所涉及的方面是很广的，包括社会、政治、经济、哲学、历史、文化、教育、美学、文学等许多方面的内容。它涉及中国古代的历史和文化，近代的历史、文化和文学，涉及包括欧洲和亚洲的文化和文学，从这个观点出发，我们了解、研究和讲授现代文学也应当是多方面的、综合性的。我想这也是一种领域上的开拓和深入。如果我们进行开拓，用深入一点的、多方面的综合性的观点来观察现代文学，就可以站在更高的基点来研究、讲授现代文学。这样也许会使我们的研究和讲授的内容有一些新的东西。

三、对研究格局的设想

我想到的有五个方面的问题。第一个问题是加强马列主义思想武装。因为中国现代文学是这样一个多方面的、综合的、复杂的因素所决定的，所以，要对这种现象进行研究，而且能够抓住其中主要的东西，特别是能够了解和摸索出它的规律性的东西，如果没有马列主义的指导，是不可能做得好的。特别是在打倒"四人帮"以后，引进、翻译了一些外国研究文学的文章，包括研究中国现代文学的文章，有很多是写得很好的，对我们有启发的，但是也有的文章有严重的缺点，也有的是我们所不能接受的，也有的没有多少道理、没有多少学术性。所以我觉得最根本的是马列主义的武装。今天在这里的同志，还是中年教师比较多，我觉得要想把现代文学教好，掌握马列主义是很重要的。如何掌握好马列主义？有这么两个方面：一个是马列主义基本理论的掌握，特别是历史唯物主义，它对于了解现代社会和现代文学的纷繁复杂的现象是一个很好的指导思想。第二个方面就是马列文论的学习，通过这种学习掌握马列主义文艺理论体系。

　　第二个问题是进行综合研究。综合研究是什么意思呢？首先就是把现代文学当作一个整体、一个系统来考察。文学是一个系统，这个系统和政治、经济、文化、文学、宗教都是有密切关系的，这是大系统。文学这个系统里包括古典文学、近代文学和现代文学。它和古代文学和近代文学又有它的关系，但是你在观察现代文学的时候，应该把它本身当成一个系统、一个整体来观察，这样的话，有些文学现象你就可以解释，可以从系统的观念、整体的观念进行分析。如：鸳鸯蝴蝶派是偶然产生的吗？它有它的社会原因，当然还有它的文学原因，甚至可以说它有它的社会前提和文学前提。又比如说你要是研究张恨水，张恨水的出现就要从现代文学这个整体的概念和角度来研究他，这样做将会得到一些新的东西。第二个所谓综合性的研究就是看到一个"文学的世界"，文学是反映社会生活的，所以文学作品中有一个独特的世界，这个叫作客观世界在文学当中的反映，它是多方面的、是综合性的、是多系统的。它是一个文学作品，但是有政治、经济、文化、历史等各方面的东西在里头，它是纷繁复杂的。有的作家他并不是有意地去反映这些，像巴尔扎克，恩格斯就讲他的《人间喜剧》提供了比真正的经济学家、统计学家提供的东西还要多。我在了解话本小说的过程中，从关于宋代的经济和社会状况的一些著作里，找到了说明中国话本小说产生发展的有关资料，同时也从话本小说里看到了宋代的经济状况。所以说，从综合的角度来考察文学的话，我们可以从文学来考察"当世"，也可以从"当世"来考察文学。比如《子夜》，从中可以研究30年代的民族资本家的状况、民族资产阶级和民族资本、民族工商业的发展史。同时，也可以从了解30年代的中国经济状况，上海的经济状况，上海的民族资产阶级发展的状况来了解《子夜》。这是政治、经济、文化和文学相互之间的关系。

　　第三个问题是从总体文学的了解和研究来进行讲授。我有一个看法提出来供大家讨论。我认为，"文学研究"这个概念，现在应该是三极的，就是总体文学、国别文学和比较文学。所谓文学研究的领域和它的对象，应该是这三个方面的。我们习惯的概念包括着国别文学，所谓中国现代文学那就是国别文学。但是无论研究这三极的哪一极，要对其他两极有所了解。研究国别文学的，要对总体文学和比较文学有所了解。当然有专业从事总体文学或者从事比较文学研究的，他对国别文学也要有所了解。前面我们已经讲了，现在已经形成了一个世界性的研究格局。马克思和恩格斯在《共产党宣言》里就讲到由于资产阶级开辟了一个世界市场，所以产生了一个世界性的文学，无论是从文学的观念、美学的规律、文学创作的规律、题材、体裁等方面，都有一种世界性的交流，勘以世界文学形成了一个总体，这个总体文学有一些共同的观念、共同的领域、共同的规律，它和国别文学是总体和局部的关系。我们为了认清局部，对总体的了解是有必要的。前面讲了鲁迅对各国的文学史都很了解，所以，鲁迅有一个总体文学的观念，他所观察的文学的现象是站在一个较高的角度上的。我们可以有这样一个课题，就是中国现代文学，我们习惯的说法是从1919年产生。1919年现代文学一产生，接着出现了那样一些作家、那样一些作品。如果我们跳出来，站在总体文学的观念上来看，翻一下1919年或者20世纪的最初十年，法国文学出现了一些什么作家、出现了一些什么作品，还有英国、美国、意大利、日本、俄国等都了解一下、自己寻找一下，然后你看总体文学的现象与你所要研究的中国现代文学的现象有什么联系、有什么区别。我想如果你对当时的总体文学有一些了解的话，包括文学的思潮，那么你再回过头来，来说明五四运动以后文学上的一些现象，会有很大的好处。一个很粗略的做法，你只要排列一下，画一个表格，如从1919年到1927年中国的左翼文学产生之前这个年代，然后再将英、美、法、意这几个主要的国家的每年的文学大事记一排，你就能观察到一些带规律性的现象，大家可以试一下。

　　第四个问题是从比较文学的角度来了解，研究和讲授中国现代文学。这有两方面的意思，一方面就是比较文学在现代文学发展中的一些作用。这个问题是早在20世纪初鲁迅提出来的，叫"比较文章学"。鲁迅的《摩罗诗力说》是一篇很有学术水平的比较文学论文。南京大学的赵瑞蕻教授去年和我在北京一起开会时，我们谈过这方面的问题。他认为鲁迅是中国最早的比较文学家。另外，从近代文学来讲，林琴南的翻译实际上也是比较文学的一个方面。又如茅盾，他的很多文学评论，实际上也是比较文学的文章。第二个方面就是站在比较文学的角度来研究中国现代文学发生的一些现象。像《狂人日记》就可以从比较文学的角度来讲。鲁迅和安得莱夫、尼采、厨川白村都可以进行比较研究。比较文学基本上有两个研究，一个叫影响研究，一个叫平行研究。比如说，鲁迅和果戈理，鲁迅和安得莱夫等都可以作为影响研究的课题，而鲁迅和契诃夫，鲁迅和莫泊桑则可以进行一些平行研究。像鲁迅的《祝福》和莫泊桑的《项链》，可以进行平行研究，经过平行研究可得出一些规律性的认识。此外，郭沫若和惠特曼，《女神》和《草叶集》，曹禺的《雷雨》和奥斯特洛夫斯基的《大雷雨》等都可以很好地进行比较研究。闻一多、徐志摩也可以进行一些比较研究。我们中国现代文学的一些大师都可以进行比较研究。在小说技巧方面，在诗歌创作方面，在戏剧创作方面也都可以进行平行研究。现在我们在这方面的研究还是非常不够的。

　　第五个问题是把文学现象作为社会发展和革命发展的一个特殊的焦点来看待、研究、探索它自身和它与其他社会现象的关系。这样做有什么好处呢？这可以使我们对现代文学的研究与讲授更深入一步，研究更开阔一些。就是说不仅仅从作家作品、文学运动这些方面进行讲授和评述，还应该把它和其他的社会现象结合起来讲，通过文学这个焦点来予以反映。就像世界是一个太阳，这个太阳的光和热就要通过文学这个焦点来反映。这样，对中国现代文学，我们可以进行这样的研究，把它与五四运动联系起来，与"五卅"运动联系起来，与左翼文艺运动、抗日战争、解放战争联系起来。像"五卅"运动的出现，中国革命进入了一个新的阶段。工人运动出现了第二次高潮，鲁迅思想的转变与"五卅"运动的关系极大。整个现代文学与"五卅"运动的关系是很深的。抗日战争更不用说，产生了抗战文艺，出现了一个全民族的文学运动。40年代产生了一批作家，这都和抗日战争是分不开的。现在上海文学研究所在研究孤岛文学，上海这种特别的城市出现一个孤岛即"租界"。孤岛文学有它一些很特殊的东西。上海留下了一批作家。像郑振铎、巴人、唐弢、许广平等都在这儿做了很多工作。第一部《鲁迅全集》就是在孤岛时期的上海出版的。这些文学现象都和当时整个的政治、经济、文化形势是分不开的。当然，我们不能像研究一般的政治、经济、文化那样来研究它们，我们应该从与文学的关系这个角度来进行研究。以上，是我所讲的对研究格局的设想。

（此文是作者于1982年8月5日在大连召开的全国现代文学讲习班的学术报告的记录，整理后有删节。）

加强现代文学的综合研究①

近年来提出了加强和改进现代文学研究的问题。这是一个好现象，是我们正在前进的标志。在讨论中，提出了种种见解，有许多好的意见。有一件事情，也是重要的，然而现在注意得不够。这就是对于现代文学的综合研究。

所谓综合研究，首先是把现代文学当作一个整体、一个系统来研究。总的说来，文学研究包括文学史、文艺理论和作家作品这几个方面的研究，我们一般都是分工协作地分部研究的，然后，在必要时（例如写文学史的时候）进行"组装"，它们之间常常是各自独立地拼合在一起的，或者在"组装"时，在"技术上"加工一下，使它们具有了外在的、行文上的联系，最多是在内容上互相照应一下。这仍然不是综合研究。综合研究应该是把研究对象作为一个具有内在联系、具有独特结构的整体来对待的。亚里士多德的著名论点："整体大于它的各部分的总和"，对于现代文学研究，也是适用的。当我们把所研究的各个对象都作为"现代文学"这个系统的一个组成部分，而以"整体"观念来对待时，我们就会发现进行分部研究时得不到的东西。中国现代文学的兴

---

① 原载《中国现代文学研究丛刊》1984年第1辑。

起，首先是从理论领域里响起了号角，胡适的《文学改良刍议》、陈独秀的《文学革命论》，揭开了序幕。直到第二年（1918年）鲁迅的《狂人日记》问世，才在创作上显出了新文学的实绩。紧接着的不仅是鲁迅本人"一发而不可收"，而且有一批文学新星，交相辉映地出现在中国现代文学的星空。文学理论同时也在经历着一个现代化的过程，既逐渐丰富发展自己，又指导、影响创作。后来，左翼文学运动又经历着一个类似的历程。在这样两个阶段的发展过程中，作品和作家的研究也逐渐形成了自身的格局。在这种整体的、系统的发展中，现代文学发展的规律和从中体现的一般艺术原理与规律，都是我们在孤立地进行分部研究时，所不能或不易掌握的。比如中国现代文学发展史上的这种"理论先行"的状况、散文的发达和成就突出、短篇小说的发展和长篇小说的迟出，等等，都需要在综合研究中，探寻其中的具体规律和一般的艺术规律。

对于现代文学进行综合研究的另一方面的内容，便是把文学这个系统和相邻系统结合起来研究。文学不是一个自我封闭体，而是一个开放系统，又是一个接受系统，这个系统同经济、政治、思想、文化、教育、艺术、宗教等都有密切的关系。它是"生活"于这个大系统之中的，大系统中的任何一项都渗透、影响文学这个系统；而文学又渗透、影响其他系统和整个大系统。我们看到，中国现代历史上政治、经济、思想、文化、宗教等各个方面，无不烙印于中国现代文学，而现代文学也总是参与了这些"兄弟"系统的斗争和发展。从这样一种大范围、广视野的系统来对现代文学进行综合研究，就可以看到现代文学是一个"生活"于中国现代社会中的活的肌体而具有它自身的特质、形象、发展规律。那时，我们就可以从更广泛、更全面、更深刻的角度来了解和研究中国现代文学了。

中国现代文学是一个具有很强的政治性的"文学实体"。首先它是一次中国现代史上的伟大政治运动（五四运动）的产物，以后，大的政治运动、政治事件，一个接着一个：第一次工人运动高潮，农民运动的开展，学生运动的蓬勃发展、"五卅"运动、第一次国内革命战争、四一二反革命政变、九一八、一·二八和由七七事变为序幕的抗日战争、伟大的解放战争，等等，这样一个接着一个的阶级斗争、民族斗争的发生，都给予现代文学以多方面的深刻影响，从思想到艺术、从题材到人物、从内容到形式，都无不打上这一系列政治事变的深刻烙印。我国现代文学史上的许多著名作品，从鲁迅的短篇小说到他的杂文，从郭沫若的诗歌、戏剧到茅盾的小说，从田汉到曹禺的戏剧作品，以及其他众多名著佳作，都直接地反映了这些事件，或者间接地触及它们。我们近年来开展的东北现代文学、孤岛文艺和抗战文艺的研究内容，便是几次大的民族事变之后的产物。此外，经济、教育、思想、文化等方面的发展变化，自然也都"波及"文学的发展变化。

综合研究的另一个意思是，从一个"文学的世界"来了解社会、历史，然后又返回来考察文学。文学是反映社会生活的，所以文学作品中有一个独特的世界，这是客观世界在文学这面镜子中的反映。它是多方面的，多系统的，是综合性的。它是一部文学作品，但又直接或间接、自觉或不自觉地反映了政治、经济、历史、文化等社会生活的各方面的纷繁复杂的现象。如果我们从综合的角度来考察文学，就可以从文学来考察"当世"，从"当世"来考察文学。比如可以从鲁迅的一系列小说作品中去考察中国20世纪初到20年代的农村社会面貌；同时也可以从后者去考察鲁迅的小说。我们也可以从《子夜》来了解30年代民族资产阶级的状况和民族工商业的发展史，又可以从民族资产阶级的状况来考察《子夜》。通过这种以"文学的世界"为中心的综合研究，能够加深我们对于作家作品的研究，加深对于现代文学发展史的研究。

从另一方面看，对现代文学进行综合研究，还可以"从内到外"地结合其他系统的内容来进行研究。这同前面说到的"从外向内"的研究，也许可以看作互为表里的。这种研究的特点是：把文学现象作为社会发展和革命发展的一个特殊"焦点"来看待和研究，我们暂时称为"焦点研究"。这个研究的主要之点就是探索文学这个"焦点"如何反映了社会和在这种反映过程中以及在这种反映的社会效果中，它同其他社会现象的关系，同其他系统的辩证关系。这样做可以使我们的研究更开阔一些，更深入一步，不仅从作家作品、文学运动自身的发展来评述和探寻规律，而且把文学作为一个"焦点"来透视它和其他社会现象的关系。好比世界是一个太阳，这个太阳的光和热通过文学这个焦点来反映。比如，我们可以把现代文学同五四运动、"五卅"运动、抗日战争、解放战争联系起来研究。如前面所说，这些社会历史的重要阶段，都给现代文学带来了巨大的变化，赋予它以内容和形式上的时代特色，而给了我们特殊的研究内容。不过，我们现在却是"从内向外"地以文学为"焦点"来进行研究。我们从九一八事变后"东北作家群"的崛起和他们的作品的思想和艺术特色，来透视东北地区沦为殖民地以及这以后中国民族危机的步步加深、民族觉醒和救亡斗争的开展，然后又从这种透视中，来反顾文学如何反映了这一切，以及如何承担了民族灾难和参加了这一伟大民族斗争。孤岛文学则更以特殊的内容、特殊的形式以至特殊的方式，反映了一种特殊的民族斗争、思想斗争与文学斗争。我们同样可以从文学角度来进行透视；又以透视的结果来纵观文学的斗争、成绩与功效。

通过从以上几个方面和角度来进行的综合研究，我们可以开阔现代文学研究的视野、开拓新的研究蹊径、增加新的研究内容，使现代文学研究更开阔、更深刻、更生动活泼；同时，应该说，也能得到更多、更新的成果。

从广泛的意义上说，综合研究也是当前社会科学研究发展中的一个突出的新趋势。这是人类随着科学技术和认识力的发展提高而带来的了解、掌握研究对象的新能力、新范畴、新方法。从这个意义上讲，中国现代文学研究也应当加强综合研究。

关于东北现代文学史研究与编写的思考[①]

　　东北三省社会科学院文学研究所和有关大专院校的教师，协作研究和编写东北现代文学史，这是一件对于中国现代文学研究和东北地区的文学以至文化研究都很有益处的工作。因此，它得到许多有关单位和研究者的关心和支持。这件工作，自1979年开始，到现在已经进行了四个年头。四年来，有关的单位和研究者，除了经常的通信、交流情况与资料以及交流成果之外，而且曾经开过多次协作会议和学术讨论会。并由黑龙江和辽宁两省的文学研究所先后编辑出版了八期《东北现代文学史料》。现在，史书的初稿已经写出，正在统编和作最后的修饰。"大功"即将告成。

　　我在几次协作会议和学术讨论会上，曾就东北现代文学史的研究和编写问题，作过几次发言。现在把这些发言稿加以增删，综合编辑成为一篇发言稿，以存留一点历史的纪念，并以此就赠予师友。

　　一、东北现代文学史的研究具有拓荒的性质和重要的意义

　　30年代初期，中华民族处于生死存亡的关头。但同时也正进入人民新的觉醒时期。人民的抗敌情绪高涨，救亡图存的意识遍及中华大地，反抗、斗争的运动波及全国。正是在这个时期，东北沦入敌手、伪满洲国成立。在敌伪统治下痛苦呻吟的东北人民，在最艰苦的环境下挣扎、斗争。也正是这个时期，一批东北作家来到了上海，拿出了一批在思想上与艺术上都很有特色的文学作品。《八月的乡村》《生死场》《没

---

① 　原载《东北现代文学史料》1984年第9辑。

有祖国的孩子》等长短篇小说，出现在左翼文坛，震惊了整个中国的文学界。萧军、萧红、舒群、罗烽、白朗、骆宾基、端木蕻良……一批风华正茂、才气逼人的年轻东北作家，裹带着战斗的、清新的风，投入文学战斗的行列，引人注目。东北文学的兴起，东北作家群的形成，像异军突起，给左翼文艺队伍和中国文坛，注进了战斗的、强健的新血液。这个比较突出的、富有特色的文学现象，很早就被人们注意并写进当代文学的记录中了。以后，在中国现代文学史的著作中，也都有专节记述和评论。一般都以"东北作家群的崛起"之类意思的话，来标示这段文学史实。这当然是历史真实的反映，是完全应该的。

然而，无论写得多么详细的中国现代文学史，对于这一段文学史实的描述和评论，都限于《八月的乡村》《生死场》《科尔沁旗草原》等三部作品，只限于"两萧"、舒群、罗烽、端木蕻良等有数的几位作家。这样做自然是可以的。但是，应该说，这样做是很不够的。当然，已经论到的、叙及的，是东北现代文学的精华部分，可是，精华不等于全部，而且，已取之精华，恐怕也不能说是精华的全部。再有，红花还得绿叶扶，只有红花不见绿叶，不仅不全面，而且也没有生机。第三，精华部分，又是如何形成的呢？它的渊源何在？它的特点是什么？它有何等的成就？又有何意义？如此等等，也是需要更多的说明的。第四，更重要的是，整个东北文学的兴起，也需要从多方面去探讨、研究，要探寻它的发展规律。仅仅在这样简略的列举中，我们也可以看出，已经做的工作是很不够的。

因此，我们现在研究东北现代文学史，有一个很重要的意义，这就是：拓荒。说不上是填补空白，但要开辟新的研究领域，收集、发掘新的资料，进行新的研究，总之，在已有的基础上前进一大步，这是很需要进行的。

东北现代文学在中国现代文学中是具有较为突出的成就，也具有较突出特色的一页，把这"一页"的史实弄清楚，研究得比较透彻，探寻出一些规律，对于丰富中国现代文学史是很有意义的。

近年来，国外，比如日本和美国，研究东北作家萧军、萧红，研究东北现代文学的也日渐多起来，专著与论文都有，取得了值得注意的成绩。如美国的葛浩文便是。这方面的工作，他们仍在开拓前进。我们不妨说，这里存在着一种学术竞赛——我们决不应该落后于国外的研究。

对于东北三省的文学史研究者来说，研究东北文学史，不仅是责无旁贷，而且还有一个同国内其他地区的研究者的竞赛问题。这有两方面的意义。一个是，具有地方特色的文学研究，其他地区也都在注意进行，如上海的同志在研究"孤岛文学"，四川的同志在研究"抗战文艺"等。我们的责任是加强东北现代文学的研究，这同兄弟省市的同行们是一种竞赛。另外，其他一些研究工作者，也有不少在研究东北现代作家、东北文学的，他们之中有的人取得了很好的成绩，比如肖凤同志写了《萧红传》，编了《萧红研究资料》，对于东北地区的现代文学研究工作者来说，这里也有着一种学术竞赛。

以上这些对于我们来说都是一种催促、一种压力。我们应当承担起自己的责任，完成这种"地区性"的不可推卸的责任。

二、开拓研究领域问题

对于东北现代文学的研究，我们应当打开思路、开阔眼界，以"文学是一个开放体系"这样的基本观点进行研究。我认为只有对研究工作做这样的"战略"考虑，我们才能看得更开阔、站得更高，也能钻研得更深。这在探寻规律、抓住本质等方面来说，都是必要的，也是有益的。从必要性来说情况是这样的；从可能性来说，我们也有较好的条件。现在，由于现代史、中共党史、现代文学史等方面的研究工作的深入开展，从"正面"或"侧面"提供了不少有用的资料，也提供了不少资料线索。而且，有不少研究成果，也可资引用、借鉴，或者给我们以启发。文艺理论、文艺思潮等方面的一些研究工作的进展和成果，也能对我们的这项研究工作起到同样的作用。当然，更为直接的，是东北现代文学史，特别是东北现代作家、作品的研究成果，这是我们可以直接利用的宝贵材料。另外，我们的这项工作，是三省同志协作进行的，这也是一个有利的条件。从广泛地收集、挖掘、整理资料，进行分工合作的研究，发挥集体的智慧、互相取长补短等几个方面来说，也都是这样的。

在这种研究"战略"方面，我感到首先是要突破旧的研究格局，建立新的研究格局。东北现代文学的研究，原来是已经形成了一个格局的。这个格局（局部）同中国现代文学的研究格局（整体）类似，它的特点和优点是：一、以革命文学为主体、为主流，这当然是正确的，是反映了东北现代文学和中国现代文学的历史实际的。二、着重研究了一些著名作家的作品，在这方面，研究工作进行得较多、较细、较深，成果也较多；这都是大家过去注意着力研究的。这可以说是抓住了重点，是作重点突破的研究。三、对于东北现代文学来说，在这方面的研究，如前面说过的，基本上只限于萧军、萧红等三五位作家和十来部作品的研究工作。

以上这三个方面，可以说是研究工作的优长处，但是，同时也是弱点、缺点。从研究对象本身的深厚丰富的内涵来说，我们研究的范围不够宽广，研究的深度也不够。从研究的命题范畴来说，大体上限于作家作品研究，这就忽视了史的研究和规律性的探索。从研究方法上来说，则是缺乏整体研究、综合研究和比较研究。我们想要改变这种状况，突破这个旧有的格局，首要的就是按照马克思主义的全面的、系统的、辩证的观点，来打开思路，展开视野，高瞻远瞩和深入肌理地展开研究工作。

第二，把东北现代文学作为大系统中的一个小系统和作为一个"开放体系"来研究。这就是说，首先，要把东北现代文学作为整个东北地区的一个局部的社会现象，放在总体背景下来研究，也就是同整个东北地区的历史、政治、经济、教育、思想、文化以及地理等各个方面的综合的、整体的情况结合起来研究。从历史角度来说，东北地区，在古代，特别是在清代，以后，在近代和现代，都是有许多特点的。这是东北现代文学发展的历史前提。今天的现象，是昨天、前天的历史的一个发展，"今"对"昨"，有继承的一面，又有变化发展的一面。只有认清历史，才能更全面、更深刻地认识今天。从政治经济等方面来说，以东北为根据地和发祥地的清朝统治者的三百年统治，日俄以及英美德等帝国主义对东北的侵略，特别是日俄在东北的争夺，尤其是九一八事变后东北沦为殖民地以及伪满洲国的建立；长期以来，各个帝国主义，特别是日俄两帝，更特别是日本帝国主义对于东北的思想文化侵略和渗透以及后来的统制，东北地区的殖民地经济的各种特殊性；如此等等，从人民的灾难与反抗斗争来说，沦为亡国奴的东北地区的人民，灾难痛苦之深，为全国之最；而同时，他们的反抗斗争，也艰苦卓绝、可歌可泣，带有东北区的特色。中国共产党在这个地区，领导人民，特别是城市工人和广大农民，进行了浴血的战斗，中共满洲省委的艰苦斗争，抗日联军的建立、发展和他们的极端艰苦的战斗，如此等等。此外，地理因素，也是不可忽视的。山海一关，分割里外，离北京近，日本由朝鲜入东北、俄国经西伯利亚进北满，这些地理条件也给东北文化、东北现代文学的发展带来了不可忽视的影响，形成了某些特色。所有这些，都是东北现代文学发展的历史背景和时代条件，前者是后者的反映，后者是前者的本质、规律的决定因素。我们如果对这样众多的方面、繁杂的因素进行研究，来探寻东北现代文学的发展，那么，第一，我们将可以从非常广阔的领域来收集、发现更多的历史资料，直接的和间接的、政治经济的和思想文化的，那将是丰富的、多样的、深厚的。第二，我们将可以在这样丰富的资料的基础上来认识、分析、研究东北现代文学的发展，从而看得更全面、更深刻。第三，我们因此可以看到许多原来只从文学的局部来研究时所看不到的情况、内容和特色。

在全面、系统地研究上，还有一个方面，就是把东北现代文学放在中国文学，特别是中国现代文学这个大系统里来观察、分析、研究。仅从后一方面说，五四运动、左翼文学，都对东北文学产生过重大影响。而且，我们还可以放在世界文学的大系统中来探讨一下。比如，俄罗斯文学，特别是苏联文学的影响、日本文学的影响，也都是不可忽视的。这方面的研究，属于文学范畴，当然是更为直接的，是"近亲血统"，是更加值得我们注意的。

从近几年来我们的研究情况看，在这方面的工作也是有收获的。比如我们原来估计，五四新文化运动可能对东北的影响不是很大，尤其是在文学方面。但是，经过调查研究、收集史料，证明并非如此，影响不仅存在，而且不算小。这和东北地区距北京这个五四运动的发祥地仅一关之隔有关。又如，以上海为中心的左翼文艺运动究竟对东北地区文学的发展影响如何？原来并不十分了然。现在，经过几年的工作，知道了，由于我们党在东北的影响和斗争的开展，这种影响是很早、很快就发生了的，而且影响是不小的。可以说，东北现代著名作家，都是在党的影响和左翼文学的影响下，走上文学道路和成长起来的。

第三，注意史的研究、规律的探寻。我们的研究工作要突破原来那种只限于或过于偏重于作家作品研究的格局，最主要的，我以为就是要注意和加强史的研究和规律的探寻。文学作为一种社会现象，作为一种

关于东北现代文学史研究与编写的思考

社会的人的创造，是受到各方面的——历史的与现实的，社会的与个人的——影响的，其中有发展的轨迹可寻觅，有一定的发展规律可探讨。这个工作的意义，在于借此阐明东北现代文学发展的渊源、条件、因素，从而有利于研讨它的本质与特征，也可以借此了解它的思想内容与艺术形式方面的性质与特征。当然，以一斑而见全豹，我们在这种史的研究与规律的探寻中，还可以了解一般文学史规律，这就是更进一步的要求了。如果做得好，就是我们的更高一步的贡献了。

第四，加强理论研究。史与论不可分。史是论的基础，论是史的结晶，又是史的指导。我们如果忽视史料的收集、资料的掌握，只在少量的材料上去进行研究，那是违背马克思主义的。马克思主义经典作家经常强调研究工作要掌握丰富的、系统的、第一手的资料。这是唯物主义的态度，也是实事求是的精神。如果不这样做，我们也能发议论，但是，难免陷入"议论虽好，终是空泛"的窘境。这是我们力戒切忌的做法。

但是，另一方面，我们也不能停留在仅满足于掌握了资料，将史料分类排比、记叙一番，这，最好也只能说是资料汇编，而不是历史。习惯上叫作没有史识，缺乏历史的眼光。这也是我们切忌的做法。因此，我们要在丰富资料的基础上，加强研究，分类、排比、演绎、归纳、分析、比较，形成观点体系，找出规律现象，然后作理论的阐明。这样，才是从资料中得出了理论的结晶。它对于我们的研究来说，才是更有意义、更有价值的收获。这是理论研究的一个方面的意义。

还有另一方面的意义，这就是用马克思主义的文艺理论的基本原理以及一般文艺理论的原理，同资料相结合，既探寻规律，又探讨这些原理、原则、艺术规律的新的实证、具体化的了解。这种理论与实际相结合的史的叙述与阐释，可以提高史书的质量和价值。这应该是我们研究文学史的应有的内容与责任。

三、关于研究工作的方法论问题

一般地说，研究工作要注意方法论方面的问题。这是研究工作取得好成绩的决定因素之一。尤其是近年来，社会科学研究方面出现了新的形势，整个科学研究出现了新的趋势，这都给方法论方面带来了新的要求和新的进展。我们从事东北现代文学的研究，也不能不注意这方面的问题。根据上面对于开拓研究领域的设想来看，我觉得在研究方法上，我们可以考虑加强这样几个方法的研究。

首先，我认为对于文学史研究者来说，既要加强历史感，又要加强现实感。这是一个研究历史的态度问题。它属于认识论范畴，但是，认识论决定方法论，某种认识也必然会带来某种研究的方法。研究现代文学的历史感与现实感的加强，也必然会引起在研究方法上的改进和发展。历史是一个整体。恩格斯说得好，广义地看，可以说只有一门科学，这就是历史科学。因为，历史是包罗万象的。因此，所谓历史感，就是把历史看作一个整体、一个大系统来研究。同时，也是把某一时期的历史，放在它所处的特定的历史时期、历史范畴中来研究。所谓现实感，就是考虑到历史与今天的连接，其渊源关系与延续性发展，也考虑历史对于今天的作用，历史的经验的借鉴意义等。如果我们做这样的考虑，那么，在研究方法上，就必然是眼界开阔的，思路打开了，也结合现实了。这样，历史与今天是相结合的，历史的经验有了新鲜的意义，站在今天的现实的高度和具有现实的眼力，便成为判别剖析历史的"见识"，即所谓"史识"。这也就使史书具有了深度和新鲜意义。

第二，加强综合研究。这是使研究工作前进和深入一步所需要的。我们不能就文学谈文学，也不能只就东北现代文学来谈它本身。我们需要把文学同政治、经济、教育、思想、文化等各个领域、各个系统结合起来进行综合的研究，因为它们作为同一个时代的社会现象，彼此间是互相联系、互相渗透、互相影响的。离开了综合研究，不将这样一些互相有机地连在一起的东西结合起来研究，而孤立地研究其中某一项，一定会顾此失彼，难于看清事物的本质，看清它的产生、发展的规律和趋向。

在文学这个系统中，东北现代文学又是同中国古代、近代文学，同全国文学的总体和其他地区的文学相联的，互相渗透、互相影响的；而且，它同外国文学，特别是俄罗斯古典文学、苏联革命文学和日本的左翼文学，也是联系比较紧密，受到它们正反两方面的影响的。因此，我们在研究东北现代文学时，就要把它放在这样一个大的文学系统中来考虑，进行分析、比较，从中寻找出东北现代文学的思想与艺术的、古今中外的渊源，考察它的思想艺术特征，它作为一个艺术流派的发生、发展的规律及其本质，等等。这样，我们的研究就能深入一步了。

第三，开展比较研究。比较文学有两个基本方面的研究，这就是影响研究与平行研究。通过这两方面的研究，对某种文学现象、文学作品能够既清楚了解它的来龙去脉、艺术素质的渊源，又能了解它与其他地区、国家和不同历史时期的艺术的异同，从而有利于探寻历史规律、追索本质。比如俄罗斯古典文学，特别是俄国十月革命后的革命文学，对东北现代文学来说，在影响研究方面是很可以加以探讨的。大家知道，哈尔滨曾经是东北现代文学的发祥地之一，金剑啸、塞克、"两萧"、舒群、罗烽、白朗等著名东北作家，都是在哈尔滨走上战斗的文学道路。而哈尔滨当年是俄国侨民集中的地区，这里与苏联的联系也比较多，比较方便，因此接受俄罗斯和苏联文学的影响是比较多的。南满重镇沈阳，是东北现代文学的另一个重要据点，这里有两方面的影响，一是来自关内的进步的、革命文学的影响，另一个是日本文学的影响。这些，都说明在比较文学研究方面的影响研究，是有许多工作可做的，能够取得可观的收获的。

在平行研究方面，如《八月的乡村》与《毁灭》，《生死场》与《屠场》，等等，都可以成为研究的好题目。

总之，我们如果运用比较文学研究的方法来对东北现代文学进行研究，是可以推动这项研究工作前进一步、提高一步的。有志于此者定能在这方面作出很好的成绩。

第四，注意史的研究。文学史，顾名思义，自然应当是研究史的发展的。然而，前面讲过，向来在文学史的研究上，有偏重甚至只注意作家作品的研究，而忽略了历史的研究。因此，要特别提出这个问题来，并且作为方法论的一个问题提出来。当前，我们对于东北现代文学史的研究，也仍然存在这个问题。大家分工合作，各"抱"一个或几个著名作家，研究他的生平和作品，这当然是对的，也是应该的、必要的，是进行史的研究的重要基础，但是，如果仅限于此，那就很不够了。可以说是只做了一部分工作，还有一部分工作没有做。这就不足以称文学史的研究了。我们现在确实缺乏这方面的研究，在分工上也没有人专门或者侧重考虑这个问题，做史的研究。因此，我建议成立一个综合研究组，注意以史的角度来研究、探寻规律。

在史的研究方面，我们可做的工作是很多很多的。我们如果搞得好，就能把东北现代文学的发生、发展作出科学的解释，就能够阐述几条规律性的东西，其中有文学运动、文学事业的发展规律，有艺术创作的、美学的规律。如果做到这种程度，那么，我们的东北现代文学研究的意义，就不限于它本身的价值，而是对于一般文学研究也具有意义了。这就是从具体到普遍、从个别到一般的提高。

四、我们提供了哪些新东西——关于注意历史的和特色研究的问题

东北现代文学之所以有进行专门研究的价值，其原因就在由于历史、地理、民族、时代以及政治、经济、文化等方面的条件，形成了相对独立或具有独特地方色彩的文学。因此，我们研究东北现代文学，一定要抓住一个中心题目：它的特色是什么？有哪些表现？它提供了哪些独特的、新鲜的东西？这个研究，同史的研究并不矛盾，而是紧密联系的，而且，它是历史发展的重要内涵，是历史的表现。因此可以说，它就是史的研究的具体化。

在这方面，我们可以提出许多题目来考虑、研究。概要地列举一下，就有下面这样几项。

比如"东北现代文学发展的轨迹"问题。东北现代文学也是在五四新文化运动的推动下产生的，作为在关外的东北地区产生的新文学，自然具有一般的地方特点；但是，这时可以说它同全国的新文学，还是共性大于个性，个性色彩不是特别明显的。到1931年九一八事变发生后，情况陡变，以反抗异族统治为特征的爱国主义文学诞生了、发展了，引起了国人的注意，成为中华民族的反抗呼号的新声，激动了全国人民的心。这时，它的特色很明显地表现出来了。内容决定形式。它在艺术上也表现了很明显的特色，成为艳丽的战斗文学之花。以后，伪满洲国成立，日本侵略者的统治加强，在武力之外，又施展征服民族的心的文化侵略伎俩，于是而有进步文学和汉奸文学的产生。这也是有着值得注意的特点的。1945年九三胜利后，东北（黑龙江）成为人民解放战争和新政权建设的重要地区。从延安和其他解放区来了大批党的文艺工作者，老革命根据地崭新的文学"输入"东北。此时的东北文学的繁荣，几乎为全国之冠，其特点也是显明、突出而颇有价值的，如此等

等。我们经过对于史料的整理，进行深入的研究，便能理出其中的发展规律，找出值得注意的特色，而提高、加深我们对东北现代文学的认识，也能丰富我们对于中国现代文学的认识。

与此相联系，我们自然可以和应该努力探究这样一个问题：东北现代文学在中国现代文学中的地位与作用如何？它在思想上、艺术上有什么特殊的贡献？在这方面，东北现代文学确实有它的特殊的地方、特殊的作用与特殊的贡献，探究这个问题，不仅是历史价值的认定，而且可以从中总结出历史的规律和历史的经验。

由此，我们还可以深入一步地进行"细部"的研究。比如，东北现代文学在文学精神、题材、人物典型、艺术风格以及在革命现实主义的发展上，给全国文学、给时代，提供了哪些新的东西？它给当时的文坛带进了什么新的风、注进了什么新的血液？其作用与影响又如何？这方面，如果我们开展深入过细的研究，是可以有许多可喜的收获的。这种收获，对帮助我们丰富对东北以至中国现代文学的认识，对文学发展和美学问题的一些共同规律的认识，都会提供新的材料、新的实证，因此也是新的体会、新的认识。

又比如，同上述课题相联系的，我们还可以考虑这样的问题：东北现代文学的诸种文学样式的发展及其路径，其中包括：诗歌、长篇和短篇小说、戏剧文学等。我们还可以提出这样的问题：东北现代文学在长篇小说的创作上提供了什么新的成就与新的经验？当年，《八月的乡村》《生死场》《呼兰河传》《科尔沁旗草原》等长篇小说，都出自东北作家之手，所写的都是东北人民的苦难与挣扎、反抗与斗争，在风格上有共同的特点，它们在思想上、题材上、艺术上、都有引人注目的地方，都有可喜的成就，都是当时的上乘之作，以后也一直为读者和文学研究者所瞩目与重视。这里难道没有规律可探寻、经验可总结么？

由此，我们还可以探索："东北作家群"或叫"关外文学流派"的形式、发展、成就与特色。探索东北现代文学在人物方面，给中国现代文学的人物画廊上增添了什么新的典型？

所有以上几个方面，综合起来，就是一个"东北现代文学"的形象，就是它的发展史，它的特殊贡献，它的各种特色。

五、写出新意，形成特色——关于《东北现代文学史》的编写问题

我们要写一部地方性、区域性的文学史，当然要注意共性的问题，要注意这是一个处于统一整体中的局部，是主流的一个支脉，是一幅美丽画幅的一角。如果没有这种整体观念，那当然就写不好《东北现代文学史》（以下简称《史》）。因为，把局部、支流、个别，从整体中割裂出来了，这是错误的。但是，同时，我们又决不能忘记，这样一部地方性、区域性的文学史，我们还要写出它的个性来，要反映它的特色。没有这一方面，也就没有了《史》本身。这是我们在编写《史》书时首先要注意的。

要注意的第二个问题是，改变"作家作品论汇编"这样的文学史著作的通病。首先要在研究对象的史的研究基础上，作历史的叙述，并且以马克思主义为指导，作出科学的总结和阐述，给历史以清晰的发展线索，并给历史以科学的说明。其次，这种历史的叙述，还不能一般化，就是不能仅作一般历史的探讨，而要作文学史的探讨，要从文学的角度，以文学历史为对象，来分析、整理、叙述、理出文学发展的内在规律。

在这里，我以为有几个问题是重要的，值得我们来认真对待和努力正确地解决。大家知道，中国现代文学，是在一个民族斗争和阶级斗争都非常激烈、尖锐、复杂的历史和时代条件下产生和发展的。这里，充满了复杂的理论的、思想的、文化的斗争。对待这样的研究对象，我们要特别注意运用马克思列宁主义，以它为根本指导思想来处理材料、叙述历史。只有这样，我们才能说得上具备"史识"，是历史的科学的记录者。因为，历史科学之所以能成为科学，就因为有了马克思主义历史唯物史观，为它奠定了科学的基础。

在写作过程中，我们还会遇到不少难于处理的作家和作品。这里，最重要的是实事求是的态度。对于历史，就是还历史以本来面目。对任何问题，都既不夸大也不缩小，既不掩饰也不制造。马克思主义的历史唯物主义态度，即实事求是的态度，是科学的，因此也是公正的。

最后，我还想说一下文笔问题。历史的叙述，不应该是枯燥的、呆

板的、缺乏"可读性"的。文学史，就更不应该如此。我们是否可以尝试一下，写得流畅些、生动活泼些，历史的叙述和逻辑的论证，结合得紧密些，融汇渗透，水乳交融，使读者从读史中得到教益，既受益于观点见解，又掌握生动活泼的史实。我们可否在结构安排上，甚至标题上，也力求生动活泼些。总之，我们最好在力求准确的基础上，再锦上添花，写得有文采些，使《史》有点文学性。这也是中国史书的特色。《史记》不是进入了文学范畴吗？

上面的一些自己不成熟的意见，供同志们参考，并请批评指正。

序《中国现代文学作品选》①

这是一部比较全备的中国现代文学选本。它不仅在新文学的体裁上是全备的，包含了小说、散文、诗歌、戏剧，而且在作家和文学流派方面，也是比较全备的，容纳了三十年来出现于中国文坛的主要流派的作品。这种全备，对于各种类型的大专院校中文系的师生来说，在教学上是很便利、很有用的。一部在手，中国现代文学的名家精品，皆可一览而得，便于了解概貌，也可循此而了解每个文学品种发展的大体路径、了解各家文学流派的大体风韵；同时，如果想做一点深入的研究，也可从中获取精品、捕捉线索。

鲁迅曾经强调选本之高下，取决于选家的眼光。这部选集，其选择的眼光是比较宽阔的。在小说中，固然有必不可少的鲁迅、郭沫若、茅盾、巴金、老舍，但也有沈从文这位虽属大家、却为过去选家很少选取的作家的名作，还有《围城》这样的为大学者钱钟书所作之名篇，也还有近些年才"发掘"出来的张爱玲和她的别具格调的名作《金锁记》；特别是，还选入了施垫存、穆时英、刘呐鸥等人的颇与当年世界文学思

---

① 原载《中国现代文学作品选》，辽宁师范大学出版社，1994。

潮呼应而带试验性的小说。这样，"文学研究会"的、"乡土文学"的、左翼文学的、新月派的、新感觉派的，等等流派的作品均有。如果从作品所反映的生活领域、所创造的典型来看，那么，写农民的、写工人、写知识分子的，写农村、小镇、城市的，写大上海、写穷乡僻壤、写边城塞上的也都有。

　　这种全备，我想还有更深一层的意义在。这就是有利于中文系师生，尤其学生，更全面地了解中国现代文学的面貌和性质。如果我们把"中国现代文学"作为一个整体本文来把握，那么，我们可以说，它是多元的、多品性的，它的繁荣和丰富也正在这方面反映出来，如果过于偏狭地选取它的名称佳作，就不能反映它的全貌了。鲁迅在论及陶渊明时曾经说，他写过"采菊东篱下，悠然见南山"这样的名句，是很飘逸的了，但在他的全集里，是还有这样的诗句的："愿在丝而为履，附素足以周旋；悲行止之有节，空委弃于床前"，这意思，竟是要"化为'啊呀呀，我的爱人呀'的鞋子"，胡思乱想了一通。而且，同是陶渊明的诗，也还有"刑天舞干戚，猛志固常在"这样的"金刚怒目"式的文字。这就是鲁迅所说的"全人全文"。中国现代文学也是如此，作为一个民族的一个时期的文学本文的整体，它固然有"刑天舞干戚，猛志固常在"式的小说、诗歌、散文、戏剧，但也有"啊呀呀，我的爱人呀"式的各种作品，也还有"采菊悠然"式的各种作品。因此，各种流派都予入选，这才能反映出"中国现代文学"的全貌。

　　当然，从历史的、时代的、社会的以至艺术的角度来看，各个流派的各类作家的诸多作品，在它问世的当时和以后，是起到过不同的社会影响和文学作用的，因此过去和现代都有不同的价值判断。鲁迅之作在思想和艺术上，养育一代又一代人，它塑造现代中国人的魂灵；巴金的作品，曾经被爱国青年怀揣着走向抗日前线、奔赴圣地延安；郭沫若的新诗启迪了一代青年的迸发的热情；茅盾的小说则可以作为"中国现代社会"的教材来读，对我们认识中国社会，至今保留着意义。这些，自然同废名的、沈从文的、张爱玲的小说不同。左翼作家，一代英豪，柔石、殷夫为革命文学走上了祭坛，血洒长空，他们的血写的文学，自然又更具有别样的、神圣的意义，还有其他更多的左翼作家和他们创作的左翼文学，也同样具有它的突出的时代和历史意义。现在如果因为全面、完事地观照中国现代文学，因为注意了艺术素质和审美价值，便又必称《边城》、"只见周作人"，那就又太偏颇了，丢弃和轻忽了宝贵的文学遗产了。

这里还有特别提到的是，本选集中，注意到黄粱美梦作家群的作品，所选篇目较多一些，这是符合乡土特点的，也是符合东北文学状况的。——东北作家群，确实是中国现代文学中的一支劲旅、一朵鲜艳的艺术之花。

从接受美学的观点来说，作品是提供了"含义"的，而"意义"则要接受者根据本文提供的基础，加上自己的解读和诠释以至想象去创造出来。而且这种创造，又是接受者从自己的"接受定式"出发，形成了一种"接受屏幕"，怀着他的"期待视野"，去接受、解读和诠释的。因此，垂直的（历史的）接受是变化着发展着的，而水平的（共时的）接受，又是一方面受到历史接受的影响，另一方面又取决于共时性的时代接受的，是受时代性的接受意识、评断标准的制约的。从这一点出发，我们可以说，这部选本，既反映了对中国现代文学的垂直接受的成果，这些成果大都反映于诸种《中国现代文学史》中；同时，也反映了时代接受的特征和成果，这就是对于过去被轻忽一些文学流派及其作品的选取。这样，则又是为使用这套选本的广大师生所接受的。

按照选编的体例，每个篇目的文末均附有"提示"。这当然是必要的；而这些"提示"之作，也是有新意新见的，反映了近年来中国现代文学研究的新成果。

我很爱读选本，以其便捷而能把握全貌的缘故，同时还因为选本也反映了某一个时期的"选择性"即接受意识、接受定式。这本身，也成为一种研究对象。从这一点说，我以为这部选本，对于现代文学研究者，对于一般的文学爱好者，以及对于一般文学研究者和比较文学研究者，也都是有用处的。

承主编热情邀约作序，力有不逮，勉力写出如上，权为序。

论中国现代文学研究第二代学者

——兼及鲁迅研究及研究方法问题

注：本文原是作者对《中国现代文学研究第二代学者》一书编者所提问题的回答。

内容涉及中国现代文学及对它的研究，以及两代研究者的论述，还兼及鲁迅研究问题。

此处仍然保持原文的"模式"，但原来的提问，以小字号标出。

问：研究中国现代文学的第二代学者的前半生，是在频仍的战乱和不断的政治运动中度过的，为此曾经付出过巨大的代价，今天您怎么看待这苦难的历程和巨大的付出？其中消极的影响是什么？有没有某些积极的收获？

答：我们这一代学人，青年时代的一部分，在旧社会度过，在那个时代、那个社会里生活和求学；我们又在青春年少时，迎来了全国解放，迎来了新中国。我们经历过在旧时代祖国的积贫积弱、社会的凋敝沦落，经历过苦闷、彷徨和求索；也经历过战乱、斗争的洗礼。而在新中国初建时期，我们恰当风华正茂时，我们也曾激情燃烧、奋发进取，立志要在建设新中国的伟大事业中，建功立业，有所奉献。但是，从一顶"资产阶级知识分子"的帽子，到"白专道路"的紧箍咒，更到"臭老九"的恶谥，我们大都难于在学业上进取、在学术研究上有所作为！这一段历史，长达20多年。这一"苦难的历程"，有着深厚的历史积存、时代原因和文化背景。这不是一个国家、一个民族的某个阶层的"独自的苦难"或"唯一的苦难"；只不过知识分子承受的部分更具有独特的"阶层性"，独特的文化意义，应属民族苦难的敏感部分、"沉重"部分和"肌理"的深层部分（文化层次）。我们与全民族共同承受了这份历史的、民族的苦难，共同经历了这个"苦难的历程"。因此，无论是在结束这个"苦难历程"中，还是在迎接新的解放中，我们也成为敏感部分、承重部分和深层部分以至活跃部分。

在这20多年中，我们的损失是惨重的。我们首先失去了时间、宝贵的青春时光和有为的壮年时代。这是人生最宝贵的时期，是生命力旺盛时期，"时不再来""时不我待"，这损失是非常严重的，无可挽回的。我们失去了学业精进的时机。这个时期，在世界范围内，正是经济迅速发展，现代化程度高，在发达国家更加前进，后发展国家和地区进程加速，科技革命进展迅猛，学术文化进入20世纪的新阶段。然而我们的经济发展滞后；我们闭关锁国，昧于世界发展的形势，却还枉自自大。在思想文化学术上，我们距离世界水平很远，缺乏对话交流的"资本"和"资源"。这个损失也是巨大而沉痛的。我们几乎"失去了半个世纪"。我们一方面盲目排外，另一方面，又激烈地否弃传统，在"彻底决裂"的极端情怀下，高扬大批判的旗帜，"横扫千军无敌"，把传统优秀文化打得个落花流水。因此，我们与自己的民族、自身的传统，也是隔膜的、不甚了了的。

当然，事物总是有两方面。收获也是有的。不过这是"种下的是跳蚤，收获的是龙种"。首先，这种经历，使经受其洗礼的知识分子，不能不对社会实际有所体察，增加了许多在正常情况下不可能得到的经历和体验，因而，对社会的认识加深，这对于他们日后的学术研究产生直接的影响，对他们摆脱"书生之见"的浅薄幼稚，很有帮助，从而也是帮助了他们提高学术识见。与此同时，他们对历史的认识也加深了，尤其对中国近现代史的认识更是如此。其次，经过这种严酷的包括从物质生活到精神生活的挫折和磨砺，以及对产生这种"历史的磨难"之原因的认识，他们对中国传统文化、传统制度的认识，加深了，有了切身的体会，尤其对其产生"左"祸的根源性"基础"作用，有了深切的认识与体察；也对"左"祸有了深刻认识和体察。再次，由于上述原因，他们对于重新获得读书学习与从事学术研究的渴望，真是"如久旱之望云霓"，而一旦获得，则会百倍的珍惜、百倍的努力，身上萌生可说是无尽的精力。所有这些，都是"失去"之外的积极收获。

在收获的季节里，我们也收获我们特殊的果实。我们收获宝贵而可为的中年的晚季，收获知识的春天、科学的春天、学术文化的春天，收获哀乐中年的欢乐。我们把眼光和手伸向欧美、日本，伸向世界，恢复中断了几十年的学术交往与交流；我们成了承上启下的一代；也是鲁迅所说的"过渡物"。我们承当了历史的责任，起到了我们所能起到的作用。这应该是"可堪欣慰"的吧。

问：您的学术研究的主要方法是什么？它对您的学术研究具有怎样的作用和意义？您是怎样对待西方新理论和新方法的？可否做一些具体的说明？

答：方法论和认识论是一致的。认识论决定方法论，方法论也会影响认识论。但方法论又具有它的独立的、"我自为之"的作用，不可低估。我把方法论分为三个层次。第一层次是总体的方法论。它"统领一切"。它是基础、核心。其次是一般方法论，即具体的方法。再次是学科的方法论。比如文学的、历史学的、社会学的，等等。它带着学科的特征和特殊需要、特殊方法。

我从及冠之年起，就接触马克思主义。记得还在学生时代，就在进步风气中，读米丁的《辩证唯物论和历史唯物论》，读恩格斯的《反杜林论》，虽然看不懂，收获无多，但记住了一些名词，"种"下一些概念和原理的心灵种子。以后，则在干部政治理论学习和自修中，比较系统地学习了马克思主义经典著作的基本读物。因此，我从事学术研究的基本方法、核心方法是辩证唯物主义和历史唯物主义，尤其是历史唯物主义。这是我的方法论的总体和主体。新时期以来，我们输入了许多新颖的、过去一律当作"资产阶级的东西"批判的新理论、新方法。对于这些理论、方法，我都是愿意学习的，觉得有道理、有用处，是科学的。它们对于我们的学术研究，对于我们的学术文化的发展进步，是有好处的。我们在参与世界学术对话中，也非常需要了解、掌握这些新方法。而且，我还认为，这些方法，并不同马克思主义相对立，而是有相通之处的。

我在学术研究中，以马克思主义方法论为基础。在新时期，我又学习了总体研究、综合研究、比较研究、接受美学的研究方法，以及多学科交叉研究等。这样，在马克思主义方法论的基础上，综合运用了上述的那些方法。在实践中，我觉得这些新方法对我的学术研究帮助很大。当学术界引进系统论、信息论、控制论时，我也曾经学习过并尝试运用过，但由于没有学好，也运用不好，所以效果不佳。

在鲁迅研究中，我以历史唯物主义为指导，坚持从历史背景、时代条件和社会环境等方面，综合地考察鲁迅思想发展的轨迹；但同时又注意鲁迅的出于家庭身世和个体心性的，对于这些客观世界的接受、反映与回应，辩证地考察主观与客观、外在世界与内在心理的互渗互动作用，从而熔铸了黑格尔所说的"这一个"。我的《鲁迅思想论稿》（浙江人民出版社，1983年）中，对于鲁迅思想的成长、他在各个时期的思想发展途径与特色，都是应用这种方法来进行探讨的。在《鲁迅评传》（湖南人民出版社，1982年出版）中，也是运用这种方法来探讨鲁迅在各个历史时期，如何受到中国近代，特别是现代社会变迁和文化转换的影响，而不断发展自己的思想；同时，也探讨、论述他作为时代之子、民族之子和文化精英，如何回应历史与时代的召唤，而推动其发展进步。在《突破与超越——论鲁迅和他的同时代人》（辽宁大学出版社，1987年版）中，主要运用比较研究方法，探讨了鲁迅与他的不同时期、不同年龄段的同时代人的思想、学养、性格等方面的异同，从而论证他在哪些方面受到同时代的某个人的影响，又突破了这种影响，并超越了他们。用这种比较研究的方法来研究鲁迅的思想及其发展，受到鲁迅研究界和学术界的肯定，有评论认为是开辟了鲁迅研究的新领域，季羡林先生在给我的信中鼓励说"研究鲁迅者多矣，这样研究的则尚未见过"。

应用接受美学的观念和方法，来研究鲁迅，我觉得收获很大。我所主编和撰写主要章节的《鲁迅：在中日文化交流坐标上》（辽宁教育出版社，1994年），主要应用的就是这种方法。这里包括：鲁迅在日本留学时期，对于明治维新实行"脱亚入欧"、资本主义兴起，转型以后的日本文化的接受，鲁迅通过"日本桥"对于西方文化的接受；鲁迅对于"日本对西方文化的接受"的接受（对经过日本"过滤"和改塑的西方文化的接受）；后来日本对鲁迅的接受；以及中国对"日本对鲁迅的接受"的接受，等等。我在研究中，运用了接受美学的一些基本的、核心的概念和方法。接受美学重视接受主体在接受前的既有条件和基础，即"先在结构"，也就是海德格尔所说的"三前"："前有"（预先有的文化习惯）、"前识"（预先有的概念系统）、"前设"（预先有的假设）。这"三前"，也就构成了接受美学的基本概念——"期待视野"与"接受屏幕"的内涵。接受美学还强调阅读主体对于接受对象的"误读"（包括

"合理的误读")、创造、发挥和改塑。我在探讨和诠释鲁迅在"日本桥"上对于日本现代文化、"日本接受后的西方文化"与"日本桥上眺望到的西方文化"的接受时，都应用了接受美学的这些基本概念，自我感觉能够得到合乎情理的解释和"会心"的理解与发挥。比如，鲁迅写《摩罗诗力说》《文化偏至论》等重要的、具有文献意义的几篇早期论文，不仅材料都来自日译，是日本的传输，更重要的是他正是从日本提供的文化资讯，其中包括尼采的论著，了解到西方现代文明走到了转折期，所谓"物质发达，社会憔悴"，同时，又从日本的现实生活中，了解到物质与精神发展的分致与逆向，从而提出了《文化偏至论》中，那些超越当时中国沉迷"声光化电""坚船利炮"发展的人们，甚至至今仍然值得我们惊醒的宏论深见。也是依据接受美学的这些理念和理论，我还分析了鲁迅在留学日本7年期间的"期待视野"和"接受屏幕"的演变及其反映了中国现实的内在本质。在总体上，鲁迅在这期间的文化接受是一种"启蒙战士的接受"；而其"范型与历程"则是：弘文学院时期是"混沌型整体接受"，仙台医学院时期是"科学→文学型"接受视界，东京居留、研习时期则是"文艺发动期的接受体系"。

在多学科交叉研究方面，在《走向鲁迅世界》《鲁迅学导论》和《创作心理学》中，我都作过尝试，比较深入地运用了。在前两部书中，我采用了历史学、社会学、艺术心理学、诗学等学科的概念、逻辑和理论。比如在《走向鲁迅世界》中设专题而又分章节，论述了鲁迅创作心理的产生和发展、性质和特征。

问：您今后在学术上还有什么具体的打算和构想？

答：说到今后的打算，我不能不想到年龄。我已是"耄耋老人"了，不敢做惊人语，说什么雄心壮志。国学根底也好，外语程度也罢，都已经无法弥补了，成为终身遗憾。不过还想，也再做一点补救。比如，读一些国学方面的名著，如章太炎、梁启超、钱穆、朱自清讲国学的著作；偶尔记一些英语专有名词或术语等。至于学术研究方面，我在2001年出版《鲁迅学导论》以后，就没有再撰写这方面的专著，也没有写重要的论文。今后，遇到自己思考比较成熟的题目，还想撰写论文。

问：怎样评估整个第二代中国现代文学学者的学术贡献和历史地位？这一代学者的主要历史局限是什么？有什么历史经验教训值得总结？您怎样评估第二代学者的学术潜能？今后如何才能切实发挥他们的学术余力？

答：我无能也不敢妄作评估，不过可以谈一些粗浅的认识。

第二代中国现代文学学者处于一种新旧交替的地位，起着承前启后的作用；他们有优于他们的前辈学者、自己的先生的长处，又有不如前行者和领路人的弱点。同样，他们有不及他们的后来人的缺失和不足，又有高于他们的学生和继承者的长处和优点。他们的国学底子和外语程度及一般文化素养，不及他们的前辈先生；那些先行者都具有学贯中西的特点，有的足称大师。但第二代学者，由于时代的"眷顾"，处于"第三次思想解放"时期，能够更广泛、深入、及时地得到国际学术界的新资讯，能够进行国际学术交流，甚至直接考察，所以思想比较解放、观念比较新、比较能够开辟新的研究领域和课题，提出新的观点和见解。这是他们的先生所不及的。但跟他们的学生相比，他们的生活阅历、人生历程，要丰富得多，他们的一般文化素养在某些方面也有优势。不过，他们在思想的活跃、研究方式与观念的新颖、提出观点与见解的大胆等方面，却是又不如"后生"、学生具有勇气与锐气了。

不过，我想说，无论是第一代学者与第二代学者之间，还是第二代学者与他们的后辈之间，其优势与差距，说是"个人的特质与天赋"所致，毋宁说，更多的是时代的赋予、社会的进步和文化的演进所造成的。当然，个人的因素也是存在的，但不是主要的，而且，即使有，也是通过"时世"的变换来表现的。

说到第二代的学术贡献，我想首先应该肯定他们的"继承者"的作用。这种作用，类似鲁迅所说的"中间物"。他们既"承上"，又"启下"。因此，第二，他们接过第一代学者的学术接力棒，将前人的学术成果作为自己的营养，又加以补充、发展、完备，并且开辟新的研究领域，为后学者启开新的学术天地。他们的局限也是明显的，前面说到的传统文化的根底不如前辈，外语程度欠缺，是两个"致命伤"性质的不足；在学术研究方面，眼界的拘囿、思想的禁锢、资讯的缺乏、方法的单一，等等，虽然都有客观的原因，但他们自身终究难脱其"疚"——

愧疚。不过，新时期以来，由于客观形势的变化、社会的进步、政策的宽松，以及他们自身的努力，这种状况已经有了很大的、可喜的变化。要说反思过去和展望未来，需要努力加强的，也仍然是前面所说的这几个方面。

今后，在继续培养后进、完成中国现代文学学科的"现在完成时"形态与学科体系，他们仍然可以发挥作用，至少在提供历史经验教训、开辟学科视域、个别作家研究等方面，还能够独立发挥作用，以及为后辈当参谋，提供一些参考意见。

问：您认为现今的鲁迅研究存在哪些问题？怎样才能促进鲁迅研究的进一步深入？

答：我想说说我的希望。我希望在鲁迅研究界，出现这样一些研究课题。比如，关于中国文坛从20世纪初到30年代的几次大论争的重新评估。这种评估不是像若干年前所做的那样，主要带有"清算"鲁迅的缺点和失误的性质，有给鲁迅当时的论争对象"平反"的意味。这样做也没有什么不对，但只"就事论事"地论证，显得不足，未能涉及更深层的问题。还可以深层挖掘，来更深入、更具体、更准确地把握鲁迅的思想实质和特征。与此相连的，可以更深入地研究鲁迅的"论敌"。这里所说的"论敌"，是一种"习惯语"，实际并不都是敌对性质。其中，包括论争对象，也包括攻击鲁迅的人们。由此还涉及近些年来，不断出现的对于鲁迅的贬损和攻击。其中大都是恶语伤人，但又没有什么论证，属于谩骂者多，如说鲁迅之文是"流氓文风"之类。许多攻击者的言说，可以看出，他们实际并没有读过多少鲁迅的书。因此，这里就有一个令人深思而值得研究的问题：为什么他们要这样不遗余力地、不断地攻击鲁迅？这种文化现象的产生有着深刻的思想文化原因，也有着深厚的时代因素。这从另一面证明鲁迅是一个不可绕过的巨大存在。但是，为什么一些作家、文人非要攻击鲁迅不可呢？

又比如，鲁迅与现代派文学的关系，以及鲁迅思想与作品中的现代性问题、鲁迅对中国文学现代化的贡献等，也是值得深入研究的。

问：在鲁迅研究领域里是否已经形成规范意义上的学派？主要表现是什么？如果尚未形成，其成因为何？今后应如何培育学派？

答：一个学派的形成，大体上需要这样一些条件：有一两位具有学术成就、学术威望、为"众星所拱"的学术带头人；有一个学术方向与理论见解大体一致而又各有所长的学术团队与梯队；他们具有原创性理论贡献、已经形成一种为学术界大体认可的理论体系和学说；有一批在文化学术界具有广泛影响的著述，其中有几本或几篇代表作。就这几条来说，我觉得最有形成鲁迅学学派的是中国社会科学院文学研究所鲁迅研究室、北京大学中文系、北京鲁迅博物馆、上海鲁迅纪念馆和以前的人民文学出版社鲁迅著作编辑室。但是事实上似乎没有形成。其中原因，我说不好；也不敢妄断。不过我想，至少可以想到一点，就是他们那些学术成就与水平已经足够高的团队，研究领域和课题以至学术成就，单独的水平很可观，却未能构成体系，"各自为政"，这可能会影响学派的形成。

我以为一个学派的形成是自然而然的，"培育"或"组织"只能是在大体有规模了的情况下，起促进作用，光靠外力是不可能形成学派的。

问：鲁迅研究史、鲁迅接受史、鲁迅学史，这几个概念之间有何联系和区别？在已出版的几种有关著作中是如何体现的？当前在这个问题上有什么倾向值得关注？今后应如何提高鲁迅学术史的水平？

答：我想把问题的排列顺序调整一下，成为：鲁迅研究史、鲁迅学史、鲁迅接受史。这样，它们就是一种"迭进式"关系。它们之间的联系表现为：鲁迅研究史，顾名思义，是关于鲁迅研究的历史；鲁迅学则是在鲁迅研究的基础上，将整体研究成果加以梳理、概括、提炼、结晶，总结出一些学理、规律，形成为一种理论形态的学说、学科。一个学科的形成，具有三个必不可少的"步骤"，特别是层次。这就是资料层次、理论层次、结构层次。鲁迅学是以整体的鲁迅研究成果为资料，又加以规范化、体系化、理论化，形成系统理论，如"鲁迅小说诗学""鲁迅杂文诗学"，等等；而且，将这些形成一种理论结构，把以下这些方面形成一个体系化的理论结构：鲁迅的家世、其所处时代与环境；鲁迅的生活、事业、行为文本；鲁迅的创作文本；鲁迅的接受文本；鲁迅的被接受文本等等。而且所有这些方面，都总结出一些规律、"原理"、"学说"。鲁迅研究史只是概括记叙、论证鲁迅研究史的发展；而鲁迅学史则是处理、总结在鲁迅研究基础上产生的鲁迅学的发展历史，即鲁迅研究在发展进程中，不断"自然"或有的学者自觉地，对它加以归纳、总结、提炼，提升到理论层次，形成初步的理论结构，产生鲁迅学的各个时期的阶段性形态。

至于鲁迅接受史，从一方面说，它是从鲁迅研究史和鲁迅学史中，单独提出的"部分史"。但从另一方面看，它又是一个具有独立存在价值的学术领域。它研究的是鲁迅及其思想、作品，在各个时代、各个历史时期，在国内和国际，是如何被接受的，人们是如何解读和诠释他的各类文本的，他和他的思想-作品产生了怎样的影响，等等。这里需要用接受美学和解释学的理论-学说，来处理研究对象。鲁迅接受史的研究，对于鲁迅研究史和鲁迅学史的研究都有补充、充实、提高的作用。

时代·世界·文学①

我今天所讲的题目是《时代·世界·文学》，实际上这个题目的全称是《当代世界文化发展的态势和我国文学面临的挑战》。我为什么要确定这样一个题目来讲呢？有这样几个原因。一是现在我国的文学受到世界文学的冲击。这个冲击波的势头很强大，也是空前的。现代的世界已经形成世界性文学格局，中国当代文学不可能离开这一总格局去发展。我写过一篇论文，叫作《在世界文学格局中的中国当代文学》，前不久在北京参加中国比较文学学会的理事会，我也提出1987年在西安召开的全国比较文学讨论会，应该有一个题目就是《中国当代文学的世界文学背景》。这是一个原因。第二个原因就是，人类现代文学艺术的发展，出现了两个值得注视的趋势。一个趋势是文学艺术的发展越来越"非艺术化"，就是说文学艺术越来越越过自己的界线去发展，这表面上

---

① 原载《大连文联通讯》1987年第2期。

看来是文学艺术的异化，但实际上是文学艺术的一种提高。实质上人类文学艺术发展的历史，就是文学艺术不断地扩大自己的领域的历史。还有一个趋势就是文学艺术的发展越来越文化化，它越来越具有文化的性质，越来越具有强大的文化含量。我以为这是当代文学艺术发展的两大趋势。第三个原因就是非艺术事物的侵入艺术。许多原来属于非艺术领域的东西，现在大批地侵入到文学艺术里面来，这是人类的艺术素质提高的一种表现。由于这样三个原因，所以我想，我们从事文学创作、了解文学艺术的发展规律，有必要了解世界文化和世界文学发展的态势，有必要了解文学艺术按照其自身规律发展的趋势，还要了解非文学领域的其他方面的发展趋势。由于这样几个方面的考虑，所以我今天和大家讨论这样一个题目。

（一）我想讲一下我们所处的时代是一个什么样的时代。我们现在生活的世界是一个什么样的世界。

当然这个只能是一个非常概略的描述，不可能作详细的阐述。对于时代和世界，可以从许多方面去观察分析。这里我想说一些自己的看法，这个看法不一定正确，只是和同志们一起讨论。特别是只从文化、文学的角度来观察分析问题。

第一，我们现在的时代，当今的世界是人类大文化发展的时代，也是人类文化大发展的时代，是人类文化发展的一个新的转折时期。这里需要解释一下"大文化"的概念。我们习惯用的文化概念是小文化概念，即基本上属于我们的文化厅、文化局所管辖范围的那些事业。自从北京和上海讨论文化发展战略，以及今年武汉市讨论发展文化战略以来，提出了用大文化概念讨论文化的问题，但是我认为那还是一个中文化的概念。我想真正的大文化概念还要扩大，我把它称作战略文化概念。所谓中文化或小文化概念的一个基本特征就是把文化作为精神领域的东西和物质领域对称来称谓文化，但是真正的大文化概念和战略文化概念，是包含着物质文化，渗透在物质文化中间的，除了中文化概念所包含的许多文化领域之外，还包含着物质文化的领域，所以它类似于考古学上的文化概念，如仰韶文化、龙山文化等这样的文化概念。但是又不完全相同于考古学上的文化概念。我想作一个比喻或许能够帮助大家理解这个问题。人体是一个完整的结构，如果用现代的语言来讲是一个完整的系统，中医讲人体除了可见的机体之外，在他的机体之内有经络系统、津液系统和气血系统，经络系统和气血系统是看不到、摸不着的，但是它确实存在，确实在人体中发生着很重要的作用。我想对于社会来讲，文化相当于经络系统、津液系统和气血系统，那么现在讲人类是大文化发展的时代就是这样一个人类社会的经络系统、津液系统和气血系统的大发展时期，这个发展的主要标志，我想是不是可以列举这样一些方面。

首先，是科学技术的突破性发展。这个方面可以列举很多，简单地说就是，一，科学囊括了一切的文化现象，就是说在文化现象中包含了科学的因素，而且这种因素越来越强大。比如说农村的木犁、铁铧、粪筐等等，这中间当然也有其科学因素，但是这种因素是极少的。而机械化的农业，电气化的，特别是目前工业化的农业中的科学因素，就非常多了。现在的文化因素中都渗透着科学因素，这是一个普遍性的现象。还有提高性的现象，就是科学的社会化和社会的科学化。科学的社会化就是说在社会的生产、生活的一切领域，都弥漫着科学，都在使用着科学。过去爱因斯坦、居里夫人或稍早一些的爱迪生等科学家都是单干的，但是现在的科学家都是集群活动，不可能一个科学家去从事他自己的科学研究，包括社会科学研究在内。所以它是社会化的。社会科学化就是社会的生产或生活里面也都有许多的科学因素，使用着许多的科学技术。现在一个家庭里，电视、电冰箱、洗衣机是最普通的科学的东西。其他还有很多，而且将来会更多。

这就是科学的社会化，社会的科学化。还有一个更重要的，就是科学在社会经济发展中所起的作用。可以说，现在科学已经成为人类文化发展的核心，社会经济的发展如果离开科学技术就不能进行，因此，现在还有一个现象就是高技术的发展，社会生产的高技术发展。大家知道里根搞了一个星球大战计划，这个计划当然首先是军事的意义，但是它也是想通过军事来带动它的整个的科学技术的发展，因为西方许多工业、科学技术的发展是由军事科学带动的。据媒体报道法国在欧洲共同体中搞了"尤里卡"计划，这个"尤里卡"计划明确宣称是高技术发展，之后苏联、东欧集团也搞了"东方尤里卡"计划，它的一个特点也是高技术，日本也提出了自己的21世纪对策，也标明是高技术的。现在印度也提出了自己高技术发展计划。我国政府也讲中国经济的振兴只有走高技术发展的道路。这是当代人类文化发展和生产、社会发展的很重大的特点。另外，从科学文化来讲，一个很重大的特点就是科学发展的整体化，马克思早就说过，自然科学和社会科学将会一体化。以后列宁又提出了自然科学奔向社会科学，他称为潮流。现在自然科学和社会科学一体化的趋势更加强大了。现在可以说没有任何一个社会的、经济的、科学技术的发展，能够离开两门科学的共同努力。现在的经济、社会发展战略。都需要两门科学分别地和互相结合地来制订。比如大连的开放，当然科学技术是很重要的，但是社会科学、文化在某种意义上讲更重要。前者是所谓"硬改革"，后者是"软改革"。进行"硬改革"，首先要有一个"软改革"，它是保证，同时又是先行的，也是一种归宿。我在省里开会时多次发言，认为我们现在在考虑经济社会发展战略时有一个值得注意的倾向，就是只就经济的领域来解决经济的问题。世界的发展状况已经证明，这种发展战略的眼光是狭窄的。非洲曾经想用钱买来一个现代化，在60年代曾经这样做过。法国有个社会学家在非洲考察以后，写了一本书叫作《非洲走入歧途》。就是说，你用钱可以买来很多技术设备，可以高价雇来许多外国的专家，但是本民族的文化素质、科学技术的素质没有提高，那么这些东西就不能得到很好的运用。我们现在的改革所遇到的阻力，说到底最根本的就是来自文化方面的阻力，来自人们的文化心理结构的阻力。这不是今天谈论的主题，不多说了。另一个是抽象化的趋势。科学的发展也是愈来愈抽象化，要整体地、直觉地、直感地把握对象，但是现代的直觉地、直感地把握对象是在高度发达的科学技术基础上的一种把握。这是一种趋势。这是现代人类文化大发展和大文化发展的一个标志。第二个是人类认识和实践领域的拓展和深化。现在人类对世界的认识领域越来越宽广，深度愈来愈深，精密度越来越高，变化的频率也越来越高。现在人类认识空间的领域是100亿光年，所以钱学森同志讲，在宏观之外还有一个胀观。分子生物学的发展和脑科学的发展，使人类对于人类自身的认识也越来越细致、越来越精密和深刻。我们讲文学就是人学，那么现在对人的认识越来越深刻，我们是否可以仍旧像以前那样去写人？比如现在文学创作中的心理描写的强化，这越表明作家对人内心的认识加强了，但是是否这样就足够了？这也是文学面临的一个问题。

第三个特点是第二次世界大战后，西方和东方文化发展、演变的突出变化以及新的世界文化格局的形成。可以说在第二次世界大战之后，西方好像重新发现了东方，东方也好像重新发现了西方。我想用这样的概念去描述，不知是否准确，就是西方对于东方的重新发现是觉得东方的文化可以弥补西方文化的弊病，所以西方的有识之士认为，西方应该把眼光转向东方。比如说现在西方人际关系的紧张，家庭关系的淡漠化，传统家庭结构的破产，大家庭已经不存在了，核心家庭现在也处在危机之中，非婚性生活、非婚生子、离婚率日益增高，如此等等。对这种现象我不太同意我们习惯的一些说法，即把它一律归之为西方的腐朽。当然，其中有腐朽的一面。但我想还不妨从积极方面来看待这个问题，就是人类在自己获得极高的物质条件的情况下寻找自己最佳的生活方式。西方现在所出现的许多社会问题是为了寻找这个最佳生活方式所付出的代价。由于社会制度的关系，常常以扭曲的方式出现。西方现在感觉到它自己的文化有很多的问题，因此，转向东方，想要从东方吸取一些东西。西方对东方文化的最重要的发现，是西方在社会发展过程中所遇到的问题和科学技术发展中所寻找到的东方的因素。

东方对西方的发现，主要表现为东方文化的觉醒，或者说以中国为代表的东方文化的觉醒。这个觉醒的表现一是看到了自己文化的强大的优势，另一个是看到了自己文化的极端的落后。文化传统的优势和当代文化的落后。当然觉醒到自己的落后这本身也是一个进步。我在美国时同一位教授讨论中国文化时说过，美国文化是一个多元文化，日本是合金文化，明治维新以后组成了合金文化，汉学（中国文化）；兰学（荷兰文化）；洋学（欧洲文化）。日本的明治维新之所以成功，其基本的一个因素就是其组成了这样一种合金文化，用这样一种文化重新塑造了日本公民的文化心理性格，因此取得成功。中国的戊戌变法发生在明治维新之后，但是戊戌变法失败了，其中一个很重要的原因，就是六君子们对西方的文化输入是不够的。当年应该翻译的许多西方文化名著，直到今天我们仍然还在做这种工作，历史的课题被耽误了，所以历史任务的完成也被推迟。美国之所以是多元文化，是因为他由华裔、犹太裔、阿拉伯裔等组成，各自带来自己的文化，所以他是一个多元文化。因为美国是一个多元文化，所以他弹性大、可塑性大、抗逆性小，适应性强。我们是"五千年一贯制"，以儒文化为核心，儒道释三家文化结合成一个整体文化。它弹性小，可塑性小，适应性弱，抗逆性强。我们现在还受到这种文化的弱点方面的抑制。这种抑制也影响了我们的经济发展。

那么现在我们就要借西方的他山之石，开我们民族文化之矿。一方面，使我们的民族文化得到发掘和优化；另一方面，借鉴西方文化和归化西方文化，使它民族化，在这样一个张力场中来发展我们自己的新的、现代化的民族文化。

我们需要借取西方文化的有益的东西来发展我们自己的文化。所以现在可以说是东西方文化的第二次大撞击。互相冲击，又互相学习，是这样一个过程。从世界范围讲，现在世界文化也是一个新的格局。欧洲文化中心论已经破产，东方文化落后论也破产了，拉丁美洲的文化，特别是文学在崛起，非洲文化，许多土人的文化还具有现代魅力。非洲国家独立后，自己的文化也开始发展。东方有中国文化的崛起，印度文化也在发展。去年在美国，西方召开了"第三次世界文化的挑战"学术讨论会。苏联，西方人称苏联为东方，东方人称苏联为西方，它是东西方的桥梁，它的文化也在发展。日本是东方国家中最西化的国家，它是以儒文化为核心的中西文化结合的合金文化。这是第三个方面。这就构成了多元结构的现代的世界文化格局。我想通过这样三个方面的描述，大体说明一下现在是人类文化大发展的时代。

第二点，现在是中国的文化复兴时期。有人说中国文化明代就开始复兴了，我不太同意。因为持这种观点的人认为，现在是儒文化的第三次复兴，将来的世界是儒家文化的世界，这种说法恐怕是不太科学的。应该说中国的文化复兴的真正开始期在五四运动，但是五四以后走了弯路，五四运动本身有它自己的弱点和缺点，中国现代文化的发展、建设遭到了挫折。应该对五四运动进行反省，那么，真正的文化复兴时期是我们现在。主要表现有：第一，我们现在能够用新的态度、新的方法，站在新的高度来对待我们的传统文化。我们现在真正开始懂得了我们对自己的文化懂得太少。我们的文化是在以农业经济为基础，以温带为主这样一个地理环境为背景的条件下发展的文化，融合了北方文化、中原文化、楚文化、越文化等这样几支内部文化所形成的中华民族的大文化。它发展到五四时期，由于经济没有发生根本的变化，并没有真正实现工业化，并没有建立起商品经济，所以我们的文化始终没有发生一个质的变化。现在，我们提出了发展社会主义商品经济，这将会带来中国社会的真正变化、空前的变化。由于经济的变化，社会结构也要发生变化，产业结构、家庭结构、伦理结构、感情结构、心理结构、审美心理结构都会发生一系列的变化，综合性、整体性的变化都要发生。这是一个新的社会构造运动。这个时候，我们才回过头来看待自己的文化。这个工作应该是由资产阶级来做的，但是中国的民族资产阶级极其浅薄，中国的无产阶级又曾经极其"左"，所以对自己的民族的传统文化并没有真正地、很好地去认识，现在我们开始认识它，但只是刚刚开始。即使如此，我们也已经拨开了笼罩在民族文化上的，一百多年来殖民地、半殖民地的生活所造成的浓雾，发现了它的光辉。现在我们开始纠正五四运动所产生的偏颇，开始更重视我们的文化。比如中国的文化到底是五千年历史还是更长一些，我们曾经号称五千年，但实际上有考古证据的只是三千多年，所以在世界四大文明古国中，按照时间顺序我们排在第四位。但是现在我们有了考古证明，中国文化不是三千年，也不是五千年，而是六千年到七千年，那么，在四大文明古国中我们就居第一位，证据就是对彝文化的研究，特别是对彝族的十月太阳历的发掘，就发现了中国文化最早真正的发源地不是黄河流域，不是中原大地，而是西南大山，是金沙江畔的哀牢山区和乌蒙山区，最早的祖先是在那个地区生活的元谋人。元谋猿人足迹遍亚洲，可以说亚洲人的祖先是元谋人的后代。元谋人通过白令海峡进入美洲大陆留下的就是美洲原始民族印第安人。中国最早的图腾不是龙，而是虎，叫作彝族虎图腾。中国人曾经是崇拜虎的，以后楚文化因其本地多水有鱼，将鱼和其他动物相合虚构而成为龙的形象。所以，准确地说，我们不仅是龙的传人，而且是虎的传人。

最近一两年在辽西地区的考古发现可以证明，除了中原文化，更早的还有北方文化，过去命名为红山文化，即昭乌达盟的红山地区，现在看来辽西地区代表的北方文化比红山文化还要早一些。那里还发现了女神雕像，有一个孕妇的雕像，突出了乳房、腹部和臀部，这一特征证明中国的原始女性雕像与西方是类似的。证明它的年限和西方发现的原始民族的雕像的年限是一致的，或者说原始人当时的"艺术创作的意识"同西方的是一致的。从这些看，我们民族有着比我们过去了解的更光荣、更古老的传统和悠久历史。当然我们并不是发思古之幽情，证明我们的古就是好，而是说我们的文化发展了五六千年没有断裂过，这便是值得我们深刻思考的一个现象，表现了我们民族文化的悠长。追溯西方科学技术发展的源流，最后追溯到莱布尼茨。莱布尼茨所继承的是谁呢？根据英国的李约瑟所写的《中国科技史》，结论是，莱布尼茨的科学思想来自中国的道家文化，道家文化的源流即来自彝族文化，中国的八卦最早出现于彝族的虎图腾文化，阴阳八卦包含着深刻的哲学思想，就是矛盾、阴阳、天地、男女，在彝文化中，最早的阴阳观念与现代人是相反的，即女为阳男为阴，天为阴地为阳，说明它文化很早，是母系氏族社会。八卦是二进位制的，电子计算机的基础就是从这里来的。李约瑟证明了莱布尼茨来自道家，来自老庄，过去我们追溯到老庄以后就追溯不下去了，现在追溯到了，即彝族的虎图腾文化。所以李约瑟讲，中国对于世界科技的贡献是极其伟大的，不仅仅是贡献了四大发明。

现在对孔子文化也有一些新的看法，比如说，孔子的著作中包含了许多辩证法，过去我们是不承认的。我们说《老子》里有很多辩证法，《孙子兵法》也有许多辩证法。同样，在孔子著作中也有辩证法，当然这都是一些片断。从这里我们可以看到，我们现在用新的态度、新的方法对待我们的传统文化，就有了新的发现、有了新的发掘。因此，我们今后对传统文化要继续发掘、整理，还要进行"现代化的处理"。当然，这个提法可能不太科学，意思就是要用现代化的眼光，整理古代的文化。

我们发现我们的审美文化在世界上也是居于领先地位的，老庄文化是一个很突出的审美文化，尤其是《庄子》，审美思想是很丰富的。中国古典审美文化现在有许多东西被现代西方接受了。如果从比较文学角度来看，我们还可以从回返影响中发现我们民族文化的优点。中国有出戏叫《赵氏孤儿》，传到欧洲后，伏尔泰等都很重视，改编为《中国孤儿》，风行欧洲；歌德看了中国的话本小说《风月好逑传》，它在中国话本小说里算是二三流吧，但是歌德看后拍案叫绝，他由这个作品发出了浩叹，说是"世界文学的时代来到了"。所以有人说这是欧洲的一流大作家看到了中国的一个三流作品，得出了世界文学的结论。我们现在很多青年人写诗学西方的现代派，但是美国的现代派诗歌创始人之一庞德，就是从中国的李白诗中得到启发，创作了他的现代派诗歌，所以，他自己后来也翻译李白的诗。美国当代诗人卡洛琳·凯瑟被称作"刚性诗人"，她写过一首诗，表现了西方当代女性的心理，一种坦率的性意识，但是她把它美化了，有节制。她说这首诗的意境来自中国乐府诗的《子夜歌》，她从中国古典诗歌中获得了营养。所以我与一位年轻诗人谈话时说，现在说写诗写小说向中国的传统学习，不是说像古人那样去写，鲁迅说诗到唐朝已经做绝了，诗歌的七律七绝、五律五绝在李白、杜甫等手里已经达到了顶峰，在这种范畴里超过他们是不大可能了，五律五绝已经成为一种古典形式了，如果要超过他，需要开辟另外的领域，但是，你可以从他那里学到很多东西。齐白石说似我者死。你无论学得怎么像，你只能是第二个齐白石。那么怎么学呢？我觉得就是学他的诗情、诗意，他的创作意识，不是借用一些词句。从这些方面看，我们中国的文化是非常优秀的。以上，说的是现在是中国文化复兴时期的表现之一。

中国文化复兴时期的第二个表现是，我们现在打开了门户去接受异域文化。鲁迅的一个伟大贡献就是毫不犹豫地、坚强地、勇敢地吸收异体文化，来改造我们民族文化的格局，从他自己来讲就是吸收异体文化来改革自己的创作心理，形成一个东西结合的创作心理，对民族文化来讲，他是把西方文化、异体文化归化后，来改造我们中国的民族文化。这个真正的开放也表现了我们现在是新的文化复兴时期的一个方面。这是我想说的第二点。

第三点，中国现在处于一个艺术再觉醒的时期。一个民族的艺术都有一个不断再觉醒的过程。中国如果说从原始艺术算起是第一次觉醒的话，到奴隶社会是第二次觉醒，汉代是一次觉醒时代，魏晋时代也是一次，推算一下，从五四运动延续到现在是第六次或者是第七次觉醒。这次再觉醒的一个特点，表现在我们对待世界艺术是整体性的，全方位的向新的领域探索，这种探索是向两极发展的，一极叫作寻根，向民族传统文化中寻找我们当代的诗情；一极是向西方文化发展，然后两个又融会到一起，殊途同归。现在一个是对于民族文化传统的新的态度、新的方法的研究和新的发掘、新的结论、新的吸收和新的处理。另一个是对西方文化，文学艺术的各种流派的大胆吸收、借取、容纳。所以，现在不再是某种技巧，某种表现手段、表现方法的革新。我们曾经做过这样一些工作，现在不仅是这样。现在是整体性的，在艺术思维、艺术观念和创作意识上革故鼎新。可以说现在是民族艺心的变革。我认为它的发展前途是非常美好的，是令人欣喜的，中国人将会以一个新的民族性格出现在世界上，中国人将会把新的艺术奉献给全世界。用一个最直白的说法就是我们不再像过去那样写小说了，不再像过去那样拍照片、绘画、写歌曲了。这是第三点。

第四，当代社会审美文化的要求发生了变化。这个变化反映了这样一些特点，一个是进入审美领域的人群空前的广泛。现在越来越多的人进入了审美的领域，这和我们国家的经济、文化、文学艺术的发展有紧密的联系。第二个是进入审美领域的事物越来越广泛。主要标志就是亚艺术形式的产生。像流行歌曲、杂技、艺术体操，以至于服装表演、发型都是一些亚艺术形式。这些亚艺术形式的产生，表明了许多非艺术的东西进入了艺术的领域；另一方面，也可以说是它们向艺术化发展了。第三个是通俗艺术的发展。我认为这个现象是非常值得重视的。我讲过艺坛三俗是不可轻视的，"三俗"即流行音乐、连环画、通俗文学。鲁迅就说过，连环画里可以产生米开朗琪罗。通俗小说也可以写出很好的东西来。第四个是审美活动的社会化，这种特征现在越来越表现出它的强大趋势。第五个是艺术和非艺术界线的模糊和被冲破。这既是艺术的发展，也是艺术的泛化，这是现在社会审美心理中一个值得注意的变化。第六个是艺术发展的简缩化、抽象化和象征化。现代的艺术许多是越来越简缩化，小说讲情节淡化、人物淡化，无情节无人物，起初是很吓人的，其实也没有什么奇怪的地方。我们讲文学即人学，但是文学不写人可不可以？我看可以的。不那样写人可不可以？也是可以的。抽象化、哲理化与简缩化是相通的，我想简缩化是由两个因素造成的。一个是现代社会生活节奏的迅速、紧张，它要求文学艺术的简缩；还有一个是创作主体的哲学思考、文化思考越来越提高，所以导致简缩化、抽象化。由于这两方面的发展，也带来了象征意蕴。第七个，更高层次地讲，现在的文学艺术回答了复杂生活所提出的问题，阐释了各种问题产生的原因和发展的趋势。这也是现代观众对艺术的一个要求，这种要求并不是让文学艺术像科学论文那样回答问题，而是用另外的方式，这种回答可能是积极的，也可能是消极的，可能是正确的，也可能不正确，但是它确实提供了一种回答。像卡夫卡的《变形记》就提供了一种回答，他是对人类社会发展的一个苦恼的问题做出了回答。我想现在文学艺术就有这样一个任务，如果完成了这样的任务，可以算是一个高层次的作品。再有一个就是人们要求艺术手段和艺术技巧的多样化，这是人们在艺术上的新的追求。最后一点我认为重要的，就是对文化因素和文化背景的追求。现在有一种文学的文化，我们当代的文学文化比五四时期是高还是低？我想过这个问题，但是得不出答案，很难用一句话说清楚这个问题。我觉得有些地方我们是高于那个时期的，但有些地方还是低的。比如作家的知识结构、文化素养显然是现在低于五四时期的，那时候的许多作家有的是文化巨匠，有的是学者，中外文化的素养都是很高的。但是从另外的方面讲，我们现在的文学艺术表现领域的广阔，我们的文学艺术中所吸取的科学知识的多样性是超过他们的。从整体上讲，五四时期的文学文化是低于现在的文学文化。我曾经想写一篇文章《论小说文化》，我觉得一篇小说的艺术高低最后就看它所结晶的文化的高低。这个文章后来没有写成，但是我运用了这个观点写了一篇评论，就是评张抗抗小说的文化相，文章是透过她的三篇中篇小说去谈的。中国当代文学的一个很大进步就是从工具文学、政治文学向文化文学发展，这是我们的一个很大成功，也表现了我们的艺术再觉醒，表现了我们现在是文化复兴时期。但是，同样在这个方面也表现了我们的不足，就是真正的文化文学还不够发展，所以我们现在要追求一种文学文化。事实上许多读者所提出的要求，虽然没有用这种语言去表述，归纳起来看就是要求一种文学文化，要求一种文化文学。每一个民族的文化发展都是不断地积淀，层垒式的发展起来的，那么，一个作家有多少东西能够进入自己民族的积淀，这是决定作家在文学史的地位的。那么什么是能决定他进入民族文化积淀的东西？就是他的小说的文化层次。什么东西决定他的小说文化层次呢？就是他的小说文化的含量。前面我极为简略地描述了一下当代世界和我国的文化发展态势。这是我国当代文学发展的文化背景。

（二）谈谈我国当代文学所面临的挑战。

我先简单地谈一下这种挑战从何而来。总的讲，现在的时代是挑战的时代，人类由于科学技术武装的强化，认识世界、改造世界和预测世界的能力都空前地强化了。所以人类对宇宙、对地球、对世界、对人的社会，对人类自身都提出了种种挑战。但是同时人类自己又面临着宇宙、地球、世界、社会、人类对自己的挑战。可以说，我们每个人每天都遇到各种各样的挑战，同时，我们也用我们的应战对客观世界，对我们的周围同样进行挑战。在这样一种形势下，文学也同样面临着挑战。挑战之一就是我们前面讲的世界文学向中国文学的挑战。现在西方文学发展的潮流变化很快，从文艺理论、创作上看都是这样。前两天我接待一位美籍华人女博士，她是研究历史的，但同时又是一位画家，画油画。我问她你是什么派，她说是印象派。她又说现在美国兴起的是照相式的写实主义。我们国内也出现了这种作品，描绘得细致真实如照片一样。他们追求的就是绝对的真实，不过这种主义能够维持多久也是很难说的。前不久，辽宁省开作协理事会，金河同志做了未来十年文学发展的预测，下来我同他说，我觉得将来文学的发展，现实主义、浪漫主义，现代派等这些界限可能会泯灭，不能再用这些主义的框架去衡量文学作品。事实上，现在一些文学作品已经很难说是现实主义的还是浪漫主义的。所以有些评论家采取了一种比较聪明或"狡猾"的说法，即它的基本倾向是现实主义，或者什么方面受到了什么主义的影响。这个同我前面讲过的现在艺术的非艺术化和非艺术的东西侵入艺术的领域是有关的。世界文学在理论上的变化也是很大的，它对中国文学提出了挑战，因为中国文学是世界文学格局里的一个方面军，而且是不容忽视的一个方面。我们不可能离开这个格局，不可能躲过世界文学潮流的冲击。我们当代的作家如何成为大作家？辽宁省不是也提出要培养大作家吗？我认为大作家首先要具有的就是世界意识。当然世界意识是广义的了，如果就创作来讲，就是要眼观世界艺术潮流。

第二个是世界总体文学对中国文学提出的挑战，我们习惯上讲的文学的概念就是国别文学，或者叫民族文学。如中国文学、英国文学、美国文学等，但是，事实上文学是一个三极结构，即比较文学、国别文学和总体文学。就是人类的文学形成了一个文学文化。这个世界文学的总体发展也向我们的中国文学提出了挑战。另外，时代、社会都向文学提出了挑战。下面我着重具体地说一下在文学艺术领域我们所面临的挑战。

首先是对艺术本质的认识，即"艺术的认识"和"艺术的概念"的变化。艺术是什么？我们习惯的回答：艺术是社会生活的镜子。对吗？当然是对的。但是简略。西方有一种回答，艺术能够反映什么吗？这个问话并非是一种调皮捣蛋，它是值得我们去思索的。艺术是否能够反映什么？如果从接受美学来讲，应该说，即使艺术能够反映什么，也只是反映了一部分。按照我们传统的观点，它是可以反映一些什么，是一面镜子，那么这面镜子是什么镜子，什么性质的？这就牵涉人的心理结构问题，作家的心理结构问题。作家去反映社会生活、反映客观的生活，他是通过自己的心灵来反映的，不是绝对客观的，而是主观的，所以反映出来的东西已经不是现实本来的面目了，而是变形了的，绝对变形的。所以现实主义的东西应该说是包含了"非现实"的东西。这里牵涉两个问题，一个就是对艺术做发生学的研究来看它的本质，艺术是怎么发生的，这里有很多回答，比如有游戏说，有巫文化说，有表现说，有再现说等等。但是综合起来讲，艺术到底是怎样产生的？我想可以肯定的基本上有三个方面，一个是人类为了自己的物质生活资料的获得。恩格斯讲过，人类从动物界脱离出来后，就必须进行两个生产再生产，一个是自己的物质生产资料的生产再生产，第二个就是人类自身的生产再生产，就是传宗接代。从第一个生产再生产来讲，人类要获得自己的生活资料，所以要进行生产，在这个生产过程中产生了艺术。比如说澳洲人的袋鼠舞，人们身披着袋鼠的皮，模仿袋鼠的行动，去接近袋鼠，然后用石头将它打死。这是它的生产活动，是为了生活而进行的。那么，在这样的活动之后，他们休息时，回忆起自己打猎的活动，然后重现自己的打猎活动，这就是袋鼠舞。还有一个即人类自身的生产再生产，由于这种生产，性的意识、性的追求，爱情、家庭、婚姻等这些东西都有了。这些东西是文学艺术生产的重要因素，因此，成为文学艺术所要表现的主要方面。还有一个是人类精神文化的发展。人类精神文化发展之后，它对于文学艺术的要求也越来越多，这样它也产生文学艺术和文学艺术的发展。现在又有一种新的说法，就是人之所以创作文学艺术还由于人自己内心有一种表现自己的要求，一种创造力的冲动，因此创作了艺术。我认为这种观点是很可取的。就是人自身有一种创作的潜力，一种创造的意识，所以，他就创作了文学艺术。儿童的成长过程是浓缩了人类几亿年的成长过程，儿童在两三岁时就开始涂鸦，那就是他的创作要求，一种创作的内驱力。如果从这样一个发生学的角度看待文学艺术，看待文学艺术的生产，文学艺术的本质，可以启发我们去认识它。我们过去过于重视它的功利作用，即生活资料生产这方面的作用，过去我们讲为政治服务，为生产、为政策服务。这种作用当然是不可否认的，不能否定的。但是文学艺术仅仅如此，就不是文学艺术了。因为文学艺术还有一个本质，从发生学上看，即人自身的繁殖所提出来的一些文学艺术的要求，鲁迅讲过，爱是创作的根源。创作为了什么？就是为了表现爱，对某个人的爱，对某项事业的爱。爱产生了一种创作的欲望，当然也产生了创作的内涵。所以对于文学艺术的观念，应该是一个多元的、多维结构的、综合的观念。就是说，对文学艺术的本质要做发生学的，要做社会学的、心理学的、美学的、伦理学的、文化学的、比较文化学的、人类文化学的等等这样一些的观察、思考和研究。在这样一个多元结构的、多渠道的基础上建立自己的艺术观念、自己的文学观。这是一个问题。还有一个就是文学艺术和创作文学艺术的作家是一个世界，两个世界，还是更多？应该说文学艺术是四个世界所组成的。一个是客观世界即现实生活，简称世界一；第二个是作家的内心世界，作家的创作心理结构，简称世界二；第三个是创作的作品，也就是第一世界和第二世界的结合，产生的作品世界，简称世界三；第四个是读者群，为世界四。这个世界四，从接受美学的角度看是很重要的，不可轻视的。这是文学艺术的四个世界。对于一个作家来讲，即对于创作主体来讲也是四个世界，而不是一个世界。这四个世界同前面文学艺术的四个世界在领域上有的是叠合的、交叉的，有的是独立的。第一个世界是前面讲的世界一，但是对于作家讲就是他的生活经验，我把它叫作生活学。它与前面的世界一虽然是叠合的，但内涵不完全一样，它包含了作家个人的生活经验。第二个世界是作家的作品，是作家创造的世界，第二自然。第三个世界就是他在创作作品时的一个构想，一个图式的世界，这个世界对有些作家来讲是模糊的，但是对于一个成功的作家来说，这个世界是清晰的，当然清晰之中也有它的模糊性，但是它的基本的东西是清晰的。我在《创作心理学》中还会谈到这个问题。巴尔扎克的《人间喜剧》，托尔斯泰的《战争与和平》，鲁迅的《阿Q正传》，他们构想的图式是极其清晰的，这个世界是构成作品的一个灵魂。作家的第四个世界是象征意蕴的世界，就是前面讲的文学文化的世界。为什么有些文学作品非常有读头？永远不会失掉它的魅力，就因为它创造了自己的象征意蕴的文化世界，任何一个人只要读这个作品，就会从中获得他自己的东西。现在文学的四个世界和作家的四个世界都向我们提出了严酷的挑战。首先我们对四个世界要有一个明确的意识，意识到文学是四个世界，而不是一个世界；作家的创作领域是四个世界，而不是一个世界，有的作家追求他的技巧，在技巧领域里寻找他的突破，那还是在一个世界里。所以首先要明确两个"四个世界"的意识，这是一个挑战。实际上，我对这四个世界的解释并不太清楚，当然再说得详细一点还可以说，但是我说得再详细也说不清楚。我想有水平的作家、理论家是可以说得清楚的，或者说得更丰富一些。紧接着的第二个问题是，在这四个世界领域里的活动是创造性的。我常想，创作的竞赛，首先是理论的竞赛，一个作家的武装首先是理论的武装，这好像是违反艺术规律的，但我自信必定如此。任何一个文学大师都是一个理论大师，任何一个伟大的作家都是理论家，而且首先是理论家。但是他的归宿，他表现的形式不是理论家。他首先有一个理论的眼光，就是他的眼光首先表现为理论家。正如马克思所说，意识首先表现为理论家，意识直接表现为理论家。所谓意识就是对一个事物直观的反映。这种反映表现了一个人的文化素养和文化基础。

作家具有了理论家的素质，他的眼睛就首先表现为理论家。我常常讲，作家在艺术上的突破首先是在理论上的突破，作家在创作上的竞赛首先是在理论上的竞赛，当然这是一个高层次的竞赛，如果一心钻理论，作家就成为理论家，而不是一个作家了。所以理论最终要回到创作中，但创作首先要从理论着手。我原来准备写一本书《文艺美学》，我准备写的第一个题目就是"文学创作的理性特性"。别林斯基、车尔尼雪夫斯基、高尔基、鲁迅，甚至亚里士多德的《诗学》中都包含着这个东西，即文学创作的第一个特征就是理性原则，是理性特征，但是这个特征是隐蔽的、潜在的，是作为一种文化内涵包含在创作心理中的。所以，文学观念的变化，对于文学本质认识的变化，这样两个方面，向我们提出了严酷的挑战。

第二点，这四个世界按系统论来讲，有一个有序结构。这个有序结构有几种说法。一种说法可以叫作"作品中心项纵横向模式"，以作品为中心项，世界一、世界二、世界三、世界四是纵横向发展。如图1所示：

作家→作品→现实
↓
读者

图1 作品中心项纵横向模式

第二个有序结构叫作"四级连环框架"。四个世界互相作用。如图2所示：

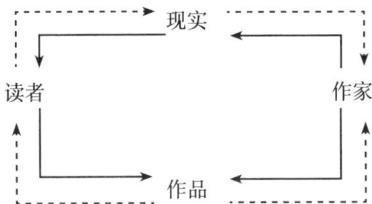

现实
读者 作家
作品

图2 四级连环框架

第三个有序结构是"作品中心项交叉循环结构"。如图3所示：

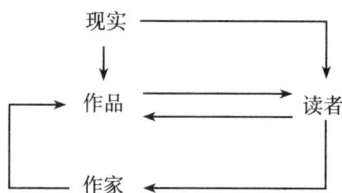

现实

作品 ← 读者

作家

图3 作品中心项交叉循环结构

第四个有序结构是"作品中心项分支结构"。如图4所示：

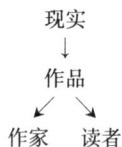

现实
↓
作品
↙ ↘
作家 读者

图4 作品中心项分支结构

这四种结构框架，我本人同意和倾向的是第三种，即"作品中心项交叉循环结构"。我想，这些对作家是一个挑战，就是你用什么东西、用什么结构观念来树立你的文学观，这会影响你的创作。

第三个是艺术魅力的认识方面对我们的挑战。艺术魅力的源泉是什么？艺术魅力的结构是什么？艺术魅力的奥秘何在？应该承认现在的文学理论、美学理论对于艺术魅力还不能作出完美的、统一的、完全科学的答案，还存在着许多的"黑箱"，但是有了一些基本的看法。我们接触一部文学作品，一篇小说，首先接触到的是叙述语言，这叫作外形式，是艺术魅力的表层结构。这是艺术魅力的第一个组成部分，也可以说是它的初级阶段。第二个是由语义的层次进入它所描绘的意象所指示的内容的层次。这是艺术魅力的第二个层次。如果说我的这篇小说不但语言文字或描述的对象很清晰，人物性格也很清楚，而且这里面包含了一定的内容，这就具有了第二层次的艺术魅力。第三层次是象征意蕴，就是文化的层次。就是不但这篇小说有意象所指示的内容，而且这个内容除了直接的含义外，还有它的象征意蕴。鲁迅的小说《祝福》《孔乙己》《阿Q正传》等，它的象征意蕴是很多的。比如阿Q被绑赴刑场时，后面跟着很多人，他回头一看，这些人的眼睛使他想起来曾经有一次，他在山上跑，后面跟着一只狼，他快跑，狼也快；他停下，狼也坐下，但是狼的绿色的眼睛却闪闪发亮。他现在回想起来，觉得这些观众的眼光跟狼一样，要吃他的灵魂。这里包含着一个象征的意蕴。鲁迅写过一篇小说叫《示众》，《野草》里有首散文诗叫《复仇》，鲁迅提炼了中国国民性的劣根性就是看客的态度。对于任何事情都是看客。鲁迅讲共产党在湖南的工人领袖郭亮被杀头时，南城的人跑到北城来看，北城的人跑到了南城去看。中国的这种看客的态度，是中国不能振兴的一个原因。我们现在人的文化心理结构还有这种看客态度，对世界、对人、对事业、对祖国都采取一种冷漠的态度。阿Q所看到的狼的眼睛，就是这种看客的态度，它象征着民族文化性格，这就是艺术魅力的象征意蕴。有了这个东西，这部艺术作品的艺术魅力就更深了，有的时候，作家客观地呈现了这些东西，自己并不是有意识地像埋下一颗种子似的埋下一个象征意蕴，但是由于它的内容的涵盖丰富，自然地存在着许多的象征意蕴，所以有些作品过了若干年后，被人发掘出来，看到了它的另外的意蕴，另一方面的问题和价值。比如李商隐的"相见时难别亦难，东风无力百花残。春蚕到死丝方尽，蜡炬成灰泪始干。"他这里的意蕴就很深。后来的江姐就借鉴过，"采得百花成蜜后，留有香甜在人间。春蚕到死丝不断，留赠他人御风寒。"这里已经是在写另外一种东西，写爱人民，写爱祖国，她借取了这样一种意蕴。我们每个人都可以根据自己的经历、自己的艺术素养和文化素养，从这首诗里寻找我们自己所能得到的象征意蕴，不是李商隐的东西。但是他提供了一个空间，提示、暗示、隐喻，使你能够去想更多的东西。一篇小说也是如此。结合我前面讲的，社会审美心理的要求也向我们提出了挑战，就是要求作品具有更深沉的艺术魅力。

第三个方面是接受美学的兴起，对于一个作家提出了新的挑战。接受美学兴起的时间不太长，当然也不算短，现在西方的接受美学发展很快，特别是联邦德国。接受美学有几个很重要的概念，它对于我们今后的文学创作所遇到的挑战和今后的对策有一些用途。第一个基本的概念就是"接受性"，这是文学作品的第一个内涵，就是你这部作品是否具备接受性。接受性有两个概念，一个是历史的接受性，一个是水平接受性，而历史接受性就是我们前面讲的艺术魅力的象征意蕴是否丰富，如果丰富，就具有历史的接受性，如鲁迅五四时期的作品，现在看来还是很好的。水平接受性就是同一时期各种层次、各种阶层的人对作品的接受情况如何。作家创作自己的作品，事实上是不自觉地考虑了他的作品的接受性的。但是如果能更自觉地考虑作品的接受性，这是提高作品的一个途径。第二个是从接受美学的观点看存在一个"期待领域"。事实上每个作家心目中都有一个期待领域，当然不是他自己的期待领域，是他对期待领域的反映。作家有时候会说我这个作品会受欢迎，或者说我这个作品是不会受欢迎的。这就是他们对期待领域的了解。第三个是"接受屏幕"，从接受美学观点看，文学艺术面对着一个接受屏幕，这是由民族、历史、时代、文化、艺术、审美心理这些东西组成的社会接受屏幕。对于接受屏幕要考虑几个问题，一个问题就是这个屏幕是有两个期待的，一个是文学的期待，一个是社会的期待，这两个期待是不平衡发展的，是在变化中的，是受到社会、时代各种方面冲击的。比如说中国对文学作品向来注重的是社会期待，文学期待居第二位，近几年开始变化，现在文学的期待在受到重视，受到作家的重视，也受到理论界的重视。还有一个接受美学的概念叫作它面对着含蓄的读者和直率的读者，中国当代文学面对着广大的直率的读者，但又经受着含蓄的读者的考察和考验，我想对于作家来讲，他同时面对着直率的读者和含蓄的读者。一部成功的作品是既能满足接受屏幕的直率读者的要求，又能满足含蓄读者的要求。最后一个是接受过程中的文化背景。一部作品进入社会系统，在流传过程中遇到各种各样的文化背景。一个是本地区本民族的文化背景。大家知道，中国有一位作家，原先不是中国作协的会员，但他的作品曾风行欧洲，最近好像加入作协了，他叫盛成，是北京语言学院的教授。他在法国留学时用法文写过一篇小说叫《我的母亲》，这种内容对于中国人来说司空见惯了，但是对法国人来说，看到了东方的文化和生活，看到了东方的女性。所以非常受欢迎。这就是文化背景的作用。另一个，我们当代的许多文学作品在外国不被欣赏，原因之一是国外的文化背景和我们民族的文化背景不同。还有一个作品本身的文化背景，从接受美学角度即从世界四的角度观察文化艺术，它对作家提出了很严峻的考验和挑战，也可以说是很深刻的挑战，需要作家、艺术家们作出一个很高水平的回答，这是第三个方面。

第四个方面是"三论"的引进，引起文学艺术观念的变化，对我们提出的挑战。比如说系统论的整体性原则、有序性原则，对于文学艺术提出了很多问题，对作家提出了挑战。可以说我们现在有的作家、有的作品，面对这种整体性原则处于盲目的状态。还有系统论讲结构性原则、结构和有序，按照一种有序的状态组成一种结构，另一种组合又是一种不同的结构，好比氢氧分子的组合。作品也是这样，它的结构性、层次性都影响着作品的性质。还有作品的相关性原则，按系统论来讲，你这个作品和时代，和环境，和接受世界的相关性，都是值得你来考虑的。从系统论来讲，任何一个事物都有它的自然质，有它的功能质，还有它的系统质。对于作品来讲，有它的社会系统质。还有信息论的引进，对于我们的文学观念的改变起了很大的作用。简单地说，从信息论的观点来看，一部作品是作家从客观世界获得各种各样的信息，然后把信息输入信息库，即自己的记忆，然后把这个信息输送到作品里，最后由读者破译、理解和阐释。我是通过符号即语言来输入我的信息，然后读者即接受层通过破译、阐释这个符号来破译我的信息，是这样的一种观念。用这种观念来观察文学，观察艺术，就影响到作家对作品创作过程的思考。从信息论的角度讲，你所灌输的信息量越大，那么作品的艺术魅力、象征意蕴也就越大，含量也越大。

第五个是对于创作心理的研究的开展，提出了很多的新问题，这对我们也是一个挑战。这个问题明天我将详细地讲到，这里着重讲的是创作心理主要研究的四个问题，一个是作家创作心理的形成。每个作家都有不同的创作心理，它都是由于不同的经历形成的。第二个是研究临战状态的写作心理，即作家拿起笔写稿，这个创作过程时的心理活动。第三个就是作家的心理品质，一般心理品质。就像一个运动员有他的心理品质一样，有的人竞技状态不错，临场却不行了，这就牵涉一种心理品质。我想这一点对作家也是很重要的。最后一点就是语言的觉醒。现在对于文学艺术运用的语言提出了很多要求，我们有些作家开始在语言方面觉醒了。就是向来文学作品的语言都是叙述性的，作家是一个说书人，只不过作家不是用口而是用笔写出文字，用语言符号来叙述一个事情发生的过程。是叙述，不是表现。现在对于文学语言的要求是表现的过程，作家不但有一个眼睛的观点，就是我眼睛看到什么，就说什么。现在的文学要求作家具有心灵的观点，要求作家对于客观世界的表现，不是写你所见，而是写你所感，你的感觉、感受、感触、感情。作家通过语言不是告知读者什么事情，读者读作品不是被告知什么，而是被感知、被感受、被感动。因此，作家通过语言是去表现，不是叙述，表现自己的感触、感情、感受、感觉，然后用这个东西去触动读者，引起读者的想象和联想，去感受你的感受。西方有人说，中国的现代文学一直没有摆脱自己民族的这种叙事的格调，中国的话本小说就是这种格调。在中国，唯一达到了表现的水平风格的是鲁迅。他举了鲁迅的几个小说，如《狂人日记》。《狂人日记》一开始写月亮，这个月亮纯粹是一个狂人的感受，对狗的眼睛感受也是狂人的感受。所以语言的觉醒是对作家的强烈挑战（当然目前我们有些小说已经开始这样写，表现自己主观的感受），我想至少在三个方面向我们提出挑战。第一，你要有自己的"感觉的意识"。就是你对生活不仅是看，而且是去感受、感觉、感触，这样一种自觉的意识。第二，你能够有感受别人的感受的意识。因为你写小说不光是写你自己，有时需要你去写别人的感受，去悬想感受他人的感受。第三，你能把这些感受用感受性的语言表现出来。这在语言上的要求也是很高的。我们现在的很多小说基本上是叙述风格的，还是眼睛的观点，不是心灵的观点。这是我讲的第二个问题，我们现在所面临的挑战。

（三）谈谈当代文学在挑战面前的表现和关于我们的对策的考虑。

我觉得作为在当代世界文化背景之下的中国当代文学，作为中国文化复兴时期和中国新的艺术在觉醒时期的中国当代文学，现在是处在一个很好的发展时期，获得了很大的成绩，可以说是空前的成绩。我想概括起来可否这样说，是有了新的题材、新的人物、新的典型、新的创作风格、新的技巧，特别是新的创作意识。这个创作意识的一个很大特点，就是向社会和人的深层结构开掘。我们的当代文学经过了几个阶段，伤痕文学、反思文学、改革文学，现在出现了多维多元发展的文学。现在有通俗文学的兴起。通俗文学的兴起主要是新的言情小说和新的武侠小说的兴起，这种文学是不可轻视的。也是值得我们去研究的。第二个是一种及时反映现实斗争和生活的文学作品，这种文学趋势现在在减弱。第三个是反映历史的作品，远古的，近代的，现代的，这种文学也获得了成功，可以说是空前的。它的一个主要的表现，我觉得也是表现为一种新的创作意识和对于我们民族文化新的开掘。第四个是新的军事文学的诞生，在这方面有明显的变化和突出的成绩。当然现在新的军事文学也有一个问题，就是出现了一个新的模式。现代的军人形象也有一个模式：文化程度很高，能跳迪斯科，也爱交响乐，有军事头脑，懂战略学、战役学，也会谈恋爱，等等。第五个，我觉得很值得重视的是纪实性文学的产生。苏联现在纪实文学很发达，我们现在也有一些好的纪实性文学，不仅是报告文学，而是产生了新的纪实性文学。但是我觉得中国很需要出现新新闻主义，我看了一些西方的新新闻主义作品是很好的。再一个是寻根文学，这里当然有得有失。我觉得在这里判别寻根文学的高下，问题就是对待传统文化的现代化态度问题。如果对于追溯到的中国文化的"根"采取一种完全欣赏的、歌颂的态度，包括那些蛮荒文化，认为这是我们民族的根，到根就为止了。这在文化上是低层次的。但是追溯到这种东西，采取的是现代化的态度，这是好的。第七个是风俗化作品。像阿城的《棋王》，邓友梅的《烟壶》，这是中国的传统的东西。但是现在怎么提高，怎么发展，可不可以写现代风俗？就是文化发展过程中的风俗。第八个就是性文学。我想我们现在还很难说有性文学，只可以说是描写性意识的文学。这里我说出个人的意见和大家讨论。我以为，我们现在可以写性意识，可以写性活动，在文学里面去描写性，有好的、积极的一面。坏的一面就是这些描写基本上都是失败的，包括有些成名作。我们要有科学的现代化的性意识，有人对性意识有一种原罪感，我觉得许多作家的作品，是在潜意识里头的性的原罪感基础上写性的。什么叫科学的现代化的性概念，从社会学的角度我想能说出许多，从与文学的关系讲，至少可以说出两点，一个就是恩格斯所讲的人要至少进行两个生产再生产，第二个就是人类自身的生产再生产，人类的繁殖。性就是生命力，生命的活力，创造力，它不是原罪，它是人的生命力、创造力的表现和基础。恩格斯讲没有性爱，谈什么爱情，爱情首先是性爱。这是一个观念。第二个观念是现代人的性意识离不开他的其他意识，比如说社会意识。没有单纯的孤立活动的性意识。列宁批评过杯水主义，俄国十月革命之后，有些人认为男女之间发生性关系就像喝杯白开水一样。确实，人们对于性也如喝水般的需要，但是，正常的人是不会到臭水沟里去喝水的。还有一个就是性的活动会产生第三者，即传宗接代，于是这又是一个社会问题。列宁还说道，一个一心投身于事业的人，在性的要求上是比较淡漠的，这都是社会意识。所以说，没有抽象的、孤立的性意识。我觉得我们现在出现的那些称为性文学的作品，都是离开这些东西来写性的意识的。因此是不健康的。第九个是新的荒诞色彩的小说，还很难说是荒诞派的作品。像谌容的《减去十岁》，邓刚的《全是真事》。我们也有了荒诞色彩的小说，这是好事，但是我觉得问题是他们荒诞得还不够。就是说其提供了一个荒诞的前提，然后都是真实的，即是荒诞得不够。另外，荒诞的里面也要深刻地表现一种真实。你要把荒诞引入你整个的艺术构思里。还有就是黑色幽默。我倒觉得我们现在的黑色幽默的作品有一些成就，写得是不错的，问题是文化。我们一些黑色幽默的小说，可能是受到西方的黑色幽默小说的影响。但是中西文化的结构是不一样的，就是说，黑色幽默对待现实的态度，在文化心理结构上，我觉得是有缺点，甚至可以说是有错误的。

所以，我想这些东西——当然我现在的归纳是不全面的——是不是给了我们作家一种启发，就是写小说，创作文学作品只有一种形式吗？回答当然不是。一个作家只掌握一种形式吗？也不是的。只写一种生活吗？也不是的。只有一个主义吗？现实主义。就是鲁迅那个时候也不是一个主义的。只有一种技巧吗？只有一种叙述的技巧吗？"我怎么叙述得更巧妙"，这就是艺术上的突破吗？只有一种艺术趣味，一种艺术追求吗？一种社会功效吗？我看这些都可以考虑。

最后我讲一下对策考虑，就是作家面临这样一种多面挑战，采取什么样的对策。

一、现在中国新时期的文学遇到了两个矛盾，一个是贴近生活和艺术追求的矛盾。有的人在追求艺术，他们认为只要追求艺术就得离生活远一点，认为艺术的成绩表现在对生活的远离。我们现在有这样的作品。我感觉到如果把它的技巧的羽纱剥掉，所剩下的内容不是很丰富的，那就是我前面讲的艺术魅力的第三层次、第二层次不丰富。这里有个矛盾，是贴近生活还是只做艺术的追求，第二个跟这个相联系的一个矛盾，即有人说作为文学史家，来看中国的当代文学，认为它进步很大，但是作为文艺评论家来看中国的当代文学，特别是拿到世界文坛上做横向比较是水平不高的。我觉得这个矛盾是客观的存在，值得我们深思。一位西方人常常讲，一部小说是提供一些社会资料、政治档案、道德教材、生活教科书的好，还是有丰富的艺术内涵更好。这里当然有一点片面性，这两个是不矛盾的。但是我们过去重视一个文学作品要具有社会资料的作用，要具有政治档案的作用，要具有道德教材的作用，要成为生活的教科书。这些我都觉得不可以否定。但是我们过去否定了一个东西，就是有这些东西还要有艺术的内涵。所以我想解决前面的这两个矛盾是不是可以讲艺术地贴近生活。要贴近生活，但是要艺术地去接近，在贴近生活和追求艺术这个张力场中发展自己的作品，所以我想在对策上的一个总的要求就是文学观念创作意识的科际整合，要建立一个新的文学观念、新的创作意识，同时，把这个文学观念创作意识和其他的科学，比如心理学、美学、历史学、教育学、社会学、文化学、文化人类学、比较文学、比较文化学，如此等等许多的学科进行科际整合。树立自己的"克里斯玛权威"，这是衡量其他一切东西的准绳。在文学艺术上就是一个现代化的科学化的，经过了科际整合的文学观念和创作意识，这个"权威"就成为你的"支援意识"（这是西方文化学的一个概念）。所以我想我们现在好像要建立一个"学者—理论家—艺术家"型的作家，这样一个作家模式。以前讲作家要学者化，现在看这样还不够。学者—理论家—艺术家—作家"四位一体"型的作家，这是一个总的要求。

对策的第二点是综合对策。即需要作家树立这样一些观念。第一，开放的观念。这里包括两方面，一方面是文学艺术领域里的开放，多方面去吸收；再一个就是科学领域，知识领域里的开放观念。我觉得现在的作家去了解一下社会学，了解生态学和经济学，是很有好处的，很有用处的。第二个是多维视野。不仅有一个文学家的眼光，而且要有理论家的眼光。要有科学家的眼光。就是使你的眼睛直接表现为学者、理论家、艺术家。第三个是综合知识基础。综合多方面、多学科的知识。第四个是形成自己的概念体系。文化的、科学的、文学的、艺术的、美学的、自己独有的概念体系。从创造心理上讲，这是你完整的心理复合体，从文化学上讲，这是你的高层次的"克里斯玛权威"。最后一个就是不断的知识更新。

第三，分类对策。具体到文学创作上讲，我想分以下几条。一、由单一的反映向多维的反映生活过渡。二、由认识论的角度反映生活向全面而艺术地把握生活过渡。我们向来侧重于从社会学的，从认识论的角度去反映生活，现在当然还需要保留，甚至加强社会学的认识论的反映生活，但是还要增加全面艺术地把握生活。三、从平面式的反映生活向晶体式的反映生活过渡。四、由1+1=1，向1+1=3以至于更多过渡。这里采取一个比喻的说法，即：客观世界是"世界1"，作家对客观世界的认识和反映是"世界2"；作家写出的作品是"世界3"，那么，1+1=1就是，生活是什么样的，我照样如实准确地描述出来，但还是"1"。1+1=3就是，世界1进入我的世界2之后，产生出来的就是世界3，比生活增加了一些东西。增加了什么？增加了我的想象，我的联想，我对生活的理解、阐释、判断、推测等。我把它叫作"酶化"。五、由单一形式到多种形式的反映生活，这里有两层意思，一方面你所采用的题材、风格是多样的，另一方面是说在同一个作品里也是多种形式地反映生活。像福格纳的《喧哗与骚动》是一个故事讲了四遍，出版以后又总的叙述一次，从五个角度讲了五遍。六、多种形式的表现。可以写心理、写意识流、写情绪、写意象、写观念；可以情节化，也可以情节淡化；可以理性化，也可以情感化。现在我们的小说有的写了意识流，也有写情绪的，写意象的就少了。七、寻求新的艺术魅力的源泉。八、由旧的语言世界进入新的语言世界。由叙述性语言进入表现性语言。这是我讲的对于对策的客观考虑。

今天我说的就是这些。谢谢诸位听完的雅意并且希望批评指正。

在世界文学格局中的我国当代文学①

今天的世界文学格局

马克思、恩格斯在1847年写的《共产党宣言》中就指出过，资产阶级开辟了一个世界市场，打破了民族孤立状况，因而，也就创造了世界文学。德国伟大诗人歌德也曾经肯定了世界文学的出现。如果一百年以前如此，那么，现在更加是这样了。一个世界文学的艺术之网，差不多网罗了一切国家、民族的文学在内，至少，每一个大的国家和民族，是不可能脱网而存在的了。因为，当今的世界、现代化的科技手段，带来了国际交往的迅速与频繁；带来了政治、经济、思想、文化的密切的交流与互相渗透、互相影响与互相制约。

---

① 原载《当代文艺思潮》1984年第1期。

所谓世界文学，是一个国际现象、寰球事业。它自然地形成一个大格局。每个国家民族的文学都处于这个大格局的一个特定地位上。这个格局具有时代性。在一定的时代格局的构成中，其特点是不尽相同的。当今的世界文学格局，已经不能用东西方文学的两极构成来概括了。非洲大陆的独立和发展，使非洲文学占有其应有的地位，而拉丁美洲的文学发展更加显示了自己的特色。我国文学是具有东方文化传统和自己悠久的优秀文化传统的，是独具特色的。当今的世界文学是一个多极结构。

同现代化社会紧密相连而为它所决定的是：今天的世界文学出现了明显的值得注意的趋势。第一，各个国家、民族，尤其是主要国家之间的交流，越来越迅速而频繁了。新的文学著作与电影戏剧，能够迅速地交流，而电视节目更可以在同一时间或不同时间"天下同观"。作家之间书面的和直接的交流也更多、更快、更频繁了。由此而引起了第二个趋向：互相的渗透、影响越来越广泛而深入了。不仅城市，而且农村；不仅学者、作家、专业工作者，而且包括青少年、学生，不仅文学自身，而且整个文化体系，这几个方面都产生了迅速、频繁的渗透与影响。这广泛程度与深刻程度是空前的。而且还在向前发展。至于接受这种渗透、影响的人员之众和对象接受方面之广以及接受程度之深刻，则又表现了另一范畴的广度与深度。我国近年来所发生的现象，明显地表现了这种状况。

于是，第三个趋向也就显现起来了：在总体格局中，发生着各个"成员"之间，在思想与艺术、内容与形式、表现方法与技巧上的错综复杂，广泛深刻的相吸与相斥现象，这里发生的是个性与共性之间、个性与个性之间，历史与现实之间，民族性与世界性之间的一系列的相吸与相斥。

每个国家、民族的文学，都在这种具有新趋向的渗透、交流、影响中发展。这是一种总体、共性的发展，又是一种个体、个性的发展，是一种现实的横的发展，又是一种纵的历史的发展。这种发展带来了世界文学的共同发展和各国文学的自身发展，呈现出五彩缤纷的交相辉映的景象。

这种世界文学的发展，向我们提出了两个特别需要注意的问题：第一，不能把本国文学同它所存在的环境即同国际条件割裂开来；第二，又不能把民族文学同自身的发展历史割断。

历史的发展与缺课

五四以来的中国现代文学（甚至还可以连上近代文学的后期），就是在世界文学的影响下产生的，一开始它就进入了世界文学的格局，参与了世界文学事业。作为新文学的第一声春雷和第一块奠基石的鲁迅的《狂人日记》，就表现了这个同世界文学相联系的特点。鲁迅说他创作这篇小说是凭着读过的百多篇外国小说的帮助，而这篇小说的脍炙人口，原因之一就是它的表现方式与传统手法不同。我国现代文学的大师们，鲁迅、郭沫若、茅盾、巴金以及其他诸作家的创作，也都是吸取了世界文学的营养、受到外国文学甚深影响的。他们的创作进入了世界文学格局。这应当说是我国新文学的光荣。

但是，由于历史条件的限制，我们这棵生长于民族文化土壤之上和世界文化环境之中的现代文学之树，无论是在继承民族传统方面，还是在借鉴外国文学方面，都存在着不足，也就影响了它的成就和对世界文学的贡献。

这种历史的缺课，值得我们今天认真地来总结，并为今天文学的发展提出指导性的意见。

首先，我们不能不看到，我们在借鉴方面的不足。这主要表现为一定程度的偏狭。由于中国现代文学是作为民族解放斗争的一翼而产生和发展的，所以，借鉴便自然而然地偏重于俄罗斯文学和被压迫民族的文学，而未免有些怠慢了西方文学。（当然只是比较而言的怠慢，而不是完全未接受）然而，恰恰是从19世纪末到20世纪初以及以后的时期内，西方文学发生了巨大的变化，产生了许多流派，其中以现代主义为总名的五花八门的艺术思潮，一直盛行不衰。我们介绍过，也有人试图引进过，但是就像人体抵制、排除进入体内的异物一样，它们没有能够在中华民族的肌体上扎根。这是历史的选择与淘汰，并非人们主观之所为。不过，作为在世界文学同一大格局中的中国文学，没有更多地介绍（不必都是引进）这方面的情况，并对某些东西加以改造，然后作选择性吸收，却也不能不说是一个缺陷。这对于中国现代文学的打出世界去（这是鲁迅一贯的正确思想和热切愿望），不免是个弱点，以致今天仍然有不少的外国人不了解、不欣赏或不承认中国现代文学的实有的成就，而广大的国外读者也难免对之产生隔膜之感。

可以肯定，如果我们实行鲁迅的"拿来主义"，取之于外域艺术的营养多一些，对于丰富和发展自己，是会大有益处的。对于我国文学在世界文学格局中的地位和作用，也会产生有利的影响。

中华人民共和国成立后的十年动乱期间，由于"左"倾思想的影响，对于西方文学艺术的"拒之于国门之外""扫之入垃圾箱之内"的做法所造成的损失，当然就更大、更严重了。这可以说是在历史的缺课上的进一步荒废。

这种对外国现代文学借鉴的历史缺课和荒废，毫无疑义，产生了消极的结果，我们与世界文学的格局产生了某些隔膜，不相衔接。这对于我们民族文学以至文化的发展成长和吸引更多的外国读者，对世界文学与文化多作贡献，都是不利的。

但是，尤其值得我们注意的是另一方面的历史的"缺课"，这就是对民族传统文学和文化的吸收与继承不够。由于历史的原因，五四运动带有一个缺点即形式主义的问题，也就是我们常说的对民族传统文化采取了"好就是绝对的好，坏就是绝对的坏"的态度，因此，造成了对于传统继承不够的历史缺陷。此后的几十年，又由于三方面的原因而不仅没有能够弥补这一缺陷，倒反而在某些方面、某种程度上凸显了这方面的问题。首先，在五四运动前后的历史时期内，由于中国民族资产阶级的幼稚和软弱，没有能够对民族文化遗产作一点像样的收集、整理、出版、研究工作。我们在继承遗产方面，早已呈现出一种"本体偏枯"的症状。尔后，买办资产阶级、文化洋奴们更是在全盘西化和崇洋媚外的方针和思想支配下，对民族文化遗产肆行践踏。而无产阶级则集中主要力量于血与火的斗争，再加上其他的历史条件（如解放区财力、物力和人才等方面的不足），虽然注意及之，但实有困难，以至除了在继承发扬民间文艺方面作出很大成绩之外，在继承民族遗产方面仍不免受到极大限制，成绩很为不足。后来一段时间内，则被一条"左"的绳索束缚了手脚，不能取得更大的成绩，倒被民族虚无主义的几次冲击，弄得人们或者虽爱而不敢亲近，或因无知而横加批判，糟蹋了民族文化遗产的形象。我们回顾一下从五四到现在的六十多年的文学发展史，再回溯一下中华民族几千年历史的灿烂古代文学，便会感到，无论是在美学理论、创作理论上，还是在创作实践上（包括诗歌、散文、短篇小说、长篇小说创作），我们实在是愧对先人啊：有多少优秀的，至今放射智慧光芒与美学异彩的珍品，我们还没有去发掘、整理和认识，当然更谈不到继承和发扬了。

这是一个更为严重的缺课。回顾近30年的历史，我们则是在历史的缺课上，又加荒疏。由于缺课而又荒疏，所以对积数千年之久的丰厚的民族文化层，十分缺乏了解、研究，于是由忽视以至轻视！

这种对于本民族优秀文化传统的历史缺课和荒疏，在民族文化的发展上，其性质自然比在借鉴外国方面的问题更严重。而事实上，新文学由于这个原因，同历史、同群众都有某种程度的脱节，造成在文学建设和思想文化建设上的"失职"和弱点。对此，是该到引起我们十二分的注意的时候了！

历史的课题与当前的需要

根据上面的极简略对于历史的回顾，我们似可明确提出今天的艺术课题：第一，最重要的是继承和发扬民族传统；第二，是以拿来主义的精神，引进、吸收外域营养。但这两方面不是并列的，而是有主次、轻重之分的。当然，两者又不可分割，而且互相渗透，其辩证关系是：只有真正继承发扬了民族传统，才能化外域之珍品，长自身之血肉；否则，倒难免会如鲁迅所比喻的，吃牛羊肉而"类乎牛羊"了。

关于第一点，我们可以略数其中信息。比如一曲《丝路花雨》震惊中外，它既来自传统，又经过改革，富有新声。然而，它才从有如艺术之海的敦煌艺术中吸取了多少？说是九牛一毛，或未必是夸大吧？古华说，他的得奖作品《芙蓉镇》，吸取了中国长篇小说长于叙事的手法，而他的作品语言和整个叙事格调，都鲜明地流露着中国传统小说的民族气息。此外，京剧传统剧目在国外的备受青睐，《喜盈门》的轰动国外影坛，《茶馆》的誉满欧洲，也都说明民族传统的发扬，有利于在世界文学艺术格局中立足和闪光。我们再回顾一下：中国画曾被西方印象派视为先驱；京剧启发了布赖希特；《赵氏孤儿》被改编而风行欧洲，美国二十世纪初的新诗运动，从中国古诗获得灵感和艺术启示。这些艺术上的成就之得益于我国传统文学，分明告诉我们：我们民族艺术的深厚伟大的传统，像埋藏在祖国地下的石油和煤一样，我们了解得还不够，挖掘得更是很不够；它又像浩瀚大海一样，我们还只在浅海里浮游，还没有进到深海，更未深入海底。我们在这方面所应该做的事情还有很多很多；能够取得的成绩也是无可限量的。

当然，这些优秀文学传统，当我们用之于今天时，需要进行"现代化处理"，化而用之。首要的则是决不能以为"逝者已矣"，民族的遗产，已经过时了，不适用现代化的需要了，只能当作历史的陈迹来欣赏、赞叹了。如果这样，那不仅是错误的，而且竟会以为出路只在于向西方现代派顶礼膜拜之一途了。

至于现代派，我们过去怠慢了，今天应该适当地、批判地介绍。不识不知不理，固然不对；一知半解、囫囵吞枣，也不对；只见树木不见森林也不行。我们需要的是如鲁迅所说的恢宏的气魄和马克思主义的科学态度。那种以好奇之眼、猎奇之心，见新就是好，有奇便是妙的想法，那种见树木便是森林，以局部的可取为全局的取代，或者厚此薄彼，以其"新"与"奇"，贬传统为"古"与"死"，讥五四以来之新文学为"旧"与"土"，如此等等，都是难避片面之嫌的。

这里，只是从完成历史的课题的角度和长远的需要来讲，应该如何看待借鉴与继承的问题。

那么，中国当代文学最迫切的课题是什么？是坚持我们民族文学的现实主义传统去深入地认识生活，还是借鉴新手法以表现生活？

一本迅猛变化着、前进着的现代社会生活的大书，摆在我们面前。这种变化的领域是极为宽广的，深度是及于社会内部结构和人的心理结构的，而且变化的各个方面互相渗透、发生连锁反应；其速度超过以往任何历史阶段；其频率也高于以往任何历史阶段。这是因为在现代化社会，人类掌握了高度发达的包括科学技术在内的生产力，人类普遍地提高了智能，社会的各个方面都增长了文化因素；这些，给了人们以改造和推动社会变化的高强的、科学的、现代化的手段，从而加快了社会变化的速度和频率。当今的世界，产业结构、智力结构、人口结构、就业结构、社会结构等等，都发生了空前的变化，而且以更快的速度继续在变化；家庭制度、婚姻生活、伦理道德观念，以及各种关系：社会关系、阶级关系、伦理关系、心理关系，也都发生了巨大又细致的变化。总之，人的社会系统质变化了，人所生活的社会环境也变化了。

这里所说的是一般社会生活的变化，表现为社会与人在现代化过程中的发展与变化。这是马克思主义所说的从原始人到文明人的变化过程的继续。这种变化的共同特点大概有几个方面：复杂化、多体化、文化因素增长。这种变化和仍然在快速变化的过程，使以反映社会生活、描写人的社会系统质、创造典型为职责的作家艺术家面临着迫切的、艰巨的和复杂的任务：要认识生活、理解生活、分析生活、评断生活，对其作正确的、准确的审美选择，然后反映生活。要做到这一点，现代作家显然比以前的作家要困难得多、复杂得多，因为面对的认识对象不大相同了。可以说，它不是浅尝辄止可以认识得了的，不是靠旧有积累所能奏效的，不是囿于一区一乡、接触一时一地可以掌握的。它要求作家有广阔的生活面、深入的生活深度，掌握大量的、源源不断的各种社会信息，不断更新的知识。否则，面对纷繁复杂、迅速发展的社会生活，他只能感到眼花缭乱、手足无措，在认识上"招架"尚且来不及，遑论剖析、评断和反映？或者，能写出反映社会生活面貌的作品，但是，对于社会现象的意义、本质、发展趋势，不能作出深刻而准确的反映，那么，作品或者是歪曲地反映了生活，或者只是表面地反映了它，生存的价值不大，生命力也不长。

这里，我们是仅就现代社会的一般变化而言。对于我们来说，更重要的是具体认识我们今天的社会主义社会的变化。这种变化，有人类社会一般变化的共性在中国条件下的具体表现，它有别国所有者，也有别国所无者，并都有自己特殊的形态。但是，更主要的是，还有我国当今社会所特有的变化。其总题目与总体内容是：实现社会主义现代化，建设具有中国特色的社会主义。

在这个有十亿人众、辽阔领域、悠久历史的古老而又是新生的社会主义国家里，在这个激变的现实面前，千千万万新的事物、人物、问题，不断出现，新事物、新生活在与旧的一切搏斗中前进，不断开辟自己的道路。这其间，既有真正具有生命力的新生事物的幼苗，也有像激流之上的泡沫一样的昙花一现的"新事物"；既有旧事物的消失，它同新事物的勾连甚至以"新"的姿态出现，也有新事物萌发于旧事物的母胎之中，带着旧的躯壳，含着新的内核。这里呈现着非常纷繁复杂的景象。这是一部不易读懂的书。近几年来，变化很大也很迅速的是广大农村。在那里，表面上的"后退"（从"大嗡哄"到"单干"），使原有的土地"仿佛凭着魔力似的"，奉献出泉涌似的物质财富，由此导致了真正向社会主义的前进。一个"专业户"便是农村社会的一个细胞，它蕴含着农业与工业的分工，农业与商业的分工，蕴含着城乡差别的缩小与消灭的"原子"。这里包藏着马克思主义的政治经济学和科学社会主义的美好的课题解答。这里，理论的实践的内涵都通过张家、李家的日常生产与生活、劳动与休息、恋爱与结婚、欢乐与忧戚等"生活形态"和人物命运表现出来。"守旧者"将依旧式"葫芦"画今日之"瓢"，写出一点旧模式的农家乐；喜新者或者装点欢容，反映一点粮食多打、钱财增加的农民生活，来点表面的歌颂；而猎奇者则以未曾消化的别人的模式，硬弄出一点新结构、变化无端和头绪纷乱的心理描写、情节错杂的安排，以从形式上求得新奇。但是，艺术上真正的前进和创造，却只有在深入地认识了这新的生产与生活的变化的途径、意义、"生活化了"与"人物命运化了"的形态及发展趋势之后，从而能够从内容向形式演化，从思想向艺术演化地创造出新的艺术品来。这里，我仅仅举了一个例证。而在我们今天的社会中，这种新的变化、新的事物，真是千千万万，俯拾皆是。

因此，在我们今天的向着"四化"迈进的社会面前，在这本新的社会之"书"面前，主要的是：能够基本上读懂它，在总方向和基本趋势上掌握它，能够对各种现象、对所要表现的社会生活，正确地认识、理解和评断。更进一步，能够掌握历史的规律，生活的真谛，人民的历史主动性和伟大创造，从而指导生活。

因此，这里需要的是高强的马克思主义的理论武装、修养有素的理论思维能力，需要的是坚持和发展我国文学的传统的现实主义精神，明敏锐利的透视历史、社会、生活的眼力。——这正是我们当代文学前进的急需。

这里，西方现代主义思潮，当然不可能帮助我们前进，而且有可能会把我们引入迷途。但对于其艺术技巧，我们应该也可以吸收它的适用于今天的中国的部分。现代派的种种流派，作为艺术家试图用更新的艺术手段更好地反映生活和描画人的艺术探索，有它的程度不同的成就，也反映了艺术相对独立发展的历史的继承与变化，反映了现代人的审美情趣的变化与需要。这种吸收当然是为了丰富我们的艺术武库，提高我们的表现力，发展我们的文学艺术事业。

总之，鲁迅几十年前所提出的外之不落后于世界之潮流，内之弗失民族固有之血脉，将是我国当代文学的一个长远而又紧迫的课题。

中国当代文学的气质①

每个时代都有它的文学；每个文学时期都有它的时代气质。中外文学史就是这样发展的。欧洲文艺复兴时期的文学，俄罗斯19世纪现实主义高峰的文学，欧美从第一次世界大战到第二次世界大战期间不断兴替的诸文学流派，都是如此。中国一部文学史，以秦汉、魏晋（这是文学觉醒的时期）、唐（诗的时代）以及明清（小说盛世）时期的文学为例，即可证明。它们都突出显示了鲜明的时代气质。比如鲁迅描述汉末魏初的气质是：清峻，通脱，华丽。

我们有过文学的痛苦时期。那是什么样的气质？最近看到巴金同志的一篇文章，追述过去发表某篇与靳以合写的文章时的心情："今天翻看三十年前的表态文章，我仿佛接触到两颗战栗的心和两只颤抖的手。我们就是这样熬过来的。"他还说："张春桥（他经常是我们的'顶头上司'）的阴影就像一只黑蜘蛛在我四周织成一个大网""我只想避开头上达摩克里斯宝剑。结果，蜘蛛网越来越紧。"（《文艺报》1987年11月21日《〈收获〉创刊三十年》）蜘蛛网的捆束和达摩克里斯剑的威慑，作家在这样的环境中，用颤抖的手写战栗的心。这是一种文学的气质。它曾经渗透于我们的文学创作之中。这状态，其实也不止于文学，顺便而及之便有艺术、新闻、出版、文化、学术等，它们的气质类同，类同的气质又投射于文学，加重了它的这种气质。而且，这也是一种社会心态，它作为文学反映的对象和产生的基础，也必然孳乳文学，投影于文学。

这一切都已经梦魇似的过去了。我们已经醒悟，时代气质整个儿地变化了。

今天，我们国家的时代气质确实急遽地变化了，而且还在急遽地变

---

① 原载《当代作家评论》1988年第1期。

化着。这种变化是巨大的、深刻的、空前的。这是中国社会的一次重新构造运动。社会结构在发生空前未有的变化。这是从农业社会向工业社会，从自然经济、计划经济向社会主义商品经济，从传统社会向现代化社会的转化，是社会主义初级阶段社会逐渐生长、发展、前进，向高度发达的社会主义社会的转化。在这个巨变的过程中，中国人和中国社会的整个气质都在发生变化。中国人的文化、心理结构在发生气质性变化。中国文化将实现从传统到现代化的转变。这将产生新的时代气质。这种新的时代气质已经广泛地，深刻地，以时日计地，涵盖各地区、各阶层地在产生、在发展。同以前几十年一样，现在的已经产生、正在产生、将要产生的新的时代气质，也必然会投射于文学之中、作家之身。

认识和理解这一点，感受和体验这一点，将会使作家自我实现似的酿酝、培植自己新的作家气质、思想的和艺术的气质；而文学作品，也必将产生新的气质。

一方面是自然而然地产生的作家气质与文学气质；一方面是自觉地培育的自我气质和创作气质。前者是必然王国，后者是自由王国。自觉地意识到时代的气质和追求这种文学气质，将是从必然王国到自由王国的飞跃。

一个伟大的时代的气质是恢宏豁达的。中国正处在伟大的实践的时代和伟大的理论时代，处在新的民族文学觉醒的时代。伟大古老民族的真正觉醒和真正的奋起，以及真正地变革旧的、建设新的，这本身就是恢宏的、豁达的。这种时代气质灌输于社会中、生活中，并由生活直接"输入"公民气质之中，作家将直接、间接地从生活中间、从人民中间感受这种气质，而且吸收这种气质，他们也将自己直接从时代中吸收这种气质，"双轨"地变异和形成自己的气质。并且，他们也会要把这种气质投射于自己的作品之中，由此而使自己的作品具有恢宏豁达的气质。新时期长篇小说（以至中篇小说）空前地、大幅度地增长，每年问世的数量简直是昔日无法企及的，而长篇小说的内涵、结构、时空涵盖面以及人物的思想情感、心理的跨度，还为作品在哲理上的探索也都带着恢宏的、豁达的气势，这种气势是自然而然地产生和形成的，它蕴含着作家自身的感受和思想情感之波澜，蕴含着时代的共时性气质中贯穿的历史积淀和对未来的憧憬与信心，它也含蕴着艺术上的民族觉醒所带来的宏大气势。无论是古代历史小说，以近现代历史为内容的历史—

"现实"小说，还是反映现实生活的长篇，都带着以前几十年不曾有的这种恢宏豁达的气质，而不像以前的作品那样窄狭、逼促。

当然，目前这种恢宏豁达气质与时代所具有者还不相符，还有差距，创作主体的自觉意识还不强，但是，逐渐地这种状况会起变化。当然，它要求自觉地努力，这可使自然的进程更快一些地发展。

这种恢宏豁达的"大"气质，还具有它的深厚的文化背景和文化支援。因此对于作家来说，它也就要求高层次文化素养。可以说作家和他的作品的这种时代气质的"大"品位，重要的基础是这种文化素养。

中国当代文学的时代气质中第二号重要"指标"是：开放。这种开放气质的体现，不只是指一种观念、态度和文学选择上的变化，而且指在创作上的大胆地、多样地、有时甚至表现为囫囵吞枣式地移植、照搬。当然更好的是消化之后的吸取外域文苑异花佳果，在艺术的样式上、风格上，以至结构、语言、人物典型的谋划上，都呈现出丰富多样的色彩。总之，在创作意识上是开放的。开放的气质，将促成中国文学的长足进步，艺术的奇花异葩的生长，特别是在艺术上的丰态神韵，作品的艺术含量大大地增长。这种开放的气质，不仅表现在这些"外在"的现象上，而且渗透和流露于内在的"人态"上。作家的感应的神经和艺术触角是比较开放的，人物形象的意识是开放式的，生活本身也是比较开放的。鲁迅几十年前的"中国出而参与世界的文学事业"的愿望，如今真正在实现，中国文学同世界文学的隔离与脱节现象已经消除，作家不仅在生活上而且在艺术上、创作上，取积极参与和吸收的姿态，也许这中间会出现一些这样或那样的不尽理想之处吧，但是，这种开放的气质是一种前进的、发展的倾向和势头。这将导致中国当代文学的发展和中国作家的茁壮成长。

也许可以说，作家的竞赛、创作的竞赛，重要的内涵之一，就在于此。

这种开放的气质，必然带来文学的繁荣，同时，也带来文学的清新活泼的气质。多种多样艺术上的追求、对多种多样生活的多种多样的思索和在艺术上的反映，个人风格的创立与追求，等等，都会给文学灌输以清新活泼之气。最近几年文学的发展，已经显现了这种气质；在往后的时日里，随着文化和社会生活的进一步发展，清新活泼的气质仍将继续发展。

在改革、开放的时代，在改革、开放、搞活的整体社会生活中，人的文化、心理结构正在发生深刻的变化；社会结构、伦理结构、感情结构、心理结构都在发生深刻的变化；价值观念体系、行为准则也都在发生同样的变化，因此，社会审美心理在发生相应的变化，文学接受领域中的"期待视野"和作家的"读者期望"也都发生着深刻的变化。这里，从文学的角度说，有两个方面的变化：一，人民作为审美公众的变化和作为描写对象的变化；二，作家作为创作主体的变化和作为作品接受者的变化。这两方面的变化，必然带来对新的人的描写和对人的新的描写。由此而孳生出艺术作品内容和形式上的变化。这也会带来文学气质的变化。这种文学气质，将会是对于文学的主体——人——的更深入内心、又更拓展时空（把人纳入"社会、历史、文化"大系统中）和更细微、更艺术地描写；由此而产生文学的深沉的气质。我们可以说，新时期的文学的气质上的改变，一是真正写生活了，二是注意写人了，三是注意写人的内心（心理）了。由于这样三种气质上的变化，引导了艺术上的新的成就和新的气质。在这方面，我们也许仍然可以列举一些缺陷、不足、问题、不良倾向等等，但是，在总体上的倾向，却是文学气质的良性变异。

这方面的变异，还会随着前述的作家和对象（人民）的双向变异，而向前发展，艺术气质的总体模式是：深沉。

新时期文学的这些气质性变异和气质标识，都来自时代的变异和时代气质。每一个文学时代和它的文学，都是时代的产儿；虽然我们不应该也不可能割断历史的发展，尤其是文学史的相对独立性的发展。即使是把文学发展史认定为"读者接受史"的接受美学，也不能排除每个时代的读者在共时性上接受时代的影响形成"期待视野"，而产生对文学创作的影响。这实际就是时代投影于文学，投射其气质于文学。

符合时代气质的文学气质，方是能够留存的时代的文学，也才能在文学创作史、文学接受史上，留下自己的地位与痕迹。每个作家都会在这个文学选择、社会选择和历史选择中，接受考验。经受考验的首先是作家自身的气质。这种气质的形成，在于认识、理解、掌握自己的时代，并且能够用作品去体现这种时代的气质。

这一切都不是可以急就的，不是可以无为而至的。当然，更不是脱离了或昧于时代精神、时代气质者，所可以达到的。（1987年11月30日）

一个非文学的当代文学考察①

—— 在中国当代文学学术讨论会上的发言（摘要）

　　首先思考我们当今文学的发展态势，有必要对文学作一些非文学因素的考察。文学是人类自我实现的基本手段，人类最初并不是打着审美的旗帜进入文学领域的。社会的多种因素对文学发生着影响，社会历史往往是多维的，并非两极对立的。对当今文学的悲观或乐观的两极认识，都不能切近文学实际本身。至于中国当代文学的发展趋向，会不会出现文学大师，不只是文学本身的发展问题。历史所具有的可能性和历史的现实性之间有很大的距离，将可能性变为现实性，取决于人的主观能动性，取决于领导者正确把握社会时代的英明决策等方面因素，这是我思考的起点。下面谈几个问题。

一、当代世界形势的特点

　　当代世界是文化大发展的时代，也是发展大文化的时代，而且文化含量还在大量增加。很多非文化、非文学因素浸入文化与文学领域，非审美领域浸入艺术领域，产生了亚艺术形式。另外，新技术革命的到来，将引起社会的巨大变化，对文学领域势必发生影响。同时，世界新的社会科学模式正在产生，社会科学内部结构正在变化，边缘学科、交叉学科大量产生。因此，今天是真正的文化复兴的时代，是艺术觉醒的时代。这种社会全民性的变化，必然对文学艺术提出新的要求。所以，作家并非是绝对自由的，是要跟着社会审美意识的变化而变化的。

① 原载中国当代文学学术讨论会《简报》第3期（1988年10月24日）。

二、中国当代文学受到的三大冲击

首先社会生活的冲击。目前，我们正在由一个农业文化的社会变化为工业文化的社会，社会阶层发生了结构的变化，对文学发生了大的影响，与当今文学痛苦的原因与知识分子地位的下降有关。

中国社会的变化，促进了中国人新的感性世界的产生，最大的变化是全民性价值体系的诞生，对此很难以光明或黑暗的简单概念来概括。其次，商品经济的冲击，表现为以往的文学接受者是文学的信徒，而今天成为文学的上帝，纯文学被冷落的现象就是读者选择的结果。另外，当今已形成一个翻译、作家、出版、发行的大网，这并不是文学现象，而是经济现象、社会现象。第三是世界文化思潮的冲击。

三、文学的三个回归

文学真正回到本来的地位，它只在一部分人中流传而不求广泛销路，这是正常现象。文学真正回到审美本体上来，作家的创作就是自己对生活的感受和体验。文学真正回到了人本身，新的创作意识正在形成。

总之，民族文化复兴有三个条件。民族的优秀文化传统，新的推动力量，一个适合文化发展的环境。第三个条件是当今的关键。

文学：面对遽变世界的思索①

文学，正面对着一个遽变的、巨变的世界。

我们中国更是处于遽变与巨变的历史关头。我们要追求全民族的复兴、全体人民的幸福。我们要越过资本主义制度这个"污泥桥"。然而我们的起步点却比较低。工业化、生产的商品化、社会化、现代化的任务横在面前，我们还需要整个社会的现代化：物质生产的现代化、文化的现代化，特别是人的现代化，根基是社会生产力的现代化。这便要求物质生产和精神生产的高度发展，要求商品经济的发展。这一切都要求达到和超过资本主义社会的水平同样的生产力和现代化程度的指标体系，但却必须是不同的发展道路，一个是资本主义制度，一个是社会主义制度，我们要像马克思、恩格斯在《共产党宣言》中所说的那样，仿佛凭着魔力使"地下"的生产力迸发出来，但干这件事的不再是资产阶级而是工人阶级和全体公民；各自的归宿也根本不同。由此，变化是急遽的、巨大的，而且，是深刻的、曲折的。我们实际上是在进行一次社会的重新构造运动。这是由以农业为主业，以农民为人口主要构成成分的社会，向以工业为主业、以城市人口为主要构成成分的社会转变，是文化由传统向现代化的转变，是由自然经济–产品经济向商品经济的转变，总之，是传统社会向现代社会的转变；在社会制度上，则是由半封建、半殖民地社会彻底向社会主义社会的转变。这必然带来一系列的、全社会的深刻变化。这种变化在中国历史上可以说是空前的。产业结构、人口结构、家庭结构、伦理结构、心理结构、感情结构，整个社会结构都在日新月异地发生变化。中国人正在日益产生一个新的感性世界。正在产生新的性格，新的文化–心理结构，即新的民族文化心态。

---

① 原载《辽宁日报》1988年1月18日。

这是遽变与巨变的结果，又是遽变与巨变的条件与保证。它们推动中国社会的重新构造运动，又在这个运动的运行过程中不断变化。

在这个过程中，新的社会阶层将会产生和发展（比如，社会主义企业家阶层的产生和发展，他们将成为社会的骨干阶层），老的阶层将会有新的巨大的变化——在社会品性、社会地位与作用上都将发生巨大深刻的变化（比如，农民与知识分子已经发生和将要发生的变化）。各阶层的思想意识也将发生巨大深刻的变化。马克思所说的"物质生活的生产方式制约着整个社会生活、政治生活和精神生活的过程"，正在中国的当代生活中得到证明。

然而，中国在社会主义初级阶段所发生的变化的巨大、深刻与复杂，还在于我们既要达到社会现代化的一切指标，又要避免在达到这个指标过程中和结束后所产生资本主义的一切社会弊害；而且，我们要在现代化的过程中，既完成现代化任务，又减少、避免已实现现代化的发达国家在"现代性"（modernity）下所产生的一切弊害，收获现代化的佳卉美果，却不产生"为世所弃的感觉"，不产生"无家可归的心灵"，这是社会主义现代化的任务和优越性所要求的。

文学作为世界、社会、人生的反映，正面对着这样一个遽变与巨变的时代。现实要求它对自己的性质、功能、活动方式进行反思。你，文学艺术，是否还能像以前那样"活着"？"我并不是说我们面临着艺术的终结，我们面临的乃是现代艺术观念的终结"。（这个终结点，就是新艺术观念的起点，我们不能称为"超现代艺术观念"，但可以合理地叫作"新现代艺术观念"，首先的要求是文学不要错过了这个时代，如此丰富、纷繁、复杂、多彩的世界的变化和变化的世界，你能不面对它、反映它？但是，这又不是"传统"意义上的反映（这里既指普遍的"传统"艺术观，又指我们的传统艺术观）。这是作为人类，作为中国人民，认识、理解、把握这个世界与变化，并在此基础上参与变革的一种方式；这种反映本身就是一种参与，是人民的参与的一个组成部分，并且是其代表，是他们的"感应的神经"。因此，这种反映，是多维、多层次、多角度、全方位的反映。这是一种巨人与大师式的反映。就作家的个体来说，未必都能达到如此高度，但在作家群体上来说必然如此，必须如此。大师都是时代的产儿，又是时代的忠实而深刻的记录者。今日的"大师"（群体式的）更加高大了。他们将从历史学、人类学、文化学、社会学、心理学、语言学等角度来描绘和把握世界。从而，这种文学的、审美的把握又是多样的，不仅旧的、已有的文学样式，都要运用，又都会以新的方式来运用，而且会产生亚文化形态，会产生新的样式，产生交叉的、混合的形态。而且，每一种创作方法和每一个作家的行为范式，虽然处在各自的层面上，但是却又都在各自的层面上作水平发展，从而达到高度水平。

我们需要强调的是，文学（以及所有艺术）的社会功能与作用力，都不仅是增强了，而且起了质的变化。它是人们对于世界的思索。人们每天都面对世界，进行各自水平上的和不同性质的思索，其中重要的形态之一就是文学的（和艺术的）思索。这是一种充满感情的，潜藏着思想的思索，又是生活的反思。对于作为美与信息的接受者来说，人们既是在接受，又是在创造；既是在接受中创造文学艺术（使作家艺术家的创造得到最后的完成），又是在创造中进行生活的和自身的反思。而这两者，尤其是后者，同时就是一种参与。由于现代化手段的普泛化，艺术功能发生了巨大变化。这是遽变世界的变化的一个表现，又是促进遽变的一种手段和保证。文学艺术，不再被误认为"一言兴邦，一言丧邦"的天神或恶煞，但这种泛化和渗透全社会的神通，大大高过于前者的本领，不过是远效应，隐效应，又是长效应的。

在文化因素普遍增长，亿万人群进入审美领域的现代社会，文学的参与性极大地增强。文学成为社会的自动感应器之一，成为人们认识和掌握世界的主要形态之一。这种感应与掌握，可以有三个层面：政治实用层面，民族心灵层面，普遍人性层面。但它们之间并无高下之分，也是均可在自己的层面上作水平发展，达到高文化水准，直到进入民族文化积淀之中，作家的这种社会觉悟和艺术觉醒，是他能够创造传世之作的根基。

这一切，都要求文学的思索和文学家的思索，作为社会的审美代言人的作家，应该思索得更多、更深、更好和更远。但又是不同层面上的参与。要做到这一点是不容易的。世界和中国的变化太急遽、太巨大了，也太复杂了。它要求作家的高文化和学者化，要求作家具有思想家、改革家、社会活动家的品性。这里，首要的是用心去感应，这又要求有一个能够从历史、民族、文化角度去感应世界的内在感应器，这就是作家的与时代、人民相通的心灵和创作心理。作家的向自我内心转化，向狭义自我表现的深入，是一种思索，是一种社会的和艺术的现象。在这遽变时代，带有某种必然性，至少是有其社会的艺术的根由；但这不会是主潮，难为大多数社会受众所接受。它在社会精英文化层——但往往是在貌似精英文化层中，悠然飘摇，却像油浮在社会之海的表面。文学的某种程度的沙龙化倾向，既不利于文学的发展，又有损于作家自身的成长。在现代社会难有完全独立自存，而不渗透着历史、社会、文化内涵的个人心态，完全描述这种心态的自我表现，只会是虚假的臆造的"孤独心灵"。今日之中国，谁人的心态能够规避改革浪潮的冲击与渗透？

在"遽变的世界"的大海面前，历史和时代的呼唤是思索，深沉的思索。但，不是个体的、个人的、向内转的思索，而是"世界—民族—历史—文化"的整体的人格化的思索。

危机与转机：后新时期文学①

一个新的理论话语在文学-文化界出现：后新时期文学。理论界开始在讨论，文学界似乎不大愿意接受。这一新的称谓，对于八十年代中后期到九十年代的中国当代文学是否合适、是否科学？是否符合中国的社会现实、文化语境和文学状况？

1. 释义和界定

"后新时期文学"，其最明显直接的意义就是：在1979年以来产生的新时期文学之后的文学，它与新时期文学既有区别，又有联系，是它的发展变化，划出了一个新的阶段。但它并非全部新质的文学，而是较

① 原载《鸭绿江》1993年第5期。

前一阶段有部分质变和新的特征的文学。

然而一个"后"字，却又使人联想到"后工业化社会""后现代主义"。后新时期文学之称谓，又确有对于国际学术话语的回应与对接的含义。如是这样，便有一个问题：中国是正在奔赴现代目标的发展中国家，是否已经具备这种对接的客观社会-文化基础？

文学思潮和流派的产生和发展，从来都有几个特点：①都有地理学、社会学、民族学、文化人类学等方面的意义与特征；②各派之间并不总是历史地、一替一地接替嬗变，而是界域不是十分分明却又有主次之异地"混合""渗透"地发展的；③没有一个主义或流派是"纯粹的""绝对自我化"的，总是彼此部分地涵盖对方——相邻以至对立的"他者"。因此，后新时期文学的"后"字，是具有"后现代性"的实际内容和实质性意义的，只不过带有变化中的中国社会和文化语境的特色。

问题在于确定它存在的量度、质量和它所处的位置，并且探溯其出现、发生、发展的社会-文化土壤与机制。

2. 文学状况与审美特质

当代中国文学之花，生长和绽开在一个处于急遽、剧烈、空前、广阔、深刻地变化着的社会-文化土壤之上。社会在经历一场重新构造运动，普及全社会各个领域的各类"结构"，都发生了自身建构和彼此之间关系的结构比的变化，社会和文化在整体上都在重新构造一个总体架构。社会在变革，文化在转型，人们的文化性格、情感世界与理性世界都在急剧变迁过程之中。而且，无论是社会的重构，还是文学-文化的转型，都是双重的。因为我们面对着一个"地球在缩小"——世界一体化的时代，而且我们自己又正处在改革开放的时代，所以，我们一方面是从前工业化、前现代化社会向工业化、现代化社会急遽转化，一方面又要面对、接受而又防御后现代化社会的种种问题，即是既要追求现代化并经受"现代化阵痛"，又要预防"后工业化社会""后现代化"的种种弊病（它们会超前到来和由外部传染进来）。同时，在文化上，则是既要全力和急迫地追求实现由传统向现代化的创造性转换，又要超前地和接受外来影响地去满足或趋向由传统现代和后现代的转型。在这两个方面的两个不同型却共时性地发生的两种相区别却相结合的转换中，文学是最敏感、最先觉醒和最先感应的领域，是首当其冲者。

这样，在我们的社会-文化领域，以及文学领域，就必然地存在三种性质、三种类型的物质和精神文化的表现：传统／现代／后现代。而且，细分之，传统之中不仅包括前工业化社会与文化内涵，而且甚至包含早期农耕文化内涵；"现代"则包括现代化进程中各个阶段的内涵（比如从"现代化阵痛"早期到其后期以至末期均有）；而"后现代"也包含各个阶段的内涵。弗·杰姆逊在其近现代"文化分期"中，曾列举艺术表现的三个阶段：第一阶段的现实主义、第二阶段的现代主义、第三阶段的后现代主义。而他认为，在第三世界，"是三种不同时代并存或交叉的时代，在那里，文化具有不同的发展层次。"（《后现代主义与文化理论》，第5页）

正是如此，在上述社会、文化背景之下，在我们的文学领域之中，是现实主义、现代主义、后现代主义都存在。不过，我们需要细加剖析，寻释其发生根源和机制，描述各类主义的作家作品的具体表现。不过这是一个大工程，这里只是概略言之。

（1）传统现实主义并未退潮且有新的发展，并采用了新的"当代形式"。有一批老作家和中年作家，依然进行传统的现实主义创作方法的文学操作，其作品在内容、题材、人物、语言、整体艺术风格上，都依然是昔日风范，写历史（包括那些写古近代历史题材的历史小说）、写现实，也都有其深度、意义和可读性。它们并未完全丧失其读者和市场，虽然它们已经大为缩小了。其中也不乏佳作。但更多的是采用了"当代形式"，在创作立意、题材范围、人物类型和艺术风格上都有新的变化和发展，并且有所创获，取得了新的艺术成就。

更为可喜的是，由于新的社会生活的急剧变迁，文学生态环境的变化，人们了解这些新生活、新事物，以及新人物的迫切要求的促动（这也就是文学市场的需求），纪实文学大行其道，其走红程度，也有一种轰动效应产生（但不同于过去那种意识形态性和政治、道德效应持重的轰动，而是一种社会-文化性热效应的轰动）。各种类型的报告文学（问题型、全景式、"启示录"式、人物传记等，现实题材、历史题材等）简直有风起云涌之势。其中，权延赤的"毛泽东系列"，叶永烈的"党史系列"和"文革人物系列"，风靡一时，轰动文坛与全社会。最近则有《北京人在纽约》和《曼哈顿的中国女人》之风靡中土。这里要特别提到的是新写实主义的崛起。它们既有传统现实主义风范，又在内容与艺术上有新的突破，文学上"雄风熠熠"。叶兆言等人在这一领域成就显著。这一支文学流派，表现了现实主义的深化与发展，吸纳了新的创作意识、文学符码和叙事策略。

这是后新时期文学的一个重要组成部分。它在整体上，既不完全同传统现实主义（"文革"前）一样，又不等同于新时期文学的同类作品。因此，而具有其"后新时期性"。

后新时期文学之包容此类文学和此类文学之仍具生命力，不是偶然的，不是一个简单的文学事实和文化现象。这远不只是在总体上、基质上的文学现实主义，具有"永恒的生命力"。更重要和切近的原因是，在中国，现实主义曾经在相当长的时期内被简单化、庸俗化、狭隘化以至歪曲化之后，在具有源远流长的民族现实主义传统基础之上，仍在走着自己未曾走完和未必会走完的路。中国几乎有三代人，在几十年的各种风雨中挣扎过来，无尽的人生苦难和超凡的斗争经历，仍然有忆不尽的史实、写不完的人物、咀嚼不尽的意味。而且，随着不断发展变化的现实，而不断品出新的味道——人生之味、生命之味、中华民族与中华文化之味。并且依旧带着不同程度的"伤痕性""反思性""改革性""寻根性""文化性"（这正揭示了它同新时期文学在整体性和阶段性的血缘关系和艺术渊源）。这一切，还由于现实生活和社会思想、文化的发展，而能够"站在今天的高度看昨天"，而品出更高的思想、文化、艺术品位，具有新的思想艺术创获。另一方面，与之同步产生的是，许多作家，包括不少原属中年作家而近几年日渐进入老年作家行列的作家们在内，"思随境迁"，也在不断地变化着自己的创作心理、创作意识、艺术思维，实现了新的人生再觉醒和新的艺术再觉醒，从而具有新的叙事方略、结构艺术、艺术语言符码和新的文本。他们也还以此种新的艺术眼光和手法，描写现实生活，"以今天的高度写今天"，或"从昨天的阴影中看今天"。王蒙、从维熙、邓友梅都在此属。此外，还有他们的同龄人或稍小于他们的一批男女作家。

后新时期文学建构中，不能没有这一流派，它们也毫无愧色地立足于后新时期文坛之上。时下讨论后新时期文学而有时以其为"化外之民"，似乎不属于这个文学空间和文学时期之内，是不公平的、是不对的。

（2）"现代主义文学"。我们虽然还不能说已经具有现代主义文学，也还不能说现今的文学在整体上已经具有充分发育的、成熟的现代性，但是，毫无疑问，在新时期文学，特别是后时期文学中的一部分作品中，有着明显的、突出的现代性。有的论者举出刘索拉的《你别无选择》等作品，定为早期出现的现代性，不无道理；事实上，当时还有其他一些小说或多或少蕴藏或是显露了程度不同的现代性；当然，在后新时期文学中，这种现代性就更为普遍、更为突出。实验小说"系列"，更是"彰明昭著"了。甚至在现实主义范围内的作品，也有些夹杂着现代性因素了。

不过，那些被视为现代主义而实质上并不成熟，甚至被人称为"伪现代主义"的准现代主义作品，其读者范围甚小，甚至在文学圈子内也只得部分的接受者。不过它们却在评论界获得一部分人的青睐，在文学青年中也获得过喝彩。但他们的成功与失败，都不是在哲学层次上，在世界观、中心价值体系、文化心态上的得与失，更多的是一种试验、一种外在性艺术创新、一种技巧性仿作和操作。造成这种结果的原因，并不在于作家们的才力不济，艺术素质悬殊（当然不排除这种原因），主要的和根本的原因还在于本土生活的落后，还没有发展到产生现代主义思潮的充分成熟条件。作家们只是部分地获得这种文化土壤，而有时不得不借助外来的"灵感"，前者给予了产生作品现代性的基本因子，后者则更侧重地产生了技巧性运作。当然，两者又存在交互影响的后果。在这里，我们还只是简而言之，有许多复杂原因和现象尚未论及，且留作后叙。

（3）"后现代主义"。有的论者说"'后现代主义'至少在文艺领域已经开始显山显水"。这也许是可供接受的一种估计。其实，我们在八十年代的某些作家的受称赞被注目又被侧目而视以至被宣布为"不受欢迎"的一些作品中，已经看到这种"显山显水"的"后现代性"，而到九十年代，这种后现代因素就越来越明显了。造成这种文学之果的多方面因素，我们在后面详述，这里只需指出，此花此果之出现，是有其社会生活和国民心态的社会、文化土壤的，是有其或出自本土或来自异域的"光和露"的。王朔是一个突出的"现象"。《你别把我当人看》《过把瘾就死》，已经在意识层次、叙事方略和话语层次，显著地表露了这种后现代因素。

然而，却远不止以王朔为孤立现象。不仅一方面存在着如有的论者所指出的，王安忆的《乌托邦诗篇》、张承志的《心灵史》，以及岛子、任洪渊、孙甘露等人的探索，都是"一种给'后现代性'表现添加了一种新的、带有本土文化质地而不同于西方的层面"。我们甚至还可以指出，在一些大众文学作品中，一些消费文化中，也显示出一种处在两种文化转型期的后现代性因素。这方面的表现和其根源，我们也将在后面论析。

这样，我们看到一个后新时期文学的结构形态和建构因素，它是前现代、现代、后现代三种文学质地的混合与交杂，不仅是在"整块"上的三者混杂为一体，而且在"单体"上它们之间也渗透混杂。在大体上，它们都在习惯称为"严肃文学""纯文学"的范畴之内，但又不尽然。它们同时也浸入、渗透和辐射于其他文学种类之中，如大众文学、消费文学、商业文学之中。这种大杂烩状态，多元化形态，正是后新时期文学的重大特征。

3. 文化背景与理论探析

上述文学现象构成，有其广泛、繁复、深刻的文化背景，并被赋予某些特征。在世界性的全球意识下多元化地发展世界文化语境之中，在中国社会重新构造运动正迅猛行进之中，在世界性人类文化重构转型时期和中国正经历历时性的两个文化转型却共时性地进行的语境之中，中国当代文化呈现出变异性、批判性、多样性、多元化的景象，其主要特征可列出下面几个方面。

（1）大众文化浪潮汹涌和大众文学的崛起。以亿为单位计算的大众，"一下子"涌进了文化圈，饥不择食而又不善选择且只选粗粝地享受文化，其中首先是对文学的选择和享受。这情形正如阿多诺所言"以前不了解艺术的广大阶层的人物已成为文化的'消费者'"。正是他们激起、捧起、哄起了大众文学的浪潮。这种大众文学与大众文化，对"纯文学""严肃文学"不屑一顾也不甚了了，只愿接受言情、武打、感官刺激。而且他们有人腰缠万贯、财大气粗，或者以亿计算的人众的"多数优势"，通过"利润原则"的杠杆，牵着"文学"与作家的鼻子走。这几乎成了当代（尤其是九十年代）的文学主潮与主潮之高天巨浪。

（2）商品浪潮冲击文学领域，泛滥文化语境。文学艺术的商业化运作与其自身的商品化，同时出现。文学艺术和作家艺术家以至出版社、报纸刊物均在利润刺激和金钱诱使下，冷待"纯文学"、奔趋大众文学。少林和尚、武陵道长、风流天子、偷情皇妃、江洋大盗、扒窃集团、贩毒枭首、越轨偷情、越洋婚姻，在粗糙和低层次的水平上复制，写不完地写，读不完地读，都是消遣、"玩儿"，都是一次性消费。

（3）雅致文化受挤压，处境维艰，既承受经济迫压，又受到文化压力。它们的地盘缩小、地位下降。然而在此中"生活"，却又有新的深入、新的创获、新的提高。不过只在小圈子里"存活"。有人不无揶揄地称为"面对文学史的艺术水准写作"的"自言自语"的文学，它们已经丧失过去的崇高文化与道德地位。

（4）文化与文学的多元化格局形成和多样化地发展。众多的亚文化圈产生、"存活"、发展，众多的亚艺术、亚文学形态出现以至风行（从大众文学、消费文学、广告文学到艺术体操、时装表演等等）。

（5）社会分层化发展，许多新的社会阶层兴起。他们并都形成自己的亚文化形态，萌生新的次文化生长点，形成既与主流文化一致又有分蘖、歧异以至背离的文化潮流。他们也都在文学上有所表现［他们自己的表现和别人（作家）表现他们］，有所选择，而成为一种动力。以"上帝之姿"与"权"，扶持己欲己爱之文学，而在客观上排斥、压制了"非己"文学，特别是"纯文学"。

（6）在文化和文学艺术领域，一种以"非"字或"反"字起头的话语，标志着一种非主流文化的心态与趋向：反传统、反主流、反英雄、反权威、反艺术、反文化、反高雅、反理性、反神圣等等。这种文化心态，既在创作中表现，又在欣赏中流露，由此而形成一种社会文化-文学潜能，导引文学的发展走向。它们标志着文化的"后现代"性。

（7）诸多以"新"字起头的文化-文学"新芽"出现，单体发展又从集共生，而成另一种新势能，影响文化与文学的发展。这包含整体性的由于经济、社会发展而萌发的诸多新的文化生长点、新的"区社"、"群体"、阶层亚文化、新的文化与文学的需求群体和市场，新的文化观念、文学观念、新的文化与文学的接受意识与态度、行为；包括创作群体的新的生长与新的分化，作家群的新的构成成分和新的建构；也还包括作家群体的或全新或半新或试验或趋新或略微吸纳新质的创作意识、创作心理、审美理想、叙事方略、话语编码和语言。这些方面，程度不同地表现于前述各种文化层和各种文学流派之中。其中，亦渗入种种"现代性"和"后现代性"。

从以上极概略的列举中，我们即可看到当代文化-文学景观中的一些突出的现象和特质。

在总体上，这体现为一种文化的转型。从传统向现代的转型。这里包含的内容广泛而深刻，既有世界观、社会价值中心体系、整体文化心态的转变，又包含文化与文学的整体构成与气质的变化。单质单向构造，正向多质多向转化，单一模式、单一政治道德教化标准、单一艺术规范向多元、复杂和世俗的标准和规范转化。

在多元多重文化-文学构成中，几种质地的文化-文学并存，此消彼长、此长彼消或彼此各自涨落浮沉后而不关涉，但也有彼长此抵（御）、此长彼抵（御）的，总之是流变、动荡、渗透、碰撞、抗争，在此种斗争的涡旋中，单体地和整体地向前发展，实现转型。

在此过程中，文化-文学的迅猛地世俗化（大众文学、消费文学、广告文学的兴起是其主要表现）和"纯文学"（"严肃文学"）、雅文化（"精英文化"）的受挤压和从"圣坛"上走下来，是突出的表现。主要的原因是广大受众，通过"买方市场"、通过经济杠杆，从原先的受教听训的地位真正升到"上帝"的地位，他们以"低文化高地位"的姿态，尊奉世俗化以至庸俗化的大众文学或更低水准的大众文学（"通俗文学"），而冷待"纯文学"（"严肃文学"）。由是，大众文学走俏，写此类作品的作家或非作家走红发财，而写"纯文学"作品的"严肃作家"受穷遭贬。他们从"吃皇粮的三师"（"启蒙导师""灵魂工程师""群众老师"）的地位，降为皇粮不足又难吃贫的老百姓地位，甚至被嘲亦自嘲。

不过，这两个对立而又非对立的双方，处于一种微妙的状态中。地位下降的"纯文学"作家，在整体上还没有"放下架子"，"到民间去"，同世俗受众对话；新任"上帝"也还心态稚嫩文化浅，无意"高攀"和涉足高雅。但是，也有不少向"民间""世俗"送秋波者，近年"下海"之声更为高涨。而起自"民间"的受众中，也有的高兴而财大气粗地"玩儿"一下子雅文化、纯文学了。此中其实有好消息。

在此情况下，文学在社会结构和运行机制中的性质、地位和作用都发生了变化，其社会角色与作用方式也起了变化。其尊奉为"经国之大业"的性质，"降"为市场消费的对象，在商品经济规律的作用下"讨生活"、起作用。崇高的、神圣的、"斯民共读"的政治、道德教化文学，演变和"下降"为受经济势力左右的、经受市场和"上帝"选择的消费性文学，其教育性并未完全消失，但地位、作用、运行机制与方式都变化了。并且与新时期文学相比，也已经从理性教育、政治宣泄、意识形态满足，向娱乐宣泄、生活享受、娱乐消费转化了。

对于上述种种现象，我们尝试着作一些理论探析。

首先，我们理应看到，这种种现象的发生，都是根源于社会的重新构造和文化的转型，因此是历史的自然和必然现象，是都具有其兴起的历史权利的。虽然在导引整合方面人的主观决策会起到促进或促退的作用。但是，既不必大惊小怪也无须怨天尤人。历史在前进、社会在发展过程中总会有种种似乎不合理、不可理解而实际却是历史开辟前进道路的"正道"现象发生。

在历史的巨大变革时期，尤其是工业化、社会化、商品化、科技化、城市化的诸化汇总和现代化过程中，尤其是还处在"现代化阵痛"阶段，大众文化-大众文学的兴起和它的世俗化，是必然的，是好现象，是文化和文学发展转型-转型发展的表现，又是其条件。我们一方面看到大众文学、商业文学、广告文学、消费文学的冲刺、"张狂"和获胜，而"纯文学""严肃文学"受挤压，地位下降。但是，另一方面，又必须看到，前者泛社会性的取胜走红以至呈主流态势，却并非实际上的、文化本质上的主流。这不仅因为前者不断在流变，改变其热点内容与走红形式，更因其文化上的浅露和在低层次上获取成就，而难于进入民族文化积淀而具有恒久价值，也还因为其思想、文化价值的浅与低，而不可能成为社会中心价值体系。当然不排除部分、少数的升华、结晶而具有恒久价值、进入民族文化积淀。至于后者，一方面会在逆境困境中经受锤炼，从政治、道德和皇粮的"暖房"中走出，进入民间、市场，得到正常的、自然的全凭自身成就取得的成功，同时，还会在这一过程中，逐渐同民间进行平等对话和文化对接，寻找到自身新的发展前途。有的论者指出，本属"严肃文学"领域的"新写实"小说，"表现出对于平淡无奇的日常生活的精心编码，是对平民文化的欣赏。像池莉、方方、刘震云等人的本文在其价值判断上已与消费文化取同样的立场，悄然地认同于市民文化的趣味"（张颐武，《文艺研究》，1993年，第1期）。这分析是中肯的。其实，包括许多"正统"的"传统"的"严肃文学"的作家们在其近年作品中，也自觉不自觉地在艺术设计、美学趣味以至价值取向上，逐渐和部分地向"平民趣味"的认同趋近了。虽然我们不能也不应说两者会合流，但证之文学史长河的发展事实和现实文学状况，两者之间既碰撞又渗透、互促互进的发展态势，是一定会发生并都有好处的。

　　由此可以寻迹窥见，后新时期文学在两个层面上表现出两种态势："严肃文学"和大众文学，不同根源、不同意向、不同文化层次地，以不同方式、不同文化编码与话语，表现和吸纳文化的现代性与后现代性。这是因为一方面在我们的现实生活中，包括大众文化，就存在这种"现代性"和"后现代性"，另一方面，按照"理论旅行"和"思潮旅行"的规律以及我们的开放引入，也从西方吸纳了"现代性"和"后现代性"的思想、文化、文学因子。我们知道，大众文化浪潮的兴起和文化的世俗化，本是现代化运作过程的表现条件和结果。而当代西方大众文化的异变表现了其整体文化的后现代性。中国亦如此。但中国的当代大众文学却先天地缺乏现代性和后现代性。这是现实生活的落后决定的。才刚"苏醒"的大众，还更多地处于一种传统的、前现代的文化心态中，具有一种农业的、前工业化因而是前现代的文化性格。但是，他们之中又有许多人（人口比例数不算大、绝对数却很大）"一个晚上"似的进入繁华城市、经济战场、市场角逐，"一下子"超前地接受现代的、后现代的外来的和本土滋生的文化刺激的引导，生活于混杂的文化语境之中，因此而夹杂地、不成熟地、"幼稚"地具有某种后现代文化心态。"严肃文学"领域的作家们，一方面从这种社会现实中接受现代、后现代文化刺激和影响，一方面从自身在此种社会处境和文化语境中而产生失落感、荒谬感、无意义感，从而萌发一种"现代性"以至"后现代性"的文化感受和文化心态。揶揄、反讽、调侃、非教诲化等便是一种文学表现。《渴望》在传统叙事模式和价值观念中，却"贩运"了向商业性、"一次性消费""非高雅"等后现代文化因子。而《爱你没商量》却又以高雅、脱离大众文化的姿态，"塞"进了不少大众化的"后现代话语"和文化因子。"实在，不行就去当作家""即使……又能怎么样"的"逗"，以及方波、高强对侃中和范剑平的神聊与戏语加牢骚中，都掺和着这种"后现代"因子。在那些纯娱乐、纯消遣的商业性极强的大众娱乐文化中，在只重感官刺激、厌恶一切正经、价值、意义、用处的"玩儿"之中，在卖方的赚钱和买方的娱乐中，将一切文化的精神价值和严肃意义化为乌有，从而"一步"跨进了后现代主义的无意义境界。

在当前多重混杂的文化土层之中，具有一种地区性和阶层性的机械划分。港台→南粤→北方→关东，似乎是一种由深到浅、由浓到淡的划分，也是行进路径。农民主要在前现代的传统文化氛围中，心态基本是传统的。市民，尤其大城市又尤其是南方大城市的市民，则是大众文化浪潮的主体和弄潮儿。知识分子则主要和多数处在传统-现代文化层，部分的、少数的"文化精英"则涉足现代主义和后现代主义。然而，又有变异和交叉渗透。在知识分子中，有相当数量的人，在"体脑倒挂"中，在"十年寒窗苦，著书不能出"、出书倒赔钱、教授月薪难达二百五（250元）而明星一夜及万元、大款一席数万元的生活状态中，心态失落、迷惘、愤慨，产生了对神圣的怀疑、对意义的丧失、对文学、艺术、文化由爱而变态地萌生了"后现代"性反叛，"一种从深处摒弃了目的和意义的本体论危机"（格拉夫），产生一种"朝着某种否定自身（故称坏意志）的艺术方向的冲击力"（哈桑）。这是一种出自中华本土、发自文人作家内心的、刻有民族生活烙印的"后现代"冲动。它们也就渗透到文学作品之中，渗透于创作意识和创作心理之中。这就是我们在前面说到的各类流派的作家作品中都有"后现代性"表现的根源。

后现代主义作为有意地反叛现代主义的思潮，它要与现代主义作家的"精英意识彻底决裂"，"它是对艺术的本质及功能的传统'人文主义'概念的反叛"，它从西部小说、美国新新闻主义到科幻小说、色情小说以及一切亚文学中吸取养分，"填平精英文化和大众文化之间的鸿沟。它基本是以通俗小说为主，是反'艺术'、反'严肃'的。"[1]这种特性，我们都能在当前的大众文学中有所发现，有的甚至显得那么地道。这又是中国现实生活和文化语境的土壤中开出的零碎花朵和长出的杂枝片叶。这样，大众文学这个被认为低文化浅层次的艺术品中，却在

---

[1] 莱利斯·费德勒语。转引自佛克马·伯顿斯：《走向后现代主义》，北京大学出版社，1991，第18页。

低与浅的基因上生出了"后现代"艺术文化因子。

这样，我们看到，"后现代"性来自多方面，"严肃文学"和大众文学中都有其身影。一种是来自生活本身、文化语境本身的后现代性和作家对它们的感受与自觉或不自觉的描述与反映；这又有种种情形：有对这种后现代生活素材的敏锐感应，迅速捕捉和"老式"或"新式"的描述；有对这种"新感觉"的模糊的感应和不自觉的表现；也有反面的敏感和逆向的表现。还有一种，是"后现代性表现"，来自作家主观心态中的后现代性因素，或者，来自作家的对现实生活的"后现代性"感受；以及对现实生活的"后现代性"表现，表现为艺术思维、叙述风范自身的"后现代性"。

这里，我们看到一幅非常繁复、互相渗透、冲破界域的文学图景。既呈现混乱杂色，又表现生机生气，既有"过去的余响"，又有"今日的新声"，并且蕴含"未来的足音"，既有现实主义的崭新的发展和可喜的深化，又是它那令人惊异担心和欢喜的变异，既有现代主义的吸纳创新与仿造，又有以"反现代主义"为标志的"后现代"的预演。因此，既令人忧，又令人喜。既使人感到一种严重急迫的危机，又令人感到一种实在迅速的转机。发展的前景，肯定不会是再一次单质文化、单一文学流派、主义的一统天下，也不会是循现实主义→现代主义→后现代主义之迹而按序发展的有序化进程，而会是各自发展自己的现代模式、中国模式，又互相渗透互相吸纳地交叉感染，从而取得文化-文学的繁荣。

"纯文学"的冷寂是回到原本社会角色与地位的正常途径，失去政治、道德的意识形态的轰动效应，获取社会、文化、审美的正常未必轰动于一时却积淀于民族文化的长久效应。作家的遭冷落也好，下海也好，都不过是从"圣坛"走下，从皇粮供给的拘束中解脱，而走向社会、获取于民间、取资于民，获宠于文化与美的天地。

危机与转机同在。但一须有待于人们自身决策和社会导引的正确；二须有作家自身的努力奋进、"脱胎换骨"和超越往昔与自身。

1993年2月20—24日

文学的自渎与作家的沉沦①

　　文学的媚俗和媚俗的文学，都同作家自身的创作意识以至文学气质有关。正如歌德所说："人必先堕落，而后文学堕落。"堕落之说，自然只能适用于极少数的作家，但就一部分作家来说，却也不负令人有沉沦之叹。

　　文学的自渎，在历史上不乏其例。但是，每个时代的这种自渎，却有不同的程度、不同的表现以及不完全相同的原因。往者已矣，我们暂且只讨论当前的。

　　这种自渎性的文学媚俗与媚俗文学，有多种表现。

　　首先映入眼帘的，是泛滥于书摊车站以至书店的作品，大多是写帝后艳史、宫闱秘事、江洋大盗、民国传奇、和尚尼姑、奇闻怪异、大款大腕、三陪小姐，如此等等。争权必弑父杀妻戕子，恋情定三角四角多角，引来了众多的读者，意在消遣休闲，一时销行千千万万，过后扔个干干净净。这可谓情节媚俗。但也有取其中之一"支"来媚俗者。最多的是私情秘恋媚俗，真是挖尽了人间私情怪恋。土的土得原始兽性，洋的洋得洋人瞠目。突出一个"奇"字，落实一个"畸"字。最新兴、最超前、最突出的，该是性媚俗了。它以单项水平媚俗，也渗透于以上各种媚俗之作的"血液"中。写得真是肉欲之极、动作之最。似乎文学作品没有性就不行，连一些正经作品也要有一些性描写作为作品的"调料"。更有甚者，一些女作家要胜过男人，写得露骨、写得彻底。

　　在这种分类之外，还可以做一点总体描述。这就是：有的作品是整体上的媚俗，从题材到内容、从故事到人物、从叙事方式到语言风格，

---

① 　原载《辽宁日报》1996年6月10日。

以至从创作意识和作家心态，都是媚俗的。有的是部分的、局部的、枝节的媚俗，作家心态中部分地存在着媚俗意向。

这里要特别说一说的是高雅的、颇有文化层次的媚俗，看起来丝毫不俗反倒优雅有致的并不媚俗的媚俗。因此，这也是一种高技巧的媚俗。文章讲历史、叙故事、抛典故，品评往事、臧否死人、雍容华贵、文质彬彬。初读其文采、其思想、其意态，令人炫目、惊叹、崇敬，虽非千篇一律，但却模式一致，内容思想变化无多，评往论人不关时势，盛世文章雅俗共赏，官民同爱。这是媚大俗、媚"雅"俗。与之同类的还有另一种"文态"，名人手笔，率皆名篇，妻儿子女、宠物花草、个人名号、生活琐事，有消闲小品之态，却无当年前辈的文采。也还有人，写一种媚人之文，有评论家指出，其"文态"颇像二十郎当岁的奶油小生倒在比他大十几二十岁的半老徐娘怀里撒娇。我未拜读过这种范文，但从一些同类的文章中影影绰绰看到过这类被评论者称为"小男人散文"的形象。这类一般被人看作纯文学、严肃文学的媚俗之作，虽不像前一类那么令人厌恶，但因其"文雅其表、媚骨其内"，对于人们情感世界和理性世界的浸润蚕食，或比那种看后即扔"不往心里去"者更坏吧。

还有出于大家名人手笔的大媚俗之作，把一切都消解在他的调侃之中，一切都嘲弄，把一切"正经"都付诸一笑。这种媚俗含着生活的毒药和灵魂的腐蚀剂。

自从新时期来到，先后出现了伤痕文学、反思文学、改革文学和寻根文学等等，虽然称谓之准确与否、时期之分列与否尚可讨论，但是，的确标示了这一时期文学内涵和审美特质的嬗变之迹，也标示了文学是既作为生活的反映与反应，又作为生活的思想资料与精神运动，在显示自身的功能。然而，自从社会变革急剧地前进变化和构造转换，以及人们心态的剧变，文学仿佛失重似的，出现了潮涌似的低俗的文学接受意识。如果说，这还有它的不可避免性，那么，作家们的躬身投入，以谄媚之态趋之，其强度和深度，则是令人扼腕的。

固然，这类文学的产生，带有它的必然性，有它的社会-时代条件。在文学史上也多次产生过这种文学现象。我们目前文坛受到三种潮流的猛烈冲击。一股是亿万之众的低文化、无文化的受众拥入文化领域，其最初级、最直接、最日常的消遣，就是对初级文学产品的吞食。他们饥不择食也无选择能力。他们的期待视野的满足，就是媚俗文学了。第二股是商潮的冲击。文学的生产，在一部分人中，完全或大部分地纳入了"文化工业"领域，一切按照金钱和利润原则运转。文学不过是一种物质获取的手段。商界流行的话，在此完全适用和被接受："怎么来钱怎么干"。第三股是外来文学、文化的冲击。媚俗的"文学材料""文学技巧""文学作料"，特别是与性有关的，一应俱全，吸而用之，虽然常有虎猫之别，但在"俗众"面前，是不分彼此的。

在现代化进程中，尤其在普遍存在的与这种进程伴行并为其表现形态的世俗化、金钱化、商品化，以及大众文化的兴起，导致文学的同样"三化"，也带有它的必然性。生活的物质化与人们心态的金钱化，也都灌注于人生存在这种文化语境之中了。

人们在几十年中几乎干涸了的审美理念与情趣，造成了今天广大受众在期待视野和文学气质上的强烈反弹。当年连《青春之歌》《林海雪原》《红日》之中那么一点点羞羞答答的爱情描写都要大加挞伐，如今一反弹就胃口大张，连"资本主义没落文学"有时都相形见绌了。

按照接受美学的观点，作家并不那么自由，他在创作时，身边心中总有一个隐形的读者在，他不时地琢磨着他们的口味、情趣需要，而作家本人和编者，正是这种隐形读者中的主要成分，编者的发表权和评论权，作家心中化为了自己创作意识的"读者的期待视野"，使不少作家就顺着上述诸状所形成的时代文学气质、接受意识，而去构思运笔，投合之、趋奉之了。因为，这一切的背后是书的畅销、优厚的报酬、市场的轰动效应。文学是什么？不就是如此这般么？什么责任、什么崇高、什么服务，都"过时"而"落后"了。可见，文学的媚俗和作家的沉沦是分不开的。"需要"产生了"生产"。但"生产"也培养以至引导消费。粗糙的需要产生粗糙的食品。但永久的粗糙的食品，就在同层次以至恶性的循环中，永远地粗糙下去。人类一部文学史不是文学的媚俗史，而是文学作为人类的精神、智慧和审美之花，为满足和培养人类的这些需要而努力创造并取得成功的历史。

除了客观的条件（物质基础和文化语境），和部分作家自身的甘愿媚俗之外，一些当今文坛要人也在实践和理论上给予了支持，这也是此风之长的一个重要原因。调侃、嘲弄文学的严肃社会职责，以创作之目的与行为的崇高为不屑一顾，助长了文学的媚俗之风。这里似乎用不着来什么"文学的性质与功能"的讲解。但严肃的理论探讨，总还是应该回顾一点理论的渊源和本质。文学的为人生，在中国，从孔老夫子一直到五四运动创立现代中国文学，一以贯之。文学自身作为人类精神之花的本质所产生的崇高性和它对于社会发展、人生意义所具有的崇高作用，是不会也不应该因为有过"伪崇高"而泯灭和取消的。"崇高"和"优美"之被纳入美学范畴，成为不同学派普遍认同的美的恒定命题与内涵，这是人类文学实践、审美实践的理论结晶，不是任何理论家所可以强加的，自然也不是任何权威所可以否弃和躲避的。

文学创作，从创作的具体过程来说（写作过程），是充分个体性的，但就创作的整体过程来说，它是社会的产物，社会通过作家（个体）作出的反映和反应，又回到社会中去。这就决定了文学和作家天生的社会职责。媚俗的文学只能由媚俗而助俗、推俗、促俗，导致社会的沉沦于俗世浊流，而作家自身也随俗沉沦。

我们正处于一个空前伟大的时代。我国所出现并正在行进着的社会构造运动是几千年来未曾有的，由此，几亿人众的生活样式以及情感世界和理性世界都在发生深刻的变化。传统中国社会和传统中国人，都在走向现代化。这正是文学的生活素材和人物典型、情感天地和理念世界的大海似的源泉，也正是文学家大显身手的风云际会之时。在国外文学史上，每逢这样的时代，便会有一批立志要"写一部社会史"，"写人类心灵史"，要"写人民的历史"（如巴尔扎克、托尔斯泰）的作家，全身心地投入现实生活和严肃的融化进生命的创作之中，写出反映了整个时代的作品，从而产生了相应的文学大师和繁荣的文学。那些辉照人类文化史的文学奥林匹克山上的诸巨匠，无一不是在这样的时代这样地产生的。

而我们当代一些作家，却别过脸去，让这汹涌的历史大潮，从身边一掠而过；却只是盯着那滚滚向前时浮在水面的浅薄的、稍纵即逝的泡沫而满足，以致孜孜以求于从媚俗所得到的些许名和利，而使文学自渎、自身沉沦。

艾布拉姆斯曾经用"镜"与"灯"来比喻现实主义与浪漫主义的差别，我们且借此以喻作家：他应该一身兼而有之。既是反映生活的

"镜"，又是照亮别人的"灯"，既从生活中取得光明，又由自己的心灵发出光芒。既反映生活，又解读、诠释、提高生活。每个民族、每个时代都有自己的"民族思考人"。作家就应该是这种代表民族，对物质世界、对人世间、对现实生活，进行文学的形而上思考的人。考德威尔说：语言、经验、生活、表现这四个方面就是"作家活动的框架"。艾布拉姆斯则把文学艺术纳入四维世界结构之中：作品—作家—世界—欣赏者。他们都把作家和作品纳入世界、现实生活、读者的天地之中，文学的视域是生活与作家对生活的认识、体察和经验。风行欧美的文学理论教科书，韦勒克和沃伦的《文学理论》，也肯定"甜美"和"有用"是文学的品性，并称文学给人的快感，是具有严肃性的，而文学的严肃性，又是具有快感的，这是一种审美的严肃性，也是知觉的严肃性。我觉得我们应当倾听和思索这些含着人类审美经验和文学史结晶的理论概括和命题。我们切莫给人以浅薄以至有害的"文学的快感"，来满足自己获得市场喝彩和金钱的快感，并被这样的快感所淹没。

21世纪逐人而来，中国将迎来一个更伟大的发展世纪。历史条件和社会生活以及文化语境的主流大潮是产生大师的客观因素，但是，究竟是完成历史的课题，产生几位大师、一大批杰出的优秀的作家，像群星灿烂辉照21世纪的中国以至人类星空呢，还是断送在媚俗的浊流之中!?

时代呼唤中国的"巴、左、普"①

（一）

中国社会正在经历一场重新构造运动，其深广程度为几千年来所未有。其性质为推动中国社会由传统向现代转化。它已经和正在带来社会的一系列重大而深刻的变迁。最重要和基本的是经济制度的变革和生产结构的变化，并由此而引起一系列连锁性的结构变化。社会阶层的种类和性质、"品性"也发生变化：传统阶层（工、农、知识分子）在总人口中的结构比、地位和作用以及彼此间的关系都发生了变化。个体户、专业户、"休闲户"、私营企业主，还有众多新兴行业形成了新的阶层和亚阶层。

中国人新的情感世界和理性世界已经和正在产生。12亿人口众多阶层已经和正在发生的巨大心理变迁，简直是民族性、人类性、世界性的心理大爆炸，绵延五千多年的中华性格正在经历现代化蜕变。

这种社会和人心的大变动，必然"人格化"地体现于每个人和家庭，必然"社会化"地显现于现实生活中。它们融汇为亿万群众和万千家庭的升迁浮沉、悲欢离合、恩怨情仇、充满曲折离奇、绚丽多彩的故事。

立足于文化、文学的视角，这是汹涌奔腾而出的极丰富的"生活源泉"，提供了空前未有、过后即逝的宝贵艺术素材。这千年古国的新时代人世变迁，具有无比深沉的历史感、强烈的时代感和厚重的文化含量。

---

① 原载《辽宁日报》1995年8月9日。

（二）

　　证之中国的和世界的文学史，凡是在历史大变革的时代，都会产生杰出作家和伟大作品。这里仅以法国文学史为例。

　　在以19世纪为主而前跨18世纪后期、后连20世纪初期的百年左右横跨三纪的历史时期内，法国文学出现了三位杰出的、具有各自的特点和代表性的作家，他们是巴尔扎克、左拉和普鲁斯特。他们的作品，"累积"和"叠合"地构造了一个宏伟的、深邃的文学世界，这一艺术之镜，反映了法国在这一历史时期内广泛深刻的社会变革，描绘了一个封建贵族、资产阶级风云际会、沉浮交替的"人间喜剧"。

　　巴尔扎克立意要创作一部"描写19世纪法国的作品"，他认为小说家"从来就是自己同时代人们的秘书"，如果法国社会是"历史家"，那"我只能是他的书记"。他赋予自己的任务，就是用小说来进行"风俗研究"、"哲学研究"和"分析研究"，他要"描写每一种生活情景"，"所要描绘的永远是生活。"他实现了宏愿，完成了96部长短篇小说，其中活动着2000多个人物，这部总题为《人间喜剧》的巨著，成为一部法国19世纪的史诗，"他用编年史的方式几乎逐年地把上升的资产阶级在1816年至1848年这一时期对贵族社会日甚一日的冲击描写出来"（恩格斯）。由于他思想上的深刻和艺术上的成就，就自然地"从个别到一般"地剖析、描绘，反映了人类社会的一般状况，刻画了阶级的、历史的、人类的典型，而成其不朽。

　　左拉的创作突破了自然主义的社会现实和美学原则。他宣称"我将摹写现实，同时探索其内在的、尚未被发现的原理"，他给自己提出的任务是"使艺术接近生活"，他的创作立意是描写"第二帝国时代一个家族的自然史和社会史"。近年在法国发现左拉创作的大批社会调查资料，被视为当时社会的珍贵的真实材料，是社会学的研究宝藏。这证明左拉是深入社会、调查研究，而不是只从生理学来研究人的。正是由于这种原因，左拉才使自己的创作越过了自己的理论，比理论的囚笼更广阔、更丰富、更生动、更深厚。他的《鲁贡——玛卡尔家族》小说系列，包括十几部长篇小说，从1871年至1893年，20多年中先后问世，其中包括《娜娜》《萌芽》那样的名著。这些小说，不像巴尔扎克的作品那样具有广阔的历史横断面，而更侧重于聚焦当时、逼视家族，更丰富地进行细节描写。这部系列小说，以文学手法涉及法国社会的政治、军事、宗教、商业、金融、科学、艺术等方面。他成为另一种类型和具有另一种艺术风格的时代的"秘书"、历史的"书记"。因此，他的作品最终成为现实主义的创作，被文学史家视为19世纪批判现实主义文学遗产的组成部分。

普鲁斯特则不同，他以200万字的巨制《追忆逝水年华》，以意识流手法，开创了一种"心理现实主义"。他细微地描写，要把"时间追回"，连幼年时每晚临睡前妈妈的吻、一块点心的享用的追忆，如此细小的事情，都能成为重大的情结和情节，而展开心理现实的描写。他确实在自己的内心里找到了一个世界，而他又极为真实地描写了这个世界。但这一个人的世界，又不仅仅是属于他个人的，这是法国社会、巴黎上流社会所铸就、所笼盖、所映照的世界，在这个小世界里，我们能够窥见一个大世界。它反映了19世纪后期到20世纪初期法国资产阶级上流社会的生活与心态、情感与理性、衰朽和没落，也从个人的体验中体现出人类共同关心的对人生的憬悟、对生命意义的体认。而这一切都具有时代的、民族的、阶级的、社会的内涵，文化的内涵。因此，这部作品表现了意识流文学同现实主义的继承关系。

（三）

中国作为一个具有五六千年文明史而至今是世界四大文明古国中唯一未曾发生断裂的文化古国，一个最大的发展中国家，一个人口最为众多的国家，它的从传统向现代化转化，不仅带着巨大的沉重的步伐、带着震古烁今的意义，而且其变化之巨大与深刻，其历史的惰性与转变时的反弹，其内容之深沉丰富，都是世界无有、唯我独具的，而其升华与结晶，又具有世界性和历史性的意义。从这些方面来说，中国现实的变革，会要比当年法国的"百年巨变"更巨大、深刻、丰富、复杂，更具有人类性、文化性，这是代表世界两大文明之一的东方文明的一次历史性巨变与遽变。文学面对这个世界、这一巨变，理应是神采飞扬、思接万里、意通古今、艺跃中外的，理应出现划时代的作品，产生文学大师。

不过，我们现在却看到一种热情不足和"小家子气"。文学在脱去那种非文学非社会的"庸俗社会学"之后，却进入某种"非社会"状态，在摆脱那种非文学、非社会的"严肃"之后，部分地进入一种"非严肃""非社会"的文学状态。有人以调侃来消解一切严肃，有人化沉痛为沉沦和"性解"，有人把社会内涵挤兑到最小限量、背景地位、衬托附庸，而热衷于男女私情、身边琐事、帝王将相、和尚道士、"三角""四角""五六角"之恋，等等，有人胡编乱造，有人"胡闹台"。这已近乎文学的游戏、自我赏玩和投市场之所好，以致是对文学的亵渎。

放过眼前如此丰富繁杂、具有伟大历史性和世界性意义的社会风云、人间万象，是多么可惜。现在需要的正是鲁迅当年所说的文艺家的那种"天马行空的大精神"，鲁迅说："非有天马行空似的大精神即无大艺术的产生。但中国现在的精神又何其萎靡锢蔽呢？"这70多年前的声音，至今仍可一听。我们希望作家具有巴尔扎克那样的雄心，要当时代的"秘书"、历史的"书记"，沉下心来用文学来从事对中国当代社会变迁的"风俗研究"、"哲学研究"和"分析研究"，以时代的高度、历史的深度、民族生活的浓度来描绘中国当代的"人间喜剧"。或者，像左拉那样，以社会学家的姿态，调查研究，注意报刊纪事，写"一个时代的一个家族的自然史和社会史"，涉及社会的各个层面。或者，像普鲁斯特，营造一个滴水映世界式的个人心理世界，映照出中国人从传统走向现代的心理天地和心理史。如此，为民族、为历史、为文学、为今人和后世留下珍贵的社会档案、历史文献，也是文学佳品。

当代中国的期待视野①

　　中国正经历一个社会的重新构造运动。这是一个从传统社会到现代工业社会的转变，一个从以农业为主要产业、农民为人口主体的社会向以工业为主体、以非农业人口为主体的社会转变，也是文化从传统向现代化的转变。这是一个空前伟大、空前深刻的转变。在中国历史上的任何转变都不能与之相比。它超出了一切传统转变的范围和模式。它既是传统转变，包括人民革命胜利、新中国成立这样的转变在内的继续，又是它们的发展和提高，突破和超越。这种转变，将会带来生产结构、产业结构、人口结构、感情结构、伦理结构、家庭结构、审美结构、心理结构，总之是整体上的社会结构和文化结构的变化。所以，是社会的重新构造结构运动。

　　这种重新构造运动，自然会要具体地体现在多种社会现象和人的行为与活动中，这就产生了社会生活的千变万化的运动与千紫万红的色彩。面对这个生活的缤纷景象，文学艺术有无尽的源泉，也有无穷的推动力，还有无数的内驱力。它们不仅要求艺术的表现，而且会自然地以艺术形式来体现。现在有几种社会审美活动中值得注意的现象，正是表现了这种从生活到审美时代动态。第一是精英文化与大众文化的共时性发展，但以大众文化的发展为基础和主潮；第二是通俗艺术即大众艺术的蓬勃兴起；第三是亚艺术形式的生长和发展。许多人类的活动侵入艺术领域，除了流行歌曲、通俗文学、连环画这些传统亚艺术形式外，报告文学、纪实文学也以传统的和新兴的形式进入艺术领域，现在，艺术体操、服装表演等，也侵入艺术。这不是艺术的堕落，而是现代人类审美活动的泛化和提高。其中，最值得引起注意和重视的是电视艺术。它

---

① 原载《辽宁日报》1996年10月25日。

以最广泛深入的传播功能，以纯艺术、亚艺术形式和新兴艺术形态，每日每时同最广大的受众接触。

这里就提出了一个期待视野问题。观众将以什么样的期待来预备接受电视艺术的传播内涵？他们具有什么样的"接受屏幕？"

我们至少可以列举以下几个主要方面。（一）生活的遽变与巨变和在这个变化过程中所出现的问题。人们既以主体身份，又以客观态度，要求了解思考、追溯和研究它们。（二）要求反映和了解新的社会生活内涵和新的社会角色。（三）要求了解新的世界和世界的新事物。人们的眼界开阔了，思想活跃了，胸襟开阔了，他们在开放中展开视野来观察和了解世界。（在这方面，电视发生了巨大的作用）。具有世界意识，这是现代中国人的可喜的变化。（四）以新的意识、新的观点、新的方式来更深入地了解人自身。主体性的加强——无论是政治上的，还是心理上的，是当代中国的一个新特点。这种主体性的表现，最重要的就是既以观察主体的身份，强化对人的了解，又以自我意识的形态来深化自我了解。

这四个方面，对于电视艺术来说，都是可以大有可为的。因这电视艺术能够全方位地反映生活，及时地反映生活，更为具象地反映生活。它是具象的时代记录者，是历史的最优化见证人。

这里，从艺术以人为表现主体这个角度，当代中国有三个社会角色值得特别注意。他们是（一）企业家；（二）"个体户"（作为某种非集体经济成分的代表）；（三）知识分子。这里只讲一讲企业家阶层。企业家是发展社会主义商品经济所产生的新兴阶层。在社会主义初级阶段，他们将是社会的骨干阶层，社会的横梁。随着工业化进程的发展，随着生产的商品化、社会化和现代化的发展，工商业企业家，在数量上将不断增加，在素质上将不断提高，在社会生产和各方面的作用将越来越加强。

文学现代性创获的阶段性形态^①

——文化发展时期的文学与青年作家的时代使命

一

党的十七大提出了推动社会主义文化大发展，大繁荣的奋斗目标。这是中国特色社会主义题中应有之义，是现代化目标体系中必备的主要内涵，也是小康社会满足人们物质和精神两种需要所要求的。同时，它还是经济–社会发展急迫需要的文化支撑与保证；国家软实力的提高也需要文化的发展与繁荣。另一方面，文化现在也具有这种力量和功能，它不再是经济–社会发展的跟跑角色，而是已经成为领跑力量。知识经济、信息社会以及经济全球化，都使文化具有神奇般的力量，成为新的资本、新的生产力、新的经济增长的重要因素。文化产业成为新的支柱产业。

面对文化大发展、大繁荣的历史任务，我们便同时面对一个连锁性理论与实践的命题，这就是：要推动文化的大发展、大繁荣，就需要大文化的发展。所谓大文化的发展，就是要求文化的各个部门、各个种类、各个方面以及在各个阶段，都需要得到发展，并且是全面、协调、可持续地发展。关于大文化，我们可以从文化的按质分类、按需分类或者按用途类化的方式，分解为几个主要方面来看。

首先是按照建设物质文明、精神文明、政治文明的整体要求. 需要物质文化、精神文化和政治文化的发展。只有这样三种文化得到大的发展，物质、精神、政治的文明程度才能够提高，才能向社会主义方向、

---

① 原载《艺术广角》2008年第2期。

向现代化的高度文明发展。

从社会的总体构造来分，则是器物文化层、制度文化层和精神文化层三个方面全面协调可持续发展。器物文化是机器设备等物质，制度文化是社会构造与结构等上层建筑部门，精神则是人的思维、思想、观念、信念、价值观与道德规范等。这三个方面的文化的全面而协调发展，能够促进和保证经济的发展和社会的进步。

从经济发展、社会进步的生机、生气与保证方面看，制度文化、体制文化、机制文化，也需要全面协调可持续发展。制度是一个总体框架、整体构造；体制是总体构造要求与设计下的体系性结构和性能的分工合作；机制则可以看作内在生命力的生发与驱动。它们的全面协调可持续发展，就是一种整体的、完满的、从外在到内在、自协调自整合的生机勃发的文化驱动力和文化保障系统。

从机构、企业、工厂、学校等社会构成单位的运行与发展看，有物质文化、科技文化与调适文化三个方面的结合与协调。它们足以保证机体正常地、良好地、创造性地运行。

从文化的为全社会服务与发挥对经济／社会发展的保证作用方面来看，是三个方面的发展，即文化设施、文化服务与文化产业的全面协调可持续发展。

最后从经济发展、社会进步与民族复兴以及建设全民族共有的精神家园来要求，则有科技文化、学术文化、艺术文化，以及传统文化、现代文化和外来文化，在总体指导思想即马克思主义与中国特色社会主义理论的指导下，全面协调可持续地发展。

当然，前面所说的几个分类的方面，是彼此渗透、互相交融的，我们只是从不同角度、以不同方式加以分类，以便于分析问题和观察态势。在实际上，它们是共生共荣，不可分割的。

总之，只有在这样一些文化的所有部类和所有部门的文化的全面协调可持续的发展，即只有大文化的发展，才能促进和形成文化的大发展、大繁荣。

在这种文化大发展、大繁荣的文化态势与文化格局中，在大文化发展的整体中，文学这一门类，居于一种重要的、前哨性的和敏感的地位。因为它具有普泛性、普适性和普世性的作用，即由于文学的思想性、艺术性、情感性和由此而来的功能特性，它敏感地、及时地反映着社会生活、时代思潮、公众心理，又能比较普遍地为人们所接受；所以可以说，在上述所有文化事项之中，都可以有文学的地位、文学的作用和文学的影响存在。

我拟在这种视角下，在这文化背景中，来探讨在文化大发展中文学发展的总体态势，以及青年作家的时代使命这个论题。

二

大文化发展包含文学的大发展的必备内涵与必然需求。这是一种必然性的存在。不过，这并不意味着文学就会自发动、自推进、自组织地自然大发展。在必然性与现实性之间，还有一个过程，还需要人的有成效的努力和创造性的工作。人们自身的努力不够、方向不正确、方法不对头，而使必然性丧失了实现的可能性，这样的事情，在历史上，在各个方面，都是屡有发生的。

首先我想探讨"文学大发展"的概念内涵。

是不是"大"发展就是发展的规模大、作家群体大、作品出版众多、文学作品印刷数量大、销行广泛？应该说，文学大发展的状况可能表现为这种状态，但也不一定表现为这种状态；出现了这种文学状态，也并不一定就证明文学已经处在大发展的态势中。文学的大发展不应该只是外在的、规模和数量的指标表现，甚至主要不是这种表现；而应该是内在的、内涵的、素质的、艺术与审美的质量表现，以及在艺术创造上的原创力、创造性的表现和成就；而且，还包含文学在社会生活中，在人们的思想上、精神上、文化上所起到的作用的性质和力度，在社会发展、民族进步上的推动作用和影响力度，直至在民族文化积淀历史长河中的贡献，在世界文学格局中的地位、作用与影响，等等。在中外文学史上，凡是具有划时代意义的文学大发展的时代，都表现出这种文学状态。例如中国的诗经、楚辞时代，被称为"中国文学的自觉时代"的魏晋时代，唐诗宋词时代，宋元话本时代，明清小说时代，都是如此。英国的莎士比亚时代、德国的歌德时代、法国的巴尔扎克时代、俄罗斯的果戈理和普希金时代，等等，也都是如此。因此，我们对于我国文化大发展、大繁荣时期的文学的大发展，应作如斯观。

这个时期的文学的大发展，应该是以文学叙事来反映中国社会亘古未有的急遽、巨大、深刻的变化，反映经济的大发展，大繁荣、社会的大进步、文化的大发展与大变化，反映经济、社会、文化从传统向现代转换，中国人从传统向现代转化，中国人的文化/心理性格实现现代化。文学将创造出新的民族艺术典型，这种艺术形象，不仅立于中国历代艺术典型之林，而且进入世界艺术典型行列。作品具有很高的新的创新和审美素质。中国的文学达到一个新的水平进入一个新的境界。这才能使历史的可能性，成为现实性，文学才起到了它应该起的作用。从客观上说，从可能性说，中国文化与中国文学，现在都是出大师的时代。我们具有了这样的历史积淀、社会条件和时代"精神气候"（丹纳《艺术哲学》）以及文化语境；但是，正如前面说过的，历史的可能性要变为现实性，历史的课题要能够完满地完成，还需要人的主观努力、创造性和献身精神。

当今一代青年作家就是面对着这样的历史、社会、时代、文化条件，拥有优厚的客观供给；当然，也在客观上承担着巨大而光荣的历史使命。

中国当代青年作家在时间/时期的概念上，在文学分期上，我以为处于当代文学第三季的发展阶段。因此，具有时代性的优越条件和特殊使命，但也同时具有复杂的环境和多重构造的文化困境。

这里，需要作一些解释，因为我使用的概念是基于自己未必正确也未必准确的认识。一般以1949年为界，从现代文学进入当代文学阶段，至今已历58年。而我则把这58年，再分为三个阶段，我称为"季"：即从1949年至1979年为第一季；自1979年文学进入新时期以后至80年代末，为第二季；尔后至今为第三季。

上世纪80年代末，当代文学在取得第二季的重大的、具有划时代意义的成就之后，结束了。90年代至21世纪来临，开始了当代文学的第三季。到现在将近20年，它正处在劲健的发展态势中。

我在上世纪90年代，发表过一篇长篇论文《中国现代文学：寻找和创获现代性》。这个论题的主旨是：中国当代文学，从文学的、艺术与审美的界域来说，从它区别于近代文学以至古典文学的意义上来说，它的历史使命就是创获文学的新的思想内涵和审美素质，也就是创获现代性。我以为，这个论题和命题现在仍然适用。不过情况已经和整个现代文学发展时期，大不相同。现在的文学，已经不再是五四时期那种摆脱传统束缚、"平地搭灶"、"白手起家"式地，借取外国文学的经验模式，来寻找与创获现代性；或者如现代文学最初十几年时那样，是初步建立起现代性文学而后不久又被民族救亡和战争所延缓了发展进程。现在不是这样。现在是在20世纪30年现代文学发展的基础上，尤其是在从1979到1990年的当代文学第二季发展的基础上，继续前进，继往开来。这至少在两个方面拥有优越条件：第一，在改革开放20年经济/社会迅猛发展的基础上，中国的改革开放事业、现代化进程、建设中国特色社会主义事业，都取得了超越从前、举世瞩目的伟大成就和巨大进步；社会生活和人们的思想观念，已经从传统向现代化大踏步地进展；国门进一步打开，具有了前所未有的接触、学习、吸收外来文化的机会；文学在大胆地、热情地、铺开式地，与外国文学特别是西方文学以及作家们进行广泛接触、学习与交流。第二，文学的现代性创获，在当代文学的第二季这个"文学季度"，包含从上世纪70年代末到80年代末的文学现代性发展，和尔后的继续向文学现代性的推进，已经取得了长足的进步：文学的叙事方式、语言构造、选材视线、表现视角、审美特色与审美理想，都不同于从前，具有了新的素质、新的规范、新的境界。年轻一代作家，包括被称为"80后"作家、"90后"作家在内的青年作家们，在创作上大胆地尝试、试验与创造。成绩是显著的，也是前所未有的。当代文学具有了新的题材、新的内容、新的话语、新的叙事方式、新的审美素质与审美理想、新的文化质地与文化性能。一代新的作家群在这种社会状况、精神气候、文化语境与文学生态中，生长发展，进一步创获中国文学的现代性。

但是这里也存在问题的另一面。我觉得当代文学在总体上，对于我们当代的社会现实，尤其是它的巨大而深刻的变革和巨大而辉煌的发展，反映得很不够。我们的作品的社会性不够强，社会含量稀薄，有的甚至令人感到作家是游离于社会的，甚至是背对着社会现实的；或者眼光向着帝王、后妃、宫廷、豪门，而且多半是赞美的、欣赏的，或者是赏玩的、游戏的、戏说的；或者，眼光"后视"，对着过去，对着旧时代、旧生活，贵族侯门啦，深宅大院啦，巧取豪夺啦，豪门争斗呀，妻妾争宠呀；或者，写的是现实生活，但要么是别墅豪宅里的故事，要么是黑白社会的争斗，现实的社会生活，社会的重大的、从未有过的现代性变革，新的社会阶层的产生及其状态，人们的新的生活理念与生活方式，新的人际关系，以及这一切变革的伟大意义，等等，都在遥远的地方；或者只有模糊的身影，那激动人心、具有震颤灵魂的历史变革、社会流动、人生浮沉，都付与时光流水。对于文学来说，失去这样巨大丰富的叙事对象，是多么可惜，是多么巨大的损失！

新时期以来文学领域里，人的觉醒，人的意义的重视，是当代文学第二季的一个巨大进步。因此，在第二季，文学叙事的个人化／私人化得到加强，取得成绩。社会个性的彰显与艺术个性的展现，都显示出文学的品性的独特性。但是，也有另一面的效应和追求，那就是孤立个性、游离于社会的"纯个人"的叙事，以及个人化、私人化的生活记录。在更为年轻的作家作品中，青春、友情、爱情的抒写，赢得了广大的受众。社会的变革与进步、人世的欢乐与苦痛、人生与生命的体验，在里面都是空疏的或者阙如的。

在我对当前文学的接受中，时不时产生一种感叹：一面是中华大地亘古未有的社会变革、历史进步、文化转换、人性进化；一面却是这样的疏离的、冷漠的、浅薄的叙事。我们多么需要巴尔扎克所说的"历史的书记"、托尔斯泰所说的"写人民的历史"、鲁迅所说的反映"中国的人生"的作家与作品啊！

文学从它产生时起，就萌生了它的三个社会与艺术的特征，以后更发展成为文学的三个不朽的精魂。这就是：人文关怀、使命感和良知激情。任何时代和历史时期存留下来的文学精品，那些划时代的作品，都是具有高尚的、突出的文学的三个精魂的。前面所说的中国的诗经/楚辞时代、魏晋文学自觉时代、唐诗宋词时代、宋元话本时代、明清小说时代，直至五四时代，英国的莎士比亚时代、法国的巴尔扎克时代、德国的歌德时代、俄国的果戈理/普希金时代的那些杰出的作品，那些留存于人类文化宝库中的作品，无不如此，毫无例外。

如果局限于文学自身领域来求索，在现代性创获的追求上，也存在一种困惑与两难。这就是，在当代文学中，在作家的思维领域和创作心理中，存在这样一些问题、困惑、两难选择："伪现代性"，"传统/现代/后现代共生"，"生活与社会接触的现代性感染和生活与精神的非现代性滞后"，"叙事方式的现代性追求与内涵和文化素质的非现代性的矛盾"，"思想、思维方式、理念、观念、心理的传统堕力、惯性、束缚、遗传与文学外在的现代性衣装"。这里都表现出一种不成熟的现代性和超越性、后现代性的共生共存的矛盾惶遽状态。其原因，我以为都在于生活上的现代性与超越性、后现代性，与思想、思维、心理的实质上的传统遗存、根底的矛盾；但同时又有思想、意识、心理上由于对西方文学、文化的接触、接受而具有的部分现代性以至后现代性，与社会生活中大量遗存的落后的前现代、传统因素的矛盾存在。

四

综上所述，我以为当代青年作家的历史使命在于这样一些方面。

1. 加强作品的人民性

文学的人民性，曾经是19世纪俄罗斯文学辉煌期革命民主主义文学批评家别林斯基、车尔尼雪夫斯基和杜勃罗留波夫提出的文学批评的旗帜与理论范畴。我们在上世纪40—50年代将其"引进"，成为重要的理论范畴与批评原则。但是，新时期以来，由于历史的原因，不再使用。而这一文学创作与文学批评的重要概念，具有衡量文学的必不可少的重要性。文学应该反映人民生活，反映人民的思想、情感、理想与愿望，应该是人民的心声的鸣响、感情的倾诉、愿望的体现、心灵的诉说。它是人民历史的记录。我们现在的文学作品，有相当数量疏离人民生活，以至"情不系苍生，言不及社稷"。因此加强文学作品的人民性，是提高文学品性的一个重要方面；在这方面，青年作家任重道远。

每一个时代都有它特殊的历史性的、时代性的、社会性的文学所应有的人文关怀、使命感和良知激情。比如现在我们社会中的农民问题、农村问题、农民工问题、下岗工人问题、弱势群体问题、环境破坏问题、环保问题、收入差距过大问题、中产阶级问题，还有所谓三大社会热点"上学难、住房难、治病难"、青少年犯罪、吸毒、艾滋病，等等。这些在我们的文学作品中，缺少反映，看不到作家们的关怀，听不到作家们的声音。

社会亘古未有的深刻变化与进步、民族文化从传统向现代的创造性与艰难痛苦的转换、中国人的带血的现代化蜕变、中国国民性的重塑、现代化进程中的泥淖区域与病症、婚恋家庭的从传统向现代的合理的转换与令人担忧的问题，等等，需要文学的反映、过问与干预，并给予思想上的启迪、心理上的慰藉、情感上的抚慰、选择上的策略、闲暇时光的消磨，以至消遣时的良性满足。

2. 强化作品的社会性

创作具有丰厚社会性的作品，有力地反映中国千年未有的巨大社会变革、历史进步、文化转型以及国民性的现代转换。学习巴尔扎克，当"历史的书记"；学习托尔斯泰，"写人民的历史"；学习鲁迅写"中国的人生"、反映"中国人的魂灵"：我们面前有极其丰富的社会生活资源，那是文学创作无尽的源泉。新的社会生活、新的社会阶层、新的生活方式、新的人际关系、新的理性世界与感情世界，真是像汪洋大海那样辽阔、广泛、深沉、丰富。

3. 力求提高作品的思想性

现在文学作品有不少是思想浅显、苍白以至低俗的。快餐、"盒饭式配置文学食品"，可供一时的消遣，却难于提高受众的思想情操。古今中外优秀的、伟大的文学作品，都是具有丰富、深刻思想内涵的：真正伟大的、优秀的作家，都同时是思想家。思想的美，思想的魅力，是他们的作品艺术成就的重要蕴涵。它们以艺术的形态和感染力，以审美理想，给人类灌输宏阔的、深邃的、崇高的思想，以思想的魅力吸引、教育了一代又一代人。思想浅白、苍白、低俗的文学作品，绝不可能留存下来；它们可能由于种种原因而流行一时，甚至洛阳纸贵，但时间会淘洗尽附身于它们的虚幻的光环。

从更广阔的视野来看，经过20世纪的"'带着问题、产生负效应'的发展"，全人类都在反思的基础上，产生了"适度回归"的文化趋向。文学在其中，则是表现为要为净化、静化、平常化人类心灵，发挥其独具特色的作用，以解除、释放处在紧张，浮躁，烦忧，孤独，缺乏亲情感、归属感、安全感的心之困顿的现代人的沉重压力。"重构人类的精神世界"是文学的世纪性光荣而艰巨的任务与责任。对于中国文学来说，则是在传统、现代、后现代三维、三重混融的语境下，谋求与创获既不落后于世界潮流，又不脱离本土实际的新的现代文学。面对上述的文化情境，这种文学在思想上的诉求，会更高、更深、更富哲思性。为此，对于青年作家的思想要求、思维能力、思维方式、思想的丰富性与活跃性等，就更高、更深了。在这方面的竞争与淘汰是很现实也很严酷的。相信在未来的"公众选择与时间淘洗"中存留下来的，只会是富有思想含量与思想光芒的作品。

4. 创造新的民族艺术典型

我们的古典文学和现代文学，贡献了曹操、诸葛亮、武松、李逵、林冲、孙悟空、贾宝玉、林黛玉以及阿Q等不朽的艺术典型于世界文学之林。我们后人，现在的青年作家，应该有志气创造出新的属于新时代的杰出的艺术典型，续写中华民族艺术典型的族谱。我国现实生活正在产生新的阶层、新的人，他们之中逐渐在孵育、产生属于新时代的新的典型人物，那便是新的艺术典型的"原料／原型"。

5. 完成文学现代性创获的阶段性形态

在总体上，在文学的领域，年轻一代作家，肩负着一个新时代的任务，就是在当代文学第三季里，完成中国文学现代性创获的阶段性形态，即中国文学现代性的"第三季完成形态"：具有充足现代性的文学作品。它理应超过五四时代，超越现代文学，也超越当代文学发展的第一、二季。

6. 美丽地写作

文学作品应该是美丽的，故事美、人物美、语言美、思想美、情感美、情操美、心灵美。人们读起来感觉美、感受美。作家怀着美好的心态、美好的愿望、美好的寄托和对于读者的美好的心愿来写作，使自己的作品是美丽的，并且产生美丽的效果。青年作家应该具有这样的创作心态。我们现在有些文学作品，是不够美丽的，或者是粗糙的，或者是草率的，或者是庸俗的，甚至是恶劣而丑陋的，这有悖于文学的性质和性能。文学就应该是美丽的。文学作品的品位，它的艺术素质、审美蕴涵的高下深浅，都取决于作家在创作时，是否在美丽地写作。

作家应有的追求①

　　但凡一个作家从事写作，无论大小作品，总是有所追求的，在总体上，在每一次的写作上，都是如此。当然，这里所说的追求，是指"大目标"而言，是说为社会的、政治的、历史的、美学的以及形而上的追求。也有为了个人名利，甚至是小名小利的，但那不能叫追求，只能称为追名逐利吧。因此，从社会角色的本质意义上来说，有所追求的作家可以叫作"本质的作家"，否则，便只是"写者"，只能叫"非本质的作家"。这一大关节，"大是大非"，已经为人类漫长的文学史所证明，也为古今中外的文学大师和他们的进入人类文化总积淀中的作品所证实了。

　　俄国的伟大作家，被鲁迅称为"灵魂的拷问者"的陀思妥耶夫斯基，当他的处女作《穷人》刚出手时，送到了大批评家别林斯基那里，忐忑不安等"结论"，待到见面时，得到的是意想不到的赞誉和期许。而别氏着重指出的就是作者"抓住了事情的本质"，也就是体现了真理。临分手，这位大批评家对年轻的天才作家所叮咛嘱咐的，仍然是关于"真理"的，他说："掌握你的才干，珍惜你的才干，忠实于真理，你就会成为一个伟大的作家。"这就是告诫作家要追求真理。——这应该就是作家追求的最高目标，形而上的鹄的了。（以上记事，见陀思妥耶夫斯基著：《冬天里的夏日印象——陀思妥耶夫斯基随笔集》，上海三联书店，1990年）近读《人，诗意地安居——海德格尔语要》（上海远东出版社，1995年）。这位对当代哲学影响极大的德国哲学家，对于艺术的本质规定，也是"真理"。他说："在作品中，起作用的是真理的发生，而且确实是根据作品的方式起作用的。"又说："因此艺术乃是：真

145　作家应有的追求

---

① 原载《沈阳日报》2008年9月25日。

理在作品中的创造性保护。艺术因而也是真理的形成和发生。"又，在比梅尔著《海德格尔》（商务印书馆，1996年）一书中，引有海氏在《艺术作品的起源》（1935年）中的话，其中又多从"真理"入题，论艺术之本质。如说："在艺术作品中，存在者之真理已经把自己确立于作品中。""这种显现在作品中的光亮就是美。美是真理显现的一种方式。""保持作品和认识作品一样，是对出现在作品中的真理的清醒的入神和惊叹。"海氏在这里把美和真理相连，美即是真理，是真理表达的众多形式中的一种，而保持作品和解读作品，便是对作品中的真理的保持和理解、入神与惊叹。

最近又在《交流》杂志上，读到美国女作家、1993年诺贝尔文学奖获得者托尼·莫里森的言论，她论及文学创作，也立足于真理二字。她说："我是借着情节和人物提出一些富于哲理的问题。"

看来，古今中外，名家大师在最根本的、最形而上地来探求文学的本质时，都规定其为真理寻求与表现。

当然，这种追求真理，绝不是在文学作品中写"真理讲义"，而是要"美丽地"去表现的。海德格尔不是把真理和美相联系，并指出美是真理的显现吗？别林斯基在那次同陀思妥耶夫斯基的谈话中，也指出了政论家和批评家的表现真理同文学家、艺术家的不同，他指出，前者只是用言辞来解释，而后者"只用简单的线条就把形象的本质表现出来了"，他并说："这就是艺术中的真理。"托尼·莫里森也表示，她希望"我的作品能一举两得：像我希望的那样要求高和深奥，又能像爵士乐那样打动人心，这是一项艰巨的任务，又是我想达到的境界。"

这个境界就是真理与审美的结合，实际上也就是真善美的结合。

作家应当都有这样的追求。能否达到和能在什么程度上达到，这是另一个问题，只要"虽不能至，心向往之"就好。

京派文学研究的可喜新收获①

——序文学武著《京派小说研究》

    文学武所著《京派小说研究》即将出版，嘱我写序，我欣然接受。这有着好几方面的原因。首先应该说及的就是他曾经是我的硕士研究生，后来又在复旦大学师从陈鸣树教授，获得博士学位；因此，他能有这本专著出版，我不仅感到高兴，而且有颇为荣幸之感，——其次，则是这本专著本身的价值和意义，令我愿意为之写序；再有就是我为能昔日的学生略尽微薄之力而内心欣慰。

    通读全书，我感觉到一种清新而沉着、朴实而深厚的学术蕴涵。这对一部学术专著来说，是很可贵的。这部专门研究京派小说的著作，围绕自身的主题，在广阔或学术视野观照下，以综合的、整体的、比较的研究方法，展开研究视域，深入研究对象，揭示其意义，发掘其文化蕴藏和审美特质，从而创获了可观可喜的学术成就。它陈言之务去、新见之迭出，既吸取继承既有之研究成果，又发明新义与卓见，构成了一部研究京派文学的新成果。

    京派与海派，是中国现代文学以至现代学术与现代文化的一种曾经风行且锋芒相对的文学、学术、文化现象；它们南北挺立，各据要津，风采各异，创获与奉献各有千秋，文化品性与审美质地南北辉映，但它们之间却有着深深的门户之见、流派之争，甚至展开了彼此的攻伐，不相融合，"势不两立"。然而他们实质上却共同存在于一个相同的时代、相同的社会与相同的文化语境之中，做着虽然有别却汇向共同的民族文化创造与文化发展之中。本可以相通而对立，本应该分工合作而在笔墨上"刀兵相见"。特别是，在历史的发展上，在后来的社会状态中，却

---

① 本文收入文学专著《多维文化视域下的京派小说研究》，东方出版中心，2013。

出现了虽非海派胜出却是发源于海上的左翼文学及其作家，占据了胜利者的地位，引领着民族文学潮流并掌握文学与文化大局，而京派及其主要代表作家却屈居被批判、接受改造的位置，"向无产阶级投降"，大部转向（有的早就退出了京派队伍而进入革命文学阵营），其头面人物如沈从文等则被"淘汰出局"离开了文学队伍。但这只是历史发展的"物质上"和"社会存在"方面的结局，却并非文学与文化上的最终结论。在改革开放以来的文学新时期中，翻案文章由渐露头角到连篇累牍，评价日高、声誉日隆，尤其周作人、沈从文，在文学与文化上的地位，真是好评如潮，节节上升，俨然有跃居中国现代文学的顶峰之势；研究论著也层出不穷，有为数可观的论著（尤其海外的论者），把他们二位放到了鲁迅之上，并褒一贬一，甚至在相对立中扬周沈而鄙弃鲁迅。于是京派文学远不止于"彻底平反"而且未来越被看好，并被有些论者作为革命文学、左翼文学的对立面，以后者之"非文学"来"比拼"下去，来抬高京派文学。至于革命文学、左翼文学却在部分研究中，不仅失却昔日的荣光，而且日遭否弃。在"京派与海派"之争的现在进行时的研究论述中，贬海抑京，已成一种思潮和"理论总结"。更有甚者，"祸延"革命文学与左翼文学，其中，贬损否弃鲁迅和对茅盾的小说作品贬之欲逐出"大学课堂"，是其显例与极端。这是最近二十年来，中国文学风景之一角。

上述文坛风景与语境，应该是文学武的研究论著的著述背景与文化格局。不过，他在研究和著作中，却丝毫没有跟风之意，也没有人云亦云之态，而是依据文学的事实，即依据作家的实际表现、作品的实际状况，来予以评论，既不跟风赶时髦，又不固执偏狭，坚持原有的评述结论。这种坚持实事求是的态度、求实务真的严谨学风和保持独立见解的学术风范，我以为都是很好的，表现了新一代学人的良好学术品性。我为文学武有这种优良的表现而感到高兴和欣慰。

这部著作不仅是在对上世纪30年代"京派"文学实绩和京海两派之争的实际进行了认真研究的基础上撰写的，而且还是在对那时的尤其是新时期以来的诸多研究成果进行了认真研究的基础上来分析比较、纵论评述的。它的内容丰富、研讨深入、分析细致，取众家论说之长、避或有论断之偏，依据事实、依据新的研究成果，新的文学观念、理论学说与审美观念，来进行认真的实事求是的论述。既没有盲目否弃或"巧取"前人的成果，或者埋没了前辈学者的论述精粹，又没有不顾研究的历史和既有的成果，凭空独创新说。既尊重了前辈的学术遗产和积淀，又在比较评骘的基础上，独立思考，深入研究，作出自己的评述与结论。这不仅表现了良好的学风与学术品德，而且也体现了这部著作自身的学术价值。

在研究的视域和范畴上，我以为还有两点可取。一是没有延续既有的研究规范，一般地研究京派文学甚或"京派一般"——扩及京派学术文化甚至其他诸多文化现象，而是独辟蹊径，限定在研究京派小说这一范畴。这个选择和命题，是有见地的。京派小说有出色的成就、鲜明的特点、独特的审美素质，也许不妨说其成就与贡献在京派文学的散文与诗歌的成就之上，虽然后两者的成就也足可傲人。因此，京派小说很可以研究也很应该研究，其研究成果对于今天的文学研究、文学创作都是有益的。其二，对京派小说的研究，又没有局限于小说"一隅"，而是研究视野比较开阔、研究方法比较多样，是多元、多角度、多方面地进行研究，使研究工作本身及其表述（论述文本）都是比较宏阔而细致的。

这种研究范式，在本书的学术结构中切实地体现出来了。它以上下两编的模式，先纵论、总论京派小说种种，然后是分论，分别论述了几位京派小说中的重镇如废名、沈从文、林徽因、汪曾祺等。总论部分，除序言外，以七章的篇幅，分别论述京派小说的流派特征和历史轨迹、其人文理想、文体特征、与海派学说的比较、与中国艺术精神的渊源、其现代性意识和审美理论。这七章构成一个立体的京派小说面面观，一个京派小说的整体构架和形象，从与现实生活、时代精神、社会状况到审美特质、文体特征、现代性以至审美理论，一一展开论证，可以说是从里到外、从内涵到形式、从内在性质到外在体现，都一一论到了。应该说，这是对京派小说进行了比较全面、开阔、综合的论述，是京派文学研究的可喜的新进展、新收获。

特别还要提出的是，其中进行了与海派小说的比较研究。文学比较研究是文学研究中一个可取的、可以在比较中互见短长并开启新质地的研究方法，在与海派的对比中来认识和阐发京派小说的特质与内涵，是很可取的研究方法。而且，还要特别指出的是，这种研究不是因袭旧论，抑此扬彼或褒此贬彼，或是跟风趋时高扬京派而贬斥海派，实际上则是借机贬抑革命文学、左翼文学；作者跳出了旧的窠臼，亦不尾随名家亦步亦趋，而是认真而实际地对两个文学流派进行比较研究，实事求是而不添加外在因素特别是非文学因素掺如其内。还有，研究京派小说创作而加入其审美理论，加以审视，揭示其理论与创作实践之间的关系，这也是可取的，在认识论和方法论上都表现了深沉的见地。

在论述京派小说的时空文化背景时，作者越出习见的基本的政治分野的观察研讨，而指出"它既和五四新文化运动有着血肉的关联，也和20世纪20—30年代北京的都市文化空间密不可分"，这一分析是正确的，切实揭示了京派小说的文化根底。这自然也就同时论证了这个小说流派及其作品的性质。同时，作者还揭示和论证了京派小说与中国传统文化及艺术精神，以及同西方现代文学的亲缘关系与文化渊源，这就更进一步充实了对京派小说的古今中外、传统现代的文化根基的揭示。总之，作者从时代的、中外的综合视角，从社会、历史、道德、哲学、美学等方面，从京派小说生存时代中兴废起伏的自由主义、人道主义诸多思潮和乡土文学、现代文学等等文学现象中，来观察、体验、审视、研究京派小说。因而，能够取得比较全面、系统、客观的评述效果。在这种评价论证中，我以为很可取的是，作者在其中论证了京派小说的人文理想、人道主义以及其人性思想，并且指出这是"把握京派小说最核心之所在"。这一论旨，不仅论定了京派小说的社会性质和审美素质，并且发掘并肯定了京派小说的核心意义与价值——它们作为文化积淀，至今保留着阅读价值和社会意义。由此，作者还进一步深入揭示了京派小说的进步意义："它所追求的爱与美的理想，它所抨击的绅士阶级的虚伪、堕落，所对民族道德观、文化观的思考，使其显示出不可否认的进步性，尽管这种真诚而执着的探索在严峻的社会现实中无法得到实现。"

京派小说的这种人文理想，同它的作家们的乡土文学情结和创作实践，是紧密结合的；同他们对于西方现代主义和自由主义思潮的认同，也是紧相联系的。所以其作品的思想质地和社会理念，一面是京派小说中着力表现的"自然状态下人性的庄严、优美"，"大大落后于中国现代文明的进程，……更多地保留了一种近乎原始生活的社会状态"；另一方面，则是对于现代都市文化空间中的西方现代文明、自由主义思潮在知识分子生活中的体现。"传统"／"现代"、"东方/西方"、"城市"／"乡村"、"出世"／"入世"，这种二律背反思维、情感及其文学表现，构成了京派小说的矛盾复杂的内涵意蕴与审美素质。

在对京派小说的文体特征的论述中，对其"抒情小说体式"特征的论证，很有价值，并且指出这种小说体式"促进了小说与诗歌、小说与散文的融合与沟通，强化了作家的主观情绪"。这对于认识京派小说以至掌握中国现代小说的精髓，都是有启发意义的。京派小说作家几乎"清一色"的留洋学者、"洋大学生"，他们的现代知识分子的文化风范很浓，思想行为和做派洋味颇足，但在关于他们的"儒家人文理想"的表现时，却揭示了他们自身和作品中的儒家思想道德的深层蕴涵。这是很有意义的一种民族现代文学现象，既是中国现代文学的特点又是它的优点。

从以上简单扼要的介绍中，我们可以看到本书对于京派小说的民族文化传统、儒家人文理想、乡土情结、现代民主意识等重要人文情怀、民间意念与农村民风等内蕴与意蕴。这是京派小说-京派文学的民族文化底蕴。从这一基本点上，我们可以体察到京派文学与海派文学的"内骨子里"的相同与相通。只是他们各自关注的角度、视域、社会层面、立足点与态度、激发程度与目标指向不一致、不相同。但他们却曾经那样对立和争斗。这是中国现代文化学-现代文化发展的特异色彩与社会内涵，其中包含深刻的时代风貌与历史经验教训。《京派小说研究》为此提供了文学史实和理论依据。这既是它的正产品，又是它的副产品。

下编的作家论中，也多有独立创见，既是对前辈学者真知灼见的继承，又有自己的独立见解；在本书的论述架构中，则与上编的总论，有互为补充、整体与局部相契合的功效。

如《废名论》中，对废名（冯文炳）的创作宗旨和作品审美特质的首肯，指出"难道文学的最高价值只能通过现实主义来表现吗？废名的创作实践恰恰对此的回答是否定的。废名虽然没有遵循所谓现实主义的创作原则，但他忠实于自己的审美理想，在日常生活的描写中赋予了诗意的建构和升华，在乡村普通人物身上熔铸了自己的感情，充满了人性的美好和光辉，其作品中丰润的文化内涵显然是现实主义所无法涵盖的。读懂废名需要用另一种文化维度来思考。"如此论述是大胆的也是富有见地的。这不仅于认识和评价废名有用，而且对于品评一般小说作品和文学作品也是有益的。又如对沈从文的论述："在沈从文庞大的文学审美体系中，始终有一个基点，就是他的理想主义，对爱与美的执着，对重建民族信仰的渴望。……即使在阶级矛盾、民族矛盾空前尖锐的时代背景下，尽管他多次受到左翼文艺的指责，这位湘西水手依然固守着自己的理想，为这个桃花园式的边地文明唱了一曲挽歌。……这种牧歌情怀成为作家心灵的栖居之所，也成为物欲喧嚣时代难得的一片精神绿洲。"对沈从文的这种论述，抓住了思想的精要与艺术的灵魂，也提炼了它的特异的审美素质；同时，也把它纳入时代的视野中，并以与左翼文学比较、比衬，显示其既疏离现实苦难又"弥补"现实缺陷的双重社会–审美品格。这个论定，应该是被认可的。此外，还有对萧乾、林徽因、凌淑华和汪曾祺的分论，也都各有精彩，这里不一一赘述了。

总之，我以为文学武这部对于京派小说的专论，是一部内容扎实、学风严谨、富有独立见解的著作，它是目前上为少见的对于京派小说的专门研究，因此，是京派文学研究的一个可惜的新收获，也是中国现代文学研究领域的新收获。

拉杂写下以上一些读书感受，权为之序，内容的意义不足观，且以此作为我与文学武"师生一回"的纪念吧。事实上他这多年来，学识精进，我已经难为其师，只是就曾经的关系而言吧。

2010年8月19日，沈阳

序《辽宁当代散文（1949—2003）》 ①

这部书应该是属于文学史著作的范畴。

是否可以写当代史，向来有不同意见。我是认为可以写的。从一种广泛的和时光易逝的观念看，过去了的人和事，就是历史。昨天之事，就已经是属于历史了。认为不能写当代史的人，大概是以为历史嘛，就要有时间的距离，才能看得清，才能进行有效的反思，才能总结经验。这是从史书的性质和要求来说的。如果仅仅从记录历史事实来说，把"昨天"以前的事实记录下来，进行有序的陈述，或者，再进行一定程度的总结，应该是可以和可能的。

从这个认识出发，并在这个意义上来说，《辽宁当代散文》就应该是一部合格的文学史著作了。我以为它具有这样一些内容和特点。一，它按时段记叙、陈述和评论了辽宁从1949年到2003年的散文发展史。二，它的记叙、陈述和评论，不是无序的，而是有条不紊的，进行了比较准确的分期，并且有繁有简、有主有次、有轻有重，读来条理分明，线索清晰，足以把握《辽宁散文（1949—2003）》的发展状况和发展脉络。三，它还进行了一定程度的评议和论述。这就是一定程度的历史总结。仅仅从这样几点来说，我以为，这本著作毫无愧色地是一本比较好的辽宁文学史著作。

在足以肯定本书是一部文学史著作之外，我觉得这本著作还有一些值得称道之处。

作者在叙事过程中，采取了以史为经、以人与事为纬的方式，进行了纵横交错的记叙与论述。在每一章叙述了这一历史时期辽宁散文发展的状况与路数之后，都有《代表作家与作品》一节，对具有代表性的作

---

① 本文收入崔春昌著《辽宁当代散文（1949—2003）》，春风文艺出版社，2003。

家的散文作品，进行了评述。这样史与事、时代与作家-作品交错起来，就使"历史"有了立体感，形成了一个立体构造；又使"人（作家）与作品"有了历史的背景和文化语境，可以使作家、作品，在这种"时代-环境"的衬托下，呈现其意义与历史的价值以及其艺术气质的渊源。而且，书中对于不同时期的历史与时代的政治状况和文化语境的掌握和叙述，简明扼要，比较准确。

书中对一批散文作家进行了评述，这方面做得也比较好。首先是这些对于作家与作品的淘选，比较合适。这是作者掌握了资料并进行了研究的结果，不是轻易可以作出的。其次是对于他们的定位和贡献，也作了比较准确的评议。

在作家-作品的排列上，作者采取了"代表作家作品"和"其他作家作品"的区分，以分别论述那些专业的散文作家和他们的作品，以及那些从事其他种类的文学样式创作，而以散文创作为其"副业"的作家和作品。这种做法是可取的，成功的。而作这样的区分和对两种作家的作品的选择，也是需要经过分辨和淘选的。这也不是可以轻易成功的。作者为此花费了心血，表现了"作家眼光"。

由这部著作我还想起一个连锁性的课题。散文有了当代史了，那么，小说、诗歌、戏剧、儿童文学、报告文学等文学样式，是否也可以有它们各自的"部门-类型史"呢。这件工作，如果由有关的学会、协会来做，也许不算太难的事情；而做出来之后，整体地就形成一部辽宁当代文学史了。这对于我省的文学积淀和文化积淀，都是很有意义的。

编著者崔春昌同志持此著清样予我，并索序。我于浏览斯著之后，略述感想如上，权为序。

辽宁散文世界风光旖旎①

  辽宁形成了一支宏大的散文队伍，写出了大量散文，构筑了一个风光旖旎的散文世界，在这个文学的世界里，反映了中国的历史、社会、现实、文化、人生，也反映了辽宁的历史文化与现实生活，同时也反映了辽宁人包括这些散文作者在内的人生体验、生活感悟与反应。150 万字、三大卷的《辽宁新散文大系》，充分显示了辽宁文坛在新时期散文创作的丰收景象，显示了可称散文大省的充足实力与风貌。

  对于"辽宁散文世界"的欣赏与评析，我们需要先从创作队伍上进行观察。

  辽宁散文界有一批老作家，他们或以散文为主要创作样式，或在小说创作之外，也写散文。马加这位上个世纪 30 年代的老作家，在长篇小说创作之外，不时分笔撰写散文。他的散文老到纯熟，大都带有革命回忆录性质，历史叙事与革命情怀相结合，别有其独特引人之处。老报人刘黑枷，为革命办了一辈子报，直到退出岗位后，才有时间和精力，写作散文。他生活经历曲折，创作素材丰富，拥有自己的创作时间之后，文思如清泉喷涌，佳作频频问世，数年之间，结集出版多种散文作品，影响甚大。老作家单复，终身服膺散文创作，中年以后遭难 20 多年，复出后在主编文学刊物之余，仍然从事散文创作，继续以生花之笔，为挚清之文，并为许多年轻作家写序，热情提携后进。

  还有一批小说家，如刘兆林、邓刚、马秋芬等，以"余兴剩笔"写作散文，也卓然有成。

  辽宁散文文坛上，活跃的中坚力量，是以王充闾为首的老中青三代散文作家构成的散文大军。他们的散文作品，享誉当代中国文坛。王充

---

①   原载《中国图书评论》2003 年第 11 期。

间作为辽宁作协主席、辽宁散文的领军人物，以其《春宽梦窄》夺得鲁迅文学奖的桂冠。他也以散文创作的艺术成就，成为辽宁散文界的顶梁柱，并构筑了这个艺术世界的旖旎风光。与王充闾同时活跃于散文文坛的鲍尔吉·原野，作为蒙古族的年轻作家，他的散文创作的题材、生活、人物、故事极有民族特色，而他的语言又极富个性，具有一种引人入胜的叙述话语，两者结合构筑了他的散文成就，放射出熠熠耀眼的光彩。女作家素素，专心致力于散文创作，数十年来，由短小的散文起步，一步步走到现在，以长篇文化散文而引人注目。丁宗皓作为年轻的记者，涉笔散文，清丽洒脱，思索深邃，意蕴蕴藉，是另一种叙事风格。

与刘黑枷一起被称为"父子作家"的两位散文作家刘齐和刘嘉陵兄弟，家学渊源，但文风自创，为文幽默隽永，颇获好评，为辽宁散文界，增添另一番色彩。

辽宁散文界还有一大特点，不少官员写作散文，并结集出版，成绩颇佳。其中，有原副省长林声、现任省政协副主席张毓茂和张成伦，省新闻出版局原局长于金兰，鞍山市人大常委会原副主任文畅等等。辽宁散文队伍中，还有一大批从事各种职业的作者，其中有编辑、记者、企业家、医生、科研工作者等等。他们通过散文反映了各自的生活与人生，总体上构成了一幅辽宁当代生活的生动图景，具有社会的、时代的、人生的丰富意义。其中，值得特别提出的是，有数量不少的女性在，她们以细腻的笔触和感受，从女性的视角，描写与抒发了她们对生活、对世界、对人生的观察与体验，创造与提供了一种引人、感人的文学文本，颇具可读性。

辽宁散文界这一庞大的写作队伍，不是散兵游勇地各自存在、写作，而是组织在一个活跃的散文学会里。这个散文学会以一对散文作家夫妇鲁野与康启昌为领导骨干，展开活动，如组织采风和笔会、出版刊物、编辑散文丛书等等。

这样一大批作者，他们的作品构筑了一个繁花似锦的辽宁散文世界，是一种颇具可读性的集体"文学文本"。王充闾的《碗花糕》，刘兆林的《父亲祭》，原野的《母亲娘家的亲戚们》，丁宗皓的《阳光照耀七奶》，邓刚的《我的家庭》，素素的《父亲》，这些抒写、倾诉亲情的散文均堪称绝唱。那里面，有深切温馨的亲情——一种真挚的、深沉的、超越一般的，既有传统又超越传统、具有现代人生活气息的亲情。而亲情之中，又蕴含和反映时代的面貌、社会的状况与人性的多样，读来令人感动不已。

这种"亲情文本"，固然突出地写了亲情，但它的内涵却广泛而深邃，是由家庭而及于时代与社会，由个体而及于人类与人性。新时期散文中，这种"亲情文本"之增多，绝非偶然。盖数十年来，我们只重阶级性，而恰恰与人性对立并否认后者的价值与存在。这不能不使我们的民族性与人性受到阻塞与弱化。这于民族的发展是不利的。新时期来到，人们思想解放，情感世界也充分展开，人的发展的自由度在这个曾经禁闭与缺失的领域里，迸发出来，并像一滴水一样反映着新时期的中国人的理性世界与情感世界。《辽宁新散文大系》多有此类文字而且艺术成就突出，是自然的，正反映了这种时代精神与文学气质。

当然，其文本价值，不仅于此；它还广泛地从个人到集体、从家庭到时会、从国内到国外，涵盖生活的各个领域、工作与创造的各种职业与战线，在整体上，展示了辽宁的社会生活与发展状貌。从这个意义上说，《辽宁新散文大系》堪称当代辽宁以至全国的社会心态叙事文本，它具有时代的与历史的意义。

在表现这个意义世界的艺术形式与文学风格方面，《辽宁新散文大系》以集体的风貌，整体性地表现为关东文化的文学气质与艺术风格，它的美学质地：大器、恢宏、刚直。大笔触，大气势，均给人以粗犷与豪爽之美感享受。即使写儿女情长，细腻处颇见细针密线，但落笔时，仍然是气度豪迈。在语言上，也在总体上表现出这种艺术风格，铿锵有力，豪气纵横，且多方言土语、民间话语夹杂其间，而又经过提炼和"文化处理"与"艺术加工"，扫清俗气而颇具地域文化的风韵。其丰富的表现力，时常令人击节叹赏，其思想价值、社会价值、历史价值与审美价值，都是值得肯定和赞许的。

马加研究的新成果①

序《通向作家之路——马加创作生涯》

马加同志是我素所敬重的东北老作家之一。我最早读到他的作品，是著名小说《开不败的花朵》。记得那时我在《东北日报》副刊部工作，先读到了推崇这篇作品的评论文章，然后找来读了，觉得确实好。我至今认为这是一篇好作品。以后，我又读了他的《江山村十日》。再后，我读过的有《红色的果实》和《北国风云录》。这期间，马加同志的作品固然不少，但是我由于脱离文艺界以至新闻界的原因，未能拜读。我每读马加同志的作品，都是喜爱的。还有他的一些散文，我也喜欢读。我觉得马加同志的作品有一股真挚之情而又质朴出之的气质，语言洗练之中，凝集着东北的乡土气息和经过加工的艺术芳香。这些，整体上构成一种具有魅力的艺术气质。当然，他的作品的思想性、艺术性和社会、文化意义，还有许多可讲，这里只是概述自己的一种具体艺术感受，为的是说明作为后学和读者喜爱马加作品的心情。

喜爱一位作家，自然会想去了解他的情况：出身、经历、性格、艺术道路，等等。马加同志作为全国著名作家，30年代的老作家，应该有一部传记来介绍。半个多世纪以来，他在革命运动和文学创作上，作出了巨大的成绩，他的许多长篇小说、中篇小说，是革命文学成果的一部分，他坚持和发扬了革命现实主义，创立了自己特有的风格。他是我省作家的老一辈代表，我们都很尊敬他，也愿意了解他的革命生涯和创作道路，这是一个革命作家的道路。他反映了革命文学发展的一个侧面——虽然只是在个体上的体现，但具有一般的意义。现在，白长青同志的这本文学传记，可以满足这种要求了。每个作家都属于他自己的时

---

① 原载《通向作家之路——马加创作生涯》，辽宁民族出版社，1988。

代。他是时代之子，在一个特定的历史、社会、文化环境中成长。这背景大而至于世界、国家、民族，小而至于家乡、家族、家庭以及个人经历。这一切，熔铸了作家的个性、艺术思维和创作心理。而它们又都渗透和体现于作品之中。因此，了解作家的成长道路和了解他的作品，是一致的、互补的。

不过，作家传记作用不限于此。它还可以使读者从一个作家的道路了解总体背景，比如了解马加同志是有利于了解东北作家群的，同时，也有利于了解解放区的老作家，了解30年代成长起来的一代作家。

既然都是作家，便有其共性。因此，我以为这种文学传记对于其他年代成长起来的作家，比如70—80年代成长的作家，也是有参考价值的。我这里"论证"的是一个极普通的道理。我所以提一下，是想表明我要写序的文学传记的普遍意义和价值。但更重要的是，我以为我们应该了解、熟悉、研究老一辈的足迹。他们在那个年代的生活、战斗与创作，对于今天来说，固然都已成往事，但没有失去它的意义。我有时觉得至今有些年轻的同志对此有些隔膜。我们是沿着老一辈的足迹走过来的，无论自觉与否，历史本身就是这样铸定了的。对历史的了解与尊重，就是对今天的了解与尊重。

辽宁社会科学院文学研究所成立以来，就以研究东北现代文学、东北作家群为自己的主要职责。白长青同志的马加研究，是这个总体计划的一部分。他在这方面取得的成绩，是应该得到肯定和赞许的。我未能来得及通读全书，但我读过他以前所发表的这方面的文章，看了部分书稿，了解了它的总体设计和结构。它是比较充分地反映马加同志的发展道路的，也能够在历史和时代背景之下，比较系统地评述马加同志的作品。全书文笔流畅，语言生动。

我国的传记文学发展的不理想，"为××树碑立传"曾经是一个大罪状，近年是大大变化了，出版了许多作家传记，也出版了不少文学性传记。但比较起来，我们还是落后的。白长青同志此书的出版，可算这方面的一个新的成果。

我仍要说我很不宜也很不会写序，但近年来常常不得不勉力为之。真有难言之苦。这次，我主要是为了表达对马加同志的敬意，表示对于我院文学研究所和白长青同志的研究工作的支持，而写了这些话。本序不足观，还是请读论著本身吧！

成长吧，《庄稼人》！①

——祝《庄稼人》创刊兼谈小说创作的民族化

当收到朝阳文联寄给我的刊物，照例拆开想来翻阅时，迎面出现的是"庄稼人"三个字，不禁立时心为之振、目为之悦、情为之动！这刊物的名称何等醒目，何等意义鲜明，而且何等大胆！的确，这名字初见未免令人有点（也只是有点儿）粗俗之感，但是细究之后，却又会因其直白、显豁而有返俗归雅之意了。这就如大艺术家之作书绘画，以拙见胜一样。然而我的为之欢欣，却远远不是为了这么一丁点"艺术雅趣"，而且由形式而及于内容，对于编者的用心之"苦"、立意之深，甚有所感。

的确，我们还没有一份真正办给农民看的文艺刊物。倒是常见一些本以通俗见长、以面对农村读者为己任的刊物，如何在形式与内容上都在趋时地装扮自己，使之适应城市读者的喜爱。然而，文艺文艺，离开了农民这个占中国现有人口百分之八十的最广大群众，岂不是大为失职，而且，抑制了自身的发展吗!？而我们现在都确实怠慢了这个我国现有人口结构中的举足轻重的读者群！一方面，我们用什么侠呀、义呀、探案侦案呀之类的"文艺作品"，以拙劣的、庸俗的，甚至是下流的戏剧与曲艺文学去供应这个读者群；另一方面，则创作大量的、目光所及城市读者的作品。两相比较，确实令人感到厚此薄彼，很不公平。

我曾经在偏僻的农村生活过近十年的时间，有几段时间，倒是真正"实行三同"了的。这期间，我接触了老、中、青、少四代农民。他们识字不多。但是，他们对于文学艺术的喜爱，确实是令人感动的。这原因是多方面的。在这里不想多说。但可指出一点：这是他们热爱社会主

---

① 原载《庄稼人》1984年7、8月号。

义社会、热爱今天的生活的一种表现；也是他们在文学艺术上的"饥渴感"的反映。这已经是十几年前的事情了。近几年来，在党的十一届三中全会路线的指引下，在农村实行新的正确的政策之后农村又发生了更新的、更广阔、更深刻的变化，并且预示着更大、更深的变化。首先是农民富起来了，生活大大地改善了，心情更好了，更加热爱社会主义、热爱新的生活了。这种变化，除了反映在生产劳动的积极性方面，就是体现在对于文化——其中首先是对于文学艺术的需求更为强烈了。面对这个澎湃涌进的潮流，我们还不应当想方设法，发挥创造性来满足这种要求吗？——这是时代的任务、历史的责任，文学艺术工作者的无上的光荣！让我们承担起这个历史的使命吧！《庄稼人》的创刊，正是适应了这个潮流、感觉到历史的责任的表现。祝福你，《庄稼人》！成长吧，《庄稼人》！

当然，除了读物面对着谁的问题，还有一个读物中所写的"都有谁"的问题。这可以说就是作品的题材问题。近几年来，在文学创作上，由于冲破了教条主义的束缚和"四人帮"炮制的艺术上的种种禁令，仅就小说讲，其题材确是大大地拓展了，广阔而丰富了。然而，也有令人遗憾的地方。粗略地说，一个是爱情题材的泛滥，一个是农村题材的锐减。我以为这是我国当代文学中，一个值得引起注意的问题。现在，有一个以《庄稼人》命名的创物，对于改变这种状况，自然是大为有利。当然，这绝不是说《庄稼人》将全部登载写农村题材的作品，但是，它自然应该以此为主。同时，又注意到题材的丰富。农村读者们，也愿意和需要了解农村之外的广阔天地的生活，无论是城市的还是集镇的，是部队的还是机关的，是学校的还是工厂的，海上、陆上、空中、油田、矿山、工地，方方面面，他们都是应该和愿意了解的。这意义，也绝不止于好比供应食物品种多样；更重要的是，将反映丰富生活面的文学作品供农村读者阅读，有利于开阔他们的眼界、丰富他们的思想、提高他们的情趣，这些都有利于农村和农民的精神文明建设。

但是，题材只是提供了一个满足社会审美需要多样性要求的可能性；要把可能性变成现实，并且使这种"文学现实"能够成为在思想上、艺术上培养读者和塑造他们的灵魂的"文学养料"，还要解决怎样对待这个题材的问题。这就是恩格斯所说的，不仅注意"写什么"，而且还要注意"怎么写"。怎么写的问题，反映了作者的审美选择、美学理想、艺术技巧的内涵与方向、总体立意的内涵与主旨，总之，作者的世界观、社会观、艺术观、美学观，"皆备于此"。在这方面，仅就农村题材的作品来说，我以为任务是艰巨而光荣的。今天农村生活的面貌，变化是很大的，也是很深刻的。尤其是当前，农村的变化更为巨大而深刻了：传统农业正在向现代化农业转化，封闭式的自给半自给的农业，将变成开放的、社会化的商品经济。这是中国亘古未有的变化。它的连锁反应是极为广阔、深厚、丰富的。多种经营大大发展，工业将广泛地、大幅度地发展，商品将极大地丰富，集镇将迅速广泛地发展起来。农村的人口结构、知识结构、产业结构、产品结构、文化结构、家庭结构，等等，也都相应地发生进步性变化，其根本趋势是社会主义的发展。这一切，已经、正在并且将要在农村的日常生活中不断出现。表现于农村人口男女老幼的生产中、生活中、命运中、家庭中，将出现种种故事。那将是一个文学题材的大海。正如毛泽东同志所说，其中蕴藏着文学艺术的丰厚矿藏，是文学艺术原始材料的取之不尽、用之不竭的源泉。我们现在的任务，是要写它，多多地写它，而且，要写好它。从目前的情况看，我们对于这方面的生活，写得确是很不够的。我们在这"生活之树"面前感到惭愧：写得太苍白了。我们往往只是写了表面的生活，如贫富的变化，但是，它的"来龙"——它的深厚的、历史的、社会的、人心的源泉呢？它的"去脉"——它的极为光明灿烂的社会主义、共产主义的发展前景呢？它的深刻的意义——它将会引起的社会、农村、家庭、心理等的革命性变化的深刻内涵呢？我们都写得多么不够啊！

努力吧，《庄稼人》，伸出你的手，向四面八方，向作家之群去索取、去推动、去组织吧！用这块阵地，用你的创造性去劳动和工作，去吸引更多的作品，去引导作家们写得更深刻、更好！用你们选择的作品作为样品、作无声的命令，去推动作家写得更好些、更深刻些吧！祝你成长，《庄稼人》！

我还以为，这里蕴含着一个文学民族化的问题。民族化，首先离不开内容。有人常常把民族化看作用什么样的语言、风格来写的问题；这当然是很重要的。但是，更重要的是写什么和把这题材写成了什么样的问题。丰富的农村生活、广大农民（这是八亿人！）的劳动、生活、命运、思想、感情，将构成我们文学的民族化的最丰厚的内容。我们可以想象得到，如果写好了这方面的生活，它在现时，是我们时代的反映，在将来是我们民族的历史记录。在外国读者中，它是具有民族独异性的作品。这正是中国气派的最好表现。

当然，同时也有一个如何写的问题。这有两层意思。一层是，"生活"在你眼里和笔下，是个什么样子？即你是否写出了"生活"的本质，准确地反映了"生活"，而不是歪曲了它？描绘了、创造了典型环境中的典型人物，而不是歪曲了他们？恩格斯曾经批评《城市姑娘》歪曲了十九世纪八十年代的英国工人阶级的形象。美国作家赛珍珠的《大地》写的是中国生活，然而她却污蔑了中国人，歪曲了中国的历史和现代生活。我们要追求把我们今天农村生活的面貌和农村人物的典型写像、写深、写好。这里最重要的是写得真实：要真实地描绘生活——革命现实主义的真，决不止于如实地描绘。它要求写出典型环境中的典型形象，要求写出细节的真实，也要求作品中的作家的感情是真实的。这里要求的可以叫作"三度真实"。我们希望对于农村生活的反映，能够做到这样的三度真实。中国社会主义农村的典型环境和典型人物、中国社会主义新农村的细节描绘、中国革命作家的思想感情，这将构成我们现代的民族化文学作品的基础。这是我们颇为迫切需要的。现在有的文艺作品，确实在"体态"上，不那么像中国作品。生活的景象、人物的心理状态、人物的关系结构，都不那么像。

至于"如何写"，重要的是继承我们民族的统。这也是我们当前十分值得注意的问题。的确，我们曾经怠慢了自己的民族传统，这是五四运动以来的一个老问题。今天，我们一方面不无遗憾地承继着这个"遗憾"，但是，另一方面，我们又应勇敢地突破这个历史的藩篱。只有这样，我们才能发展，才能前进。在这方面，有的作家已经作出了可喜的成绩。三十年代的老作家舒群，是宋元话本的深有研究者，他近年的小说，尤其是得奖作《少年chen女》，流露了深厚的话本创作的影响，因而，也表现出小说创作的民族化发展的成就。

古华的得奖作品长篇小说《芙蓉镇》从结构叙事方式以及语言，都流露着鲜明的民族风味。古华说，他吸取了中国长篇小说的长于叙事的手法。汪曾祺则在强调有意识地继承传统的同时，又注意吸取外来的可用的技巧，他说：但是有时忽然来一点现代派的手法，意象、比喻，都是从外国移来的。（同上）

这些说明：民族化问题，远不止是一个单纯取用遗产的问题，更不是"旧瓶装新酒"。这里，更深刻的是：要使革命现实主义更丰富和更深化。

革命现实主义的产生是如此，其发展更加是如此：它要以作家同社会、同生活的新的革命的关系为根本，在此基础上，以马克思主义的辩证唯物主义和历史唯物主义思想来使现实主义深化，使它更丰富，题材更扩大，表现方法也更丰富多彩，艺术技巧更多样化。

民族化的艺术品，是最为农民所喜闻乐见的。这与他们的审美观点、美学情趣相衔接。同时，革命现实主义的发展，题材的扩大、丰富，生活面的宽广，技巧和艺术丰采既有民族基础、又有新的借取，如此等等，又将逐步地（这一点很重要）改变农民的审美习惯，沿着马克思所说的艺术品不仅成为欣赏的对象，而且产生欣赏艺术的主体的道路发展下去。

对于小说创作来说，就是要总结和吸取中国古典小说，五四以来的新小说的思想为艺术营养，以此为基础、为骨干，借鉴外国古典小说和现代小说的技巧，为我所用，来创造，既具有民族风格、民族气派，又是新的文学样式的作品。这种"新小说"，将在广大的农民读者中受到考验：看他们是否能读懂而且爱看？是否能够既适合他们的口味，又逐渐地改变着他们的口味。这类"新小说"也将在农村题材上受到严峻的考验：看它是否能够很好地表现这类题材，能够水乳交融地、一体化地反映生活的面貌与内涵，塑造新的人物。

这需要有志者的不断摸索、试验、创造。

在这方面，《庄稼人》可以成为试验田，也可以成为代表读者审视成败和评判优劣的园地。

我们正处在一个文学繁荣的年代，尤其是叙述文学更进一步发展的时期。新的生活、新的人物，要求产生新的文学。

让《庄稼人》在这个令人欢欣鼓舞的时期，在文学发展上，在社会主义精神文明的建设上，发挥自己独特的作用吧！

祝福你，《庄稼人》！

沧桑无语意不穷①

——读王充闾《沧桑无语》并及他的散文创作

　　读罢《沧桑无语》，想到两句话：沧桑无语意不穷，无语沧桑我自言。

　　这部文化大散文集中的一篇篇作品，都是面对那沧桑多变的自然和历史多变的沧桑，所生发的情愫、思考、感慨、体验和感受；是自然的思绪、历史的反思。然而，自然无语、历史已逝，它们都如老子所说"大音稀声"地无语对苍生，所谓天何言哉、地何言哉，桃李也无言。而无语者却具有无穷尽的意义和蕴涵。面对这无语的沧桑，"我"（作者）自言之："言"自然、沧桑无言之言、未言之言；是言无言沧桑之所言、揭示无言之言，替天地、自然而言，"言我所知、所思、所感"而言。这里，自然、历史、我，三者连为一体、和合融会。作家的"文章"，同"大块文章"（"历史篇章"）一体一致。不过，"大块文章（"历史篇章"）的意义蕴涵都是属于我而不与他人同的解读、诠释；而我的解读-诠释又是我对于自然、历史的意义蕴涵的附加、生发、提炼与升华。这，使我想起泰特罗在他的《本文人类学》讲演中所说的"自然行迹"与"人文话语"之间的关系："旅行同时也是对旅行者的自我进行探索和发现的心灵历程。"旅行者对于"自然"的解读，既是一种"自然行迹"的记录，又是——甚至应该说"更加是"他的"人文话语"。《沧桑无语》记录的是作家王充闾游历风景名胜地、历史遗迹处的所见所闻和所感所思，也就是他的旅行中对自然与历史的探索和发现的历程；但是，同时也是他的"自我"对自身的探索和发现；前者是游历的历程，后者是他的心灵的历程，前者是"自然行迹"，后者是"人文话

---

① 原载2001年版彭定安著《安园读书记》，辽宁教育出版社，2001。

语"。我们可以说，《沧桑无语》中的文章，既是作家对自然与历史的意义蕴涵的发现、发觉、发掘、探索，也是并更加是他对自身的发现、发觉、发掘、探索。无前者固无以言后者，但是，无后者则更加无以言后者之所言。因此，读《沧桑无语》固然是读书中对于自然、历史的解读与诠释；但更加是对于作家王充闾自身的解读与诠释。这正是一种"双重阅读"。而我此处此时之"读"，主要是后一种阅读，主要是对"人文话语"、对作家自身的阅读。——当然，这种阅读又必须是建立在前一种阅读基础之上的。

从形式上、表面上来看，《沧桑无语》似可归为传统文类中的游记、纪行、行记，但是，以它的仅以"自然行迹"为由头、线索，而以"人文话语"为正宗内涵、为主体部分、为精神所系，它合理地被称为"文化大散文"。因此，我首先试图解读它的文化内涵和意蕴。

《沧桑无语》的文化精神，突出地表现在一种"两重对话"的质地上。

第一，在对自然、人文、历史遗迹的着意执着寻访追觅中，在凭吊、追忆、反思、感叹和评议中，频频出现，一以贯之地对于追求仕途官场、荣华富贵、声名利誉显示无意无欲，而对淡泊超脱、心系人民、清廉正直则推崇赞颂；他欣赏那种追求精神–文化的生活，而对执迷物质–享乐的生活则持批判的态度；他不时流露对于后者的向往眷恋，和对前者的规避疏离。以充闾的官员而兼作家的身份，而抱此种态度与心境，倾诉这样的情怀，并舒之以文章，播之于世间，这正是对于时下社会心态、世风流俗的一种严肃的、雅致的、深长的对话。——令人欣慰的是，《沧桑无语》初版印数不少，不久就重印：说明世间倾听这种对话，并且听懂了、喜爱听的人不在少数。

第二，当前，散文创作繁荣、成绩斐然。文集蜂拥，作者辈出，题材不同，体裁各异。但是，也有另一面现象：不少作品，无论散篇还是文集，风花雪月、山水林田、往事回忆、生活速写、卿卿我我、儿女情长，事不及民生，情不系苍生。"自我"与社会、生活、民族、国家、历史脱离，孤芳自赏、顾影自怜。无论长短，实质皆为小散文。读《沧桑无语》，深感实际上是与这种文学现象的一种对话。充闾文中虽多山水游记，虽多自然、历史、自我，然而，所言皆有所记、有所指、有所涉、有所寄托、有所蕴含，并且大致关涉历史兴亡、人生感受、人事体察，予人以知识与教益、思索与启迪。他的这种文学对话，同时也是社会对话、道德对话、文化对话。

二

《沧桑无语》中，对于自然风光、名胜古迹、历史事件、历史人物，多有涉及。读其文，我们似乎伴随作者，或者跟随他，一起来到、走过一处处风景名胜、古迹遗址。作者作为一位旅者、寻访者，游走在大江南北、南陲北疆、旅游热点、偏僻角落；但他更加是以一位历史学、社会学、美学学者的心与眼，一位作家的敏感和激情的期待视野，走访、寻觅、探察人文景观和景观人文的思想、人生、艺术的内韵。这里，"自然"不是自然而然的自然，它已经是"人文自然"，是马克思所说的"人化的自然"和"自然的人化"。山川草木、江河湖海、山峦原野，小桥流水，更不要说廊庙帝陵、楼台亭榭、名寺美庵、荒冢古墓之属，都是人使自然改变了面貌，人的力量，创造了新的自然，给自然添加了美和魅力；人的物质的、精神的、心理的、审美的力量和神韵，寄托、镶嵌、融会于自然之中了。在这里，"自然行迹"，已然成为"人文文本"。当然，这个历史、现实结合的自然、人文文本，需要旅者-观者的认知-理解-揭示，特别是要有那份热情那份心。然后，才能在这个基础上，去解读、诠释自然的人文文本。王充闾在《沧桑无语》中，正是作出了这样的解读、诠释。他首先是对于自然的"阅读"。他的这种阅读，具有十分突出的个性特征。王充闾说："外出旅游，寻访古迹，我常常跟着诗文走。"又说："也可以说，这种诗古文辞使我背上了一个相当沉重的情思的宿债，每每时刻急切地渴望着对于诗文中的实境的探访。"这就是说，他对于那些"自然实境"的了解、认知，是同他对于中国的诗古文辞的了解、认知，特别是对于那些与现实中的"自然实境"相联系，为这些诗古文辞所吟咏弹唱、描绘刻画的"自然实境"的了解、认知相联系的。这说明，他对于这些"自然实境""自然行迹"的前在知识结构，他的接受美学上所说的期待视野-接受屏幕，都是同这些他熟知能详的诗古文辞水乳交融的。由此，我们就可以对于王充闾的接受意识和创作心理作更深层次的解读和揭示了。

中国的诗古文辞，同"自然"这个客体-"主体"，具有一种蕴藏着丰富的中国艺术-文化精神的，生态的、社会的、伦理的、人生的，尤其是审美的关联。而且，这种关联是深刻的、潜藏的、两者水乳交融的。德国著名汉学家W. 顾彬（Wolfgang Kubin）教授在他的《中国文人的自然观》中指出，在唐代，新型的文人学士取代了贵族，自然观在新的背景和范围内，发生了变化，那种一方面自然观被置于广阔的社会基础上，一方面自然又转向内心，即黑格尔所说的"精神（向自身的）复归"，在六代产生的基础上，最后形成了。[①]自然被赋予了形象地、活生生地萦绕在王充闾的脑海里，成为他心中的"家园"，梦里的胜境，魂牵梦绕，期待着身临其境。于是，他就带着"情思"和"宿债"，"跟着诗文走"去了。在他面前出现的自然不是"自然"当年的面貌，而是它的"当下"的情景。而"历史"与"现实"、"历史记录"与"诗歌吟咏"，就发生强烈的对比、撼人心魄的对话，诱发面对如此情景者的深远的思索。一系列的历史事件、故事、人物、掌故、人文佳话、诗人文士懿行逸事、王朝兴亡更迭故实，如此等等，便都在文中出现；特别是，作家本人的感叹、思索、评议，结合历史与现实，由现实进入历史，又由历史回返现实，深入地展开，引导读者进入他的观察、思考、思绪、思想、体验、感受之中。

于是，我们在王充闾的散文中读到和看到那些与历史人物有关的遗址、古迹、名胜、风景区的风貌和景况，但不是一般的描述和记叙，也不是来自旅游手册的摘记或铺展，更不是如有的散文所做的那样，零星、细小的材料，尽情以至矫情地渲染、发挥、铺张；而是一种简洁的，甚至吝啬的，笔到意到、意到笔到的勾勒、速写、白描。作者着眼着笔处是"自然"这个思索的对象，特别是"自然"中镶嵌、蕴藏、浓缩和寄托着的人文遗迹、民族精神、历史精髓，以及美学意蕴。他寻觅走访遗迹旧址，而思索评议庄子、严子陵、阮籍、嵇康、李白、苏东坡、陆游等人文精英的文章风骨；凭吊叩问山川名胜而评骘臧否魏晋、

---

① W. 顾彬（Wolfgang Kubin）著、马树德译：《中国文人的自然观》，上海人民出版社，1990，第89页。

唐宋、明清历代留下历史刻痕的帝王将相。他的所有议论品评，都是富有自己的见解的，个性化的，表现了独到的史识。他透析李白的性格悲剧和"他的性格造就了自己"：瘝瘝入仕却落拓穷途；志不在诗文竟名垂千古。(《青山魂》)他论证庄子的"诗化的人生"："一个善于自我敞开的人"，一个"独与天地精神相往来"的人，"万物情趣化，生命艺术化"(《寂寞濠梁》)。他指出，严光(子陵)的保持终身隐逸、钓台逍遥，其实是"要以痛苦的磨砺为代价来换取一己之高洁"，那"超然世外的心理宁贴"，须以"终身的安贫处贱"换来：隐逸，既非易事，又须隐忍痛楚的(《桐江波上一丝风》)。此外，关于苏东坡、陆游等，关于帝业兴亡、人臣穷达等，也都有类似的妙论的评。这表明，王充闾所写，表层是自然、游览、游记，但透过表层，与之融会和合的则是那丰富的深层次的内涵意蕴。其意境，不仅予人以知识的传输、思想的启迪，而且给人以审美的愉悦。

三

在这意境中，作者表现了几个方面的突出的优势和特点，既有思想方面的，又有艺术方面的，并综合而构成文本方面的。正是这些构成了作者创作成就的"底气"与"机心"，也铸就《沧桑无语》的艺术特质与审美素质。作者在文章中，对于历史事件、历史人物、王朝兴衰、文事跌宕等的评述议论，都不仅是有根有据的，而且是"历史素材"在稔熟于心之后，又经自己"重构"而叙述出来的。这是一个属于他的"人文文本"。这也正是法国年鉴学派所说的"历史是活着的人为了活着的人使死人重新活一次"，是在"长时段历史观"的范畴中的观察思考的结论，但更加是作者自己的思想才能、历史识见、社会观察及人生体验的结晶。这既是他的识见的表现，更是他的"识见"通过"文章"来表现的艺术。思想与艺术在这里两相结合。无论是《青山魂》《寂寞濠梁》《春梦留痕》《梦寻》这些歌吟咏叹诗人骚客、哲人学者的风骨诗情之挥发与廊庙山林之惑解的篇章，还是《叩问沧桑》《邯郸道上》《陈桥崖海须臾事》《文明的征服》《土囊吟》《狮山史影》这些凭吊兴叹历史往事、帝王家业的作品，都可以看作正经的史论文论。诸如《青山魂》是地道的一篇李白性格悲剧论；《梦寻》是"陆(游)唐(婉)之恋"

论;《春梦留痕》是"苏轼贬儋州"论等等。但不同于正宗文史论文的是，这些散文篇章，行文流丽跌宕、徐缓逶迤，寓意含思于叙事状物之中，评古论今于抒情想象之际，记人、叙事、述史、抒情，回忆、想象、实感、幻觉，纠结连绵，浑然一体。从而构成一种艺术的叙事文本，而不是理性的论列。

作者在这样地来表现、表达他的思想和艺术时，更加具有独特性和独创性的是，那些他所熟知的"诗古文辞"，不是外在地被引用、借用，更不是如有的人所为，临时抱佛脚地偷几句塞进来凑数；他的可贵处是，不仅这些诗古文辞烂熟于心，而且，它们是他的记忆本身，是他的记忆的"素材"和"语言"——他关于历史故实的记忆，是融会于诗古文辞之中的。甚至他的思维，也同这些诗古文辞相融会，它们，特别是那些清词丽句，也是他的思维的语言和内涵；他不是一般地背诵诗词，而是"诗词"同他的思维一起活跃、跳动、行进，也是他的思维"裹胁"着、融会着"诗词"，在"思"，在活跃、跳动、行进。"思维、思想"糅合一起，"思维"着对象、表现着对象。这种记忆、思维的特点和优点，表现在他的散文中，就是一种特殊的表达方式、表达形态、表达风格：生动而典雅、流丽而隽永，富有知识性和传统文化精神。在读《沧桑无语》的过程中，我们不断地跟随作者一起领略那些我们熟悉的、更多的是不熟悉、从不知晓的丽词佳句的韵味，更常常会为作者恰到好处地引用、镶嵌那些丽词佳句而击节赞赏，感受审美的愉悦。我认为，这是一种真正的"文心"：为文化一种具有特质的文化，一种饱含着为中国古典诗词所融化的中国文化精神、艺术特质，装备、浸渍的创作心理。正是这种创作心理汁液，浸泡、融合、"酶化"了他的创作素材，才发而为他的独具特质的散文：我愿意称之为"思想、历史、文化大散文"。

而且，在这些"诗古文辞"中，又同时渗入、融进了流泻和闪熠着西方的、现代的学术文化的知识、思想、审美情趣。游北邙山而及意大利庞贝古城的覆灭；论古今变迁而《哈姆雷特》《癸辛杂识》并举，谈魏晋，除古籍笔记的引证，鲁迅、宗白华亦被"借力"；在有关中国古史、文人风流、诗歌创作的论述中，现代文化观念、学术思想、审美意识、各家理论，多有征引，古今汇融，共处一体，完成着作家所要完成的思想-艺术的意旨。这又为作者的散文增添了思想与审美的素质。

王充闾在游历、留恋、吟咏和思索这些"自然行迹"特别是"历史遗痕"时，总是有一个背景存在、一个隐在的主角存在、一个对话者存在，它就是"现实"。他发的似乎是"思古之幽情"，但"思古"的出发点和归宿都是现实；是"从古到今"的思索和"从今到古"的思索的结合，最终落脚在现实上。当然，这些都是隐在的、潜伏的、若在不言中、如在言与不言中、似是无言却有言。这种"显在"与"隐在"的结合，"显在"地诱人阅读、进入、欣赏，而"隐在"地启人思索、琢磨、联想、沉吟，构成一种深沉而具意蕴的审美素质。其中多有英伽登所说的"空白点"（"未定点"），给读者以想象的天地，给接受者以进行罗兰·巴尔特所说的"读者的工作"的素材。每一位读者，都会从中体察到属于自己的意念、感受、思想、体验。我在读《沧桑无语》的过程中，常常想起一句话："历史是心灵的信息、心灵的科学"。《沧桑无语》的篇篇文字中，既传达了庄子、嵇康、李白、严光、苏轼、陆游等等，和汉高祖、徽钦二帝、宋太祖、明太祖等等的历史、文化的"心灵信息"，和对他们的心灵的科学的评骘；同时，又表现了作家王充闾的心灵的信息和心灵的科学。

四

法国新史学派有一个有意味的命题："历史是不可复述的"；后人的复述，定然是一种"重构"。历史的重构，自然不是离开事实、违背事实的主观臆造，而只能是依据历史事实的"主体的"，带有主观诠释、主观意图的叙述。这里必然会有叙述者的先在意念在充当"叙事的指导"。正是它们的存在，才使历史的"又一次叙述"具有了新义新意，具有了读者能够领略新的意义的叙述。我们可以说，《沧桑无语》中，具有一个"王氏重构、王氏历史叙述"。罗兰·巴尔特说："把历史典籍重新阐述，以便能找出适当的处理方法，"这是"一种例行的评价过程"①。王充闾正是进行这种"重新阐述"，而他的新阐述，是找出了自己"适当的处理方法"的，而且这就是一个"评价过程"。的确，他选取了自己的视点、角度和材料。他独自提炼了历史的故实，来具象地表

---

① 罗兰·巴尔特《批评与真实》，上海文艺出版社，1999，第94页。

述他的思绪、理念。像朱元璋祖孙三代君王"僧为帝，帝为僧"的某种意义上的"历史循环"；"忆昔陈桥兵变时，欺他寡妇与孤儿。谁知三百余年后，寡妇孤儿又被欺"，有宋一代这种同样带有"历史循环"意义的史实的剔抉，都令人唏嘘慨叹而有所思。但更重要的是，他的"意念"、"新义-新意"、"叙述指导"，都是围绕着一个"两相构造、双重结构"的"母题-主题"来展开的。这个"母题-主题"是一种文化母题：生命的真谛、人生的意义、存在的体验；其中蕴含一系列二元对立的命题：事功追求与文化创造、工具理性与意义理性、势利衷情与终极关怀；它们的中国式、中国文化精神的意义内涵和表达领域则是：宫阙/廊庙；人世/隐逸；政坛/文坛；闹市/山林；"达"/"穷"。王充闾在《沧桑无语》中，通过对庄子、嵇康、严光、李白、苏轼、陆游等的诗情文心、风骨气节的赞扬咏叹，对汉与魏晋帝业之兴亡，对"黄粱梦"的历史、文化性展开评议，对赵光胤、完颜亮、朱元璋等的帝业王位兴亡起跌的评议论列，以及对宋、明两代历史的评述，表达了他对上述一系列二元对立命题的个性选择：轻弃前者而赞颂后者，于取舍之间，透露和显现了作者的理性择向和情之所衷，而其心性人格亦于其中蕴含骨立。上述命题系列，实际上就是中国从历代"士"阶层到现代知识分子的"千古情结"："事功"与"学问/创作"、"立功"与"立德/立言"的悖论和两难选择，苦恼着一辈又一辈的读书人、诗人、作家，使其中不少人痛苦终身。王充闾通过他所评议论列的人和对他们的评议论列，对这种悖论作出了一种选定的"人生抉择、生存方式"，在"两难"之中选定了一种目标。他的这种抉择，当然是贯穿于全体行文之中，但突出而集中地，理性又情感地、艺术地表达于一些恰到好处引用的诗句、联语中，比如"华灯一夕梦/明月百年心"，"睡至二三更时凡功名皆成梦幻/想到一百年后无少长俱是古人"，"陈桥崖海须臾事，天淡云闲今古同"（《陈桥崖海须臾事》）"莫向斜阳嗟往事，人生不朽是文章"（《青山魂》），如此等等。

当然，这种"抉择"，不是一种抽象的、凝固的、脱离实际的论定，而是依据所论对象的思想、人格特点来确立的。正是李白、苏轼的那种诗人的风流倜傥、放荡不羁，而又不善周旋人事、捭阖政争的性格心性，才会适于远离宫阙、退居山林，不建事功济苍生，究以诗文育尔曹。作家在这里提供了一种充分中国式的人生选择、生存方式，和人文心态、性格的标的。如果说这是一种人生指导，也许太实，甚至有一定的误解成分，我们宁可把它作为一种文化选择、文化消解、文化心态来欣赏、把玩、接受，倒更加好一些。——也许这才是一种审美情趣、审美态度。

五

我以为这里面，有"机心"（叶维廉语）存焉。所谓"机心"，我理解并自我释义为：作者在自己创作心理的思想、情感、记忆、想象、灵感和直觉思维中，融会和合而成就一种创作的情绪、心态、心理、激发状态，其内涵与质地是一种有机的、思想和情志都情绪化的情态。它既是已经形成的心理状态，又是"既成心理"在创作激发状态下的即时表现。它灌注于作家的创作活动之中，又灌输于作品之中。前者是活动于"运动"（创作活动）之中的"过后逝去"的心理、情绪状态；后者则是事后"凝固于作品之中"的相对"静态的存在"。它，即是作品的思想、艺术、审美内涵。王充闾历史-文化大散文达到现在的成就，尤其是《沧桑无语》的突出成就，就因为他在此前的长时期中，以学识的累积（尤其是中国古典诗词方面的地道的修养）、生活的积蓄、社会经验的深化、世情的考察、人生的体验，以及文学-艺术的素养等等，构成了他的融思想和艺术于一炉的"机心"。这是一种高文化层次、高艺术素养和广泛深入社会观察与人生体验的认知-心理结构。王充闾历史-文化大散文，是这种高层次创作心理构造的产品，是它的"物化"形态与文学产儿。

因为具有如此"机心"（创作心理），所以能够"具'机心'而不落言荃"。"机心"丰厚，所思广远深入，富有社会体察、人生体验，敷以"诗古文辞"——中国文化和艺术精神的濡化，发而为文，自然有独到之处，有自己的创获，有特出的艺术质地，构成一个优秀的审美对象。借用叶维廉在论中国的"点、悟"式诗歌批评时，所举禅宗公案中的禅机，来说王充闾散文创作，也是如此：

问：如何是佛法大意？

答：春来草自青。

"机心"好比"春"，早已蕴蓄于心、隐藏着思想与情意，一经客观现实的触动——比如遗址古迹、山川名胜的观赏凭吊，便激发、迸发而出，"春来了"，"草自青"——散文作品的思想、文化、历史、艺术素养自然高妙；并且，自然天成，不着痕迹，不落言荃。

六

海德格尔说："作品存在意味着缔建一个世界"；而这个世界的缔建则依赖语言；而语言具有双重的作用，它一面是"存在的家园"，作者-作品的"内韵"即倚此家园而存在；而另一方面，"语言"又会"言说"："言说"它自己的"言说"。一面是"我在说话"；另一面是"话在说我"。每一个作家，都凭借语言而创作、而存在；他必须缔建自己的语言世界，才能缔建自己的艺术世界。王充闾在《沧桑无语》中，完成了他的散文话语的建设，他最终完成了他的语言家园的建造。从而，他也就能够缔建他的散文艺术世界。我曾经在他的《沧桑无语》之前诸多作品的一次讨论会上，试图概括他的语言特征，表述为：以中国传统规范语言——特别是中国"古典"语词——为基础，运用现代语言，时有对当代以吸取西方文学、学术话语为特征的"新时期话语"的吸取，几方面汇合而成一个整体叙事话语。但总体范型和风格、韵味，是比较传统的。尤其文章里面，夹用数量可观的"诗古文辞"，更使其显出中国古典散文"气质、文韵"。以此，他的散文的整体叙事范型，也是如此，而不同于时下普遍的散文风范。这是他的散文语言的特点，也是优点，同时，又是一种不足。如果这种概括能够成立，那么现在出现的这本《沧桑无语》则表现王充闾不仅已经突破了以前的规范，已经超越了自身，而且应该说他已经创获了他自己的、成熟的现代规范散文语言。他的整体语言家园，是由以中国现代文学、学术话语为基础，又消化、吸收、融会中国古典散文、诗词语言，并以同样方式吸取了现代西方文学、学术话语，汇合三者，而形成他的新的散文叙事话语、语言世界。它与历史-文化大散文这个散文艺术形态，达到契合状态。因此，而构成一个浑圆融通的艺术境界，缔建了一个海德格尔所说的"艺术世界"。在这里，"诗古文辞"、各类丽词佳句的引用也好，现代理念与命题的使用、通行文化学术话语的嵌入也好，都不再是外在的、悬浮的，而是融会一体的，有机地构成了一个语言整体。像这样的段落，是比较常见的，它也比较典型地反映了《沧桑无语》的语言特征：

> 当然，作为诗仙，李白解脱苦闷、排遣压抑、宣泄情感、释放潜能，表现欲求、实现自我的最根本的渠道，还是吟诗。正如清初文人金圣叹说的："诗者，诗人心中之轰然一声雷也。"诗是最具个性特征的文学形式。李白的诗歌往往是主观情思支配客观景物，一切都围绕着"我"的情感转。"当其得意，斗酒百篇"，"但用胸口，一喷即是。"

这是论诗人者，有论历史者，则如斯：

> 英国文学名著《简·爱》的女主人公回故地桑菲尔德府，目睹物是人非之惨景，曾喟然叹道：一切没有生命的依然存在，而一切有生命的已经变得面目全非了。尽管这话十分精辟，但却并不准确，没有生命的同样也在变化。一千多年前，李白写过一首《梁园吟》，有句云：
> 昔人豪贵信陵君，今人耕种信陵坟。
> 荒城虚照碧山月，古木尽入苍梧云。
> 梁王宫阙今安在？牧马先归不相待！
> 舞影歌声散绿池，空余汴水东流海。
> 说的是山河犹是，人事已非。于今，不要说梁园、万岁山，连那滔滔滚滚的汴水也已荡然无存，早就淤为平地，只剩下"汴水秋声"四个字，作为汴京八景之一留在方志里。
>
> 《陈桥崖海须史事》

这里的叙述是朴素的、内在的、节俭的，不事夸饰张扬，没有铺陈靡费，古今中外，统合于一，徐缓逸隐，底蕴深沉，引人思索，咀嚼余韵。

<h1 align="center">七</h1>

丹纳在他的《艺术哲学》中，把一部作品、一位作家纳入"三个总体"来考察：作家本人的全部作品总体，他的同时代的作家群总体，他所处时代的社会-公众总体。我们在这里不妨把《沧桑无语》纳入王充

间的作品总体中来作一考察。王充闾最早的散文集，如《人才诗话》《柳荫絮语》《清风白水》，诗话显示了他的中国诗学的深厚功底和语言文辞训练，另两部散文集，除了题材的相对广泛外，则显示了他的散文风格的统一的特色，这就是：书卷气，古典诗词的运用，"书生本色，诗人襟怀"（冯牧语），以及文章中透露出来的创作心理："忙里偷闲勤读书，工余心遽写性情"那种"官员生活"之余、之外、之上的文化追求。但是，这时期的散文，在这种"统一规范、风格"之外，还不免有题材分散，文体形态披纷之嫌，即题材涉及生活、情感感受的较多方面，文体则类及抒情文、随笔、笔记、杂感，甚至其他文类等等。这种"散"，也许不仅是"写作"的分散，更重要的是显出"注意"（心理学中一种心理活动状态）、心绪、思考、探求上的一种"分散状态"、"四面出击"。但到《面对历史的苍茫》，无论题材和思考、思想，就都集中在"历史的苍茫"这一凝重深沉的界域之中了。而以前的那种创作风格的优势，又恰与这一界域契合，从而得到更好的发挥。这本散文集获得鲁迅文学奖，信非偶然。再进而至《沧桑无语》，就更集中、更浑厚、更凝重、更深沉了，而此前的风格优势、艺术特色，不仅更为契合，而且锻炼修养、中西会通，形成了与内容处于"无隔"状态的成熟的叙述范型。这使王充闾的散文创作达到了质的转变，进到一个新的思想、艺术境界。

在改革巨变的时代，人们常常会要回顾过去、反思历史、审视传统，这是前进步伐的"预备"和"校正"，有利于改革的行进。"文变染乎世情"（《文心雕龙》），因此文学创作上，在戏剧、影视、小说、散文等方面，都有一种"历史关注"的现象出现。这里，既表现了"同时期作家群"这个总体的创作趋向，也反映了"社会、公众"这个总体的接受趋向。王充闾的《沧桑无语》的创作，纳入这两个"总体"来考察时，一方面显示了他的创作选择、立意、宗旨，是适合时代潮流和文化主流的，另一方面显示了他在这方面的优势，他修养有素、准备充足，不是如"观潮来到顺潮而上"者那样，勉力趋势；而是"正合我心"、得心应手，主客统一，"创作动机"与"创作心理、创作激发"契合。《沧桑无语》的创作成功，它的畅销，"市场看好"，正说明它符合"社会、公众"的期待视野、接受屏幕，是适应广大读者对过去、历史、传统的回顾、反思、审视之所需的。《沧桑无语》的社会价值也于此可见。

八

从《沧桑无语》可以看出，王充闾行文依然游刃有余，潇洒自如：他潜力犹存，有待发展。当然，顺着《沧桑无语》的路径继续走下去，保持这个水平，或者会更发展、更提高、更精熟。这是一个作家常常会走的路。但还可以在"固守"既有领域之外，再辟新天地，再创新收获。这也是作家们常有的事。从王充闾现在的创作潜力看，后一种创作境界，展开在他的面前。那也许是更高的学术、文化、思想、艺术修养，更精熟的语言和叙事范型，特别是有了新的叙事对象和寄意领域。近期的零散篇章，似有所透露。我们期待着。

至于在艺术的探求上，我感到，在《沧桑无语》中，充闾文章中那种诗古文辞、历史故实以至思想、感受等过于集中、密集、凝重，以至缺少一点"闲文"、逸趣（这一点我在他的一次作品讨论会上说过）的状况，已经明显地改变了。这是可喜的。但似乎仍然可以再进一步。对于有的勉力为文者来说，可能主要是鲁迅所说的"删去可有可无的字、句、段"，刈去枝蔓；但对于充闾来说，则相反，是需要一种"空筐结构"，增加一些"空白点"，多一些鲁迅所说的文章的"枝叶"，使之更有意趣、更有意味、更可读，读起来更轻松。再有，为人、为文，大率优点与缺点相扭结，此处为"优"，彼处恰是"缺"。前文述及，充闾有的散文足可抵挡"正经文论"，这表现了他的学养才情；然而，从另一角度说，此种状况，又不免为更有艺术丰采的散文，尤其是历史抒情散文之"害"。如何在这艺术创作的"两难选择"中，闯出一条自己的路来，或可供充闾一思。此论是否"歪批"，是否正是应删的枝蔓，没有充分的把握，仅供充闾参考，并就正于方家。

王充闾的艺术思维和散文作品的文化"相"①

一、略说王充闾散文作品的文化"相"

这里的"相",是借用自然科学的概念。在物理学上,"相"是指在一个系统中,物质的成分以及物理的和化学的性质均衡地存在的状态。如水与冰各为一种相。

所谓王充闾艺术思维与散文作品的文化"相",即指均衡地分布、蕴含、潜匿在他的艺术思维和散文作品中的文化成分与文化质地及其基本的性质,也就是这种"潜存文化"的质素、构造、结构和特征。我以为从这个角度来研究王充闾,至少是提供了另一种视角吧。

那么,王充闾的这种文化"相"的构造如何?其主要成分与它们之间的结构比状况如何?它们又以何种方式与状态存在和表现于他的艺术思维和散文作品中?在这里冒昧作一没有充分把握并且是相当粗浅的解析。

评论者的评析作品、品评作家,都自他所拥有的海德格尔所说的"三前"出发并以之为立论之本和演绎之道。海氏所言"三前"是:"前有"——"预先有的文化习惯";"前识"——"预先有的概念系统";"前设"——"预先已有的假设"。我亦跳不出这位哲人的如来佛掌心,也是从自己的"三前"出发来阐释充闾。因此,如果有所阐释而意涉浅易甚至错误,则问题在于评论者–阐释者的"三前",而与阐释对象无关。

据我的出自自我"三前"的认识,王充闾文化"相"的构造,可以

---

① 原载《渤海大学学报(哲学社会科学版)》2006年第6期。

概括为"儒学基础南华魂，撷取西学有新成。"

这意思是：他的文化"相"的基础是中国传统文化的儒学，而又汲取了老庄的哲思与艺思，在儒学的基础上化入了老庄精魂；同时，在新时期和近期，更不断吸收了西方文化的进步的、科学的与有益的成分——所谓"有新成"，其意乃指吸取西方文化有新的成绩并于文化"相"中增添了新有成分，形成了文化"相"的新构造。

需要稍微详细一些解释的是：这里所说的"儒学"，不局限于孔子之学，也不局限于一般儒家，而是更广泛的、构造更为复杂的内涵因而也更丰赡繁富的儒学性的中国传统文化。这里所说的"老庄"则更偏重于庄子，故以"南华魂"称之。还有，"西学"之谓，大矣哉，这里则指哲学、美学与历史观方面的知识构件。

这样论证王充闾文化的"相"，现略加解说。

王充闾少读诗书，亦受教获益于业师，七年私塾，四书五经、诗古文辞，熟读成诵，敏学强记，故文史知识丰富，尤其古典诗词文赋，背诵记忆，烂熟于心，于少时即打下坚固的中国传统文化基础了。以后又在长期的工作与学习过程中，坚持学习，广泛阅读持之以恒，于是按照"相似性原理"，其中国传统文史知识的"相似块"就日积月累地增长壮大了。从而成为他的文化相的基础构造和核心结构。

我曾多次说到，充闾同志每有所言，或报告，或讲演，或议论，或闲谈，皆习以为常地引用古典诗词，张口即来，纯熟精通，特别是融会于他的语言、思维和表述中，自然流露，成为他的语言中天然自成的部分，血肉相连，不可分割，是内在的，不是外在的。记得恩格斯曾说，如果能用外语思维，这就是掌握这门外语到家了。充闾掌握古典诗词已经达到恩格斯所说的以其思维的程度，那些熟读的古典诗词已经是他的思维和语言的"血肉成分""思维粒子""话语词汇"。据此，谓其文化"相"乃儒学基础，其无碍乎？殆可一思耶。

正因为如此，所以一方面可以推断其文化"相"之主体部分乃儒学思想文化，盖充满中国古典诗词的文化"相"，正是儒学的根；而另一方面，中国古典诗词也蕴含着中华文化的其他成分，如道家，如释家，以至其他诸家思想文化。其中似道家更多于和重于释家。充闾的艺思与文心之中，道家成分可见，而释家似觉少见。

充闾散文中常见对于历史重大事件，特别是文人学士，尤其是曾经为官作宦而终究属于文人的诗人、文士、学者的论述评骘，读者于其中可以窥见其儒家与道家思想文化的痕迹。

二、官宦生活的反思与超越

王充闾曾经为官。这"生活"无疑要在他的思想文化中留下刻痕、留下"文化印迹"，无论他自己是否注意到，均如此。这也是一种"不以自己的意志为转移"。问题只在于主观上是否注意体察、思索。这种"文化刻痕"，有正面的，也有反面的。这里所说的充闾的反思与超越，有正面的，也有反面的。这种反思与超越，成为他的艺术思维和散文作品中的思想文化的"粒子""因素""成分"，构成了一种文化内涵、文化底蕴和文化质地及品性。这是他的艺术思维和散文作品的思想文化特征，也是其优势。他在他的许多散文作品中，在那些品评历史重大事件和重要历史名人，包括帝王将相、政治人物特别是文人学士的作家艺术家的作品中所作的深入的、中肯的评论，都具有这种文化背景，表现了这种文化"相"。许多感受和许多论评，是未曾为官的人难得体察并写出来的。

是否可以说，即使不是全部，至少也是不在少数的情况下，他的散文的立意、旨趣、"骨"、"气"，他的描述与"议叙"，是从这种反思与超越中得之？他于文字中和文字背后，发挥了海德格尔所说的"去蔽"，即"掀开生活的遮蔽"而显示、揭示、暗示"被遮蔽的真实与本质"。这也是他能做到海德格尔所说的"外位"的思考。而这正是"官宦生活的反思与超越"的文学实现和文学实践，由此而形成了他的优势文化"相"。

三、西方思想文化的"文化补充"与"精神滋补"

这一点，前面已经谈到，但未多说，只说它是成分之一。这里再多说几句，以为补充。特别侧重讨论艺术思维和创作实践方面的情况。

前已述及，王充闾文化"相"的"西方文化成分"，主要是哲学美学和文学方面的。这突出地表现在近一些年中。而在实践层面上的表现则是在立意和论旨上，有的命题和旨意、意趣，有取自、借自或得益、受启发于西方哲思与审美的文化资源。在行文、语言的运用上，在文章的风格上，在一些术语、词汇的使用上，都表现了这一点。

我以为，这是一种与时俱进，是一种创新、一种进步和发展。这使充闾文章增色，思想添光。其广度、深度、视野，都有长足的表现。

这方面，充闾仍在发展，仍能发展。

四、语言构造与风格方面的文化"相"

表现王充闾散文的语言，包括词汇、句式、句子构造和语法等项，基本上是传统规范汉语的表达方式，其"格式"与风格，是与他的文章的整体态势与气韵契合的，因而是得体的艺术上是统一的。总之，王充闾所使用的，作为"思想的体现"的语言，是和他的艺术思想及一般思维契合的。而当他在近几年，汲取西方文化之精华质素以及中国现代学术与文学表述方式之后，为了表现新的思想，新的理念、命题、意象，便使他的叙述语言来了一个改革、发展和演变，而产生新的语言体现方式与语言风格。它在整体上，是以传统中国规范语言特别是具有古典规范语言，即蕴含中国古典散文（文言散文）和诗词歌赋神韵的语言范式为基础，又汲取现代的和西方的学术艺文语言范式，化而用之，从而使整个文化"相"发生变异，而成就了新的格局。这是一种艺术思维与文学风格的变化与发展。

作家艺术家的一生中，总会经历一次或多次的人生再觉醒和艺术再觉醒，即所谓"艺术变法"。充闾实已经历了他的人生再觉醒与艺术再觉醒；现在，仍然在进行或曰经历又一次的再觉醒。我们也许不妨提一点建议，以供他自觉地实现人生与艺术再觉醒之参考。

（一）古典重读，即对于已经熟读成诵烂记于心的中国传统文化经典包括那些诗古文词进行再阅读，重读、细读，以心读之，融进自己的人生与艺术再觉醒的体察体验、感受、思想文化的血肉，对之作重新理解与重新阐释，并且作出"现代化处理。其效果将远超过一般的温故知新。

（二）从中国古典散文、西方和日本的随笔以及中国现代作家的散文精品中，汲取余裕丰赡、不"删尽枝叶"的文章风格，以增添自身文章的丰富、繁复深厚而不逼促，不至"浓得化不开"。为此，不惜适度

"稀释"，增添枝叶、闲话、杂说，"说开去"；当然，是适度而且能够放得开、收得拢。

（三）如鲁迅所说以活人的口语来改革自己的文章。在规范的精审的文学语言中，有时可夹杂一点口语、俗语方言、土话。世俗的话语能够使文章增添生气，且能在使用得当时，显出泼辣洒脱之文态气韵。

以上斗胆言之，不揣简陋，野叟献曝，略表心意而已，不当之处愿听教正。

读王充闾新著《逍遥游·庄子传》的几点体认①

王充闾新著《逍遥游·庄子传》是一部"跨界作品"：它既是一部学术性文学作品，又是一部文学性学术著作。在这两个方面，这部新著都达到了从作者本人来说是新的成就、新的境界；从传记作品的创作和庄学研究成果来说，也都开辟了新的范型、取得了新的成绩。首先，作为一部传记文学作品，它具有相当高度的学术水平；而作为一部学术著作，它又具有隽永的文学韵味。应该说，要达此境界，作者必须具备文学素养和学术修养；而王充闾正是两者皆备的一位散文大家和学养有素的学者。

作为一个读者，我宁将斯书当"学术"，而惜让文学居其次。我素爱庄子，但愧乏心得，只是得其皮毛一二、畅饮点滴思想琼浆而已。故以习庄学的态度，读《逍遥游·庄子传》。果然有所得。读后感觉这是一部有独特己见的"庄子解读"，我称之为"王氏庄解"。当然，其独特性首先便是他的"解庄"具有文学性，具有文学作品畅达流丽的语言表达，寓"思想见解"于形象、寓意、比譬之中，既寓学术于文学之中，又寓文学于学理之中。但其次——却不是不重要的，他的"庄解"，既

---

① 原载《芒种》2014年第11期。

汲取了许多前人的学术成果，又"我自为之"地化为"自我的言说"；而且，对这些成果既习之又辨之、既用之又化之，在众说中取我之认为可取者，又加以属于自己的解析，或更提出自己的新见，如斯而成"王氏庄解"。

我想还是先从学术性体认说起。

"王氏解庄"，事先提出了一个"读庄心解"的要求，也就是接受美学提出的"期待视野"和"接受屏幕"的要求；他提出的是：心灵投入—心境契合—灵魂对接。这一"读庄—解庄"的心境诉求提得太好了。如无心灵投入，如果心性浮躁、心猿意马于权钱、情投意沉于声色犬马，能够读得进庄子吗？能够读懂庄子吗？能够接受庄子吗？那真是南辕北辙了。即使非此，倘若无心境契合、灵魂对接，其读庄效果也是不理想的。

进入"阅读"层次，"王氏庄解"则揭示了庄子的独特性，这是他的"解庄要领"。他指出庄子之为庄子，庄子之为黑格尔所说的"这一个"，主要是四点：性情中人；"心灵介入"；心性化；生活化。诚哉斯言，这确实揭示出了庄子言说哲学的独特与高超。庄子正是秉此而深入人的心灵、人的存在——但却是日常生活；而且他不是以哲人圣贤的面貌出现，而是以性情中人的状貌，站在人们面前"讲故事"、说寓言、辩驳言说，论证"人间世"、天人之际的高深哲理。这是"王氏庄解"的新见独识，是他给予读者的一把解庄的"新钥匙"。但这不是否弃一切前说，而是补充己见。这对读庄者自然是一种帮助以至提高。我读王著，就感到有"新得"。

当然，在论证庄子的"四化"时，叙述的范型和语言，却都不是完全的学术式，而是使用既平实又畅晓、既具学术内涵又含文学韵味的语言，从而使本著成为学术与文学混融一体的著述。

王著内涵重中之重的，我以为是他在这部学术著作也是文学作品中，构筑了一个解庄的"学术-文学构造体系"。我试解这个体系结构如下：

1. 传记（出生—逝世）——考证与考察；→ 2. 庄子之"道"与"性"；→ 3. 庄子"五境""五界""五域"；→ 4. 庄子之"十大谜团"；→ 5. 庄子的思维方式；→ 6. 庄子的文化渊源；→ 7. 哲人其萎（逝世）；8. 身后哀荣与传薪后人。

这是庄子从生到死的一生记事的结构，平铺直叙的时间叙事的直线结构；但这只是本传记的第一重结构；还有第二重结构，就是关于博大精深、特性突出的庄子思想的叙事结构。后者既是分题记述、平行论证的，又是混融一体，前后、多重交叉混合评议的。而且，同时还把"生平""思想"两者结合在一起，夹叙夹议，进行叙事和论证。这便构成了一个"复调"叙事。而学术与艺术的结合，便在这种"复调"中，熔融汇合，使本传记成为一种"有学术的文学，有思想的学术"，从而获得文学与学术的双重成果与成就。

"十大谜团"，我只能择其要者而言。我姑且先尝试对这一复调结构的"传记（文学）–思想理论（学术）"著述，做一次习得陈述。关于第一重结构和叙事，我以为本传记重大的贡献和突破，是尽量周详和具体地叙述庄子的生平，而这是比较困难的，因为庄子的传记资料太少了。但作者搜罗寻觅，尽量收集并梳理历史学术资料，组织成文，作了比较完整的记叙，给出一个比较完整的庄子生平。这是可贵的。不过我以为更为难能可贵，或为前人未曾做过的是，他对庄子行迹所至之处，进行了实地考察，有所发现、有新评议。这是新的"解庄"重要的资讯。庄子何许人也？历来众说纷纭，莫衷一是。作者在《乡关何处》（第二章）中，对此作了颇有新资讯、新见地的陈述。他携带历史文献与有关著作，在当地有关人士陪同下，分别于1997年、2005年和2012年，耗时近月、行程直线距离300公里，对庄子出生地的五种说法所指地点作了"现场勘查"，并与当地人士探讨。他得出的结论是："其属国是宋；世居蒙地"；"至于其故里所在，当为宋国都城商丘的东北部，即蒙县城北、汴水南十五里的地方。"这是一个有理有据、经过实地考察得出的结论，应该属于可信度比较高的论证。我即颇信此说。必须指出的是，这一段考证，虽然颇具有学术性，但陈述却不是高头讲章、引经据典式学术考订，而是既有考证、也有游历、还有纪实和谈论、探讨的游记式文学叙事。在这里又一次表现了文学与学术的结合与会融。

当然，最可宝贵和值得赞誉的是，对于庄子思想、学说、言说具有个性与独到见解的梳理、概括、提炼，而提出了庄子的"五张面孔"和"十大谜团"。这实际上是提出、揭示、诠释了庄子的重要的命题、范畴、境界。这是"王氏庄解"的学术的也是文学的可贵的成就。

《传记》第十三章，提出了庄子之"道"的"五张面孔"，它们是："生活化""自然性""游世心态""心性化""审美化与诗性化"。而且，特别指出"诗性化"在"庄子哲学中，美具有核心的地位"。这就是庄子的思想、学说、论证、言说的"五界""五域""五境"。这"五张面孔"，既是庄子论说的、思想学说的五个话语界域，又是他在这方面所达到的五个意境、五个思想境界。这种概括和提炼，既汲取了前人研究论证的成果，足可成为作者的海德格尔所说的"前识"，又有自己的领会与发挥，和所给予的独自的解读、诠释，这是他的新见、新识。这里确实揭示了庄子的独特、高超和俊逸。比如，"游世心态"、"心性化"和"审美化与诗性化"的提出，固然皆非前人未涉及过的，但以"游世心态"和"心性化"予以概括和如海德格尔所说的"命名"，又特别的单另提出"审美化与诗性化"，则是作者对这些内韵的凸显和"组合"；特别是以"五个面孔"来总括其精神实质，则是作者独到之处。如果把这"三张面孔"连缀起来，即"游世心态→心性化→审美化与诗性化"，那么，这就是一个完整的庄子思想、学说的"心性、独特、优长"的要领的确切而有意味的概括和导引。当然，还必须指出的是，对于这"五张面孔"的陈述和诠释，其话语范型，又不是纯学术性的而是具有文学风范的，这不仅表现在叙事语言的流畅与流丽，而且还表现在时不时有故事、人物、细节夹叙其中，增添情趣和可读性。

然而，更阔大和深入的是，归纳、提炼、揭示了庄子的"十大谜团"。这"十大谜团"，我据《传记》之原意而简化表述为：冷眼与心热、有情与无情、权变与游戏、既秕糠富贵又感叹"处世不便"、"虚己"与"不失己"、消解"死""生"差异、"道"可言又"不可言"、"辩无胜"又"与人辩"、鄙薄艺术而又成就艺术、"前古典"与"后现代"。这"十大谜团"的提出实在妙而确；这应该说是属于作者自己的、独到的提炼和概括，是在前人研究成果基础上的自身的"飞跃"。对于这"十大谜团"，作者都有分节细说和周到论证，不可能在此一一列举，这里，只提出我感觉独到、确切且具深意的几个"谜"和《传记》作者的论证，略说几句。一个是"冷眼与心热"。作者说，"这一对概念，完整地塑造出一位伟大的思想家的人格精神、价值取向与超越式意识。"这论断不仅准确，而且提到了应有的思想、人格高度。而且作者还进一步指出了这种矛盾的心态，一方面是社会环境、时代条件使然；另一方面，则是庄子的独到而高远的心灵应对："在权力结构无远弗届、无孔不入的笼罩下，庄子能洁身自好，不与统治者同流合污，保持人格的高洁与独立，确属难能可贵"，从而作出结论："表现出一种冷峻的历史理性和罕见的超越意识。庄子之所以为庄子，标志、特色正在于此。"这结论确切、可信而令人深思。

　　第二个是"'道'可言又不可言"。作者首先提示庄子的既说"道"不可言说，却又著书立说"言说'道'"：庄子怀疑和否定语言表达的有效性，说"道不可言，言而非也"，"任何具体言说，都只会使'道'受到损害，或者遮蔽"，可庄子却又反复阐述"道"，不可言却偏要言。然而庄子对自己所言又心存"吊诡心理"，"言"而又"疑"，"以至于连'庄周梦蝶'还是'蝶梦庄周'也无法分辨了。"一方面怀疑和否定语言，另一方面又大用、妙用语言，"庄子用他的独特的吊诡之言，树立了一种反文化的姿态"。据此，作者指出："庄子的意义在于他最先扮演起我国文化史上的反叛角色，成为与正统儒家文化相得益彰的另一个传统。"这是对庄子思想学说的一个高层次的准确评说。很可贵的，我以为作者不仅指出了庄子对"言说"的这种深沉的"吊诡心理"，而且透视了在这种人类文化的轴心时代，中国庄子的如恩格斯所说的"天才猜测"式，对语言的"吊诡"的深刻论证与"用矛盾言行所反映的客观真理"。由此更是使我们联想到一代现代哲学宗师海德格尔对于语言的这种"吊诡的论述"。海氏一面论证"语言是人类存在的家"，一面又赞誉沉默、谛听，甚至赞颂"语词的崩解"，说它是"返回到思想之道路的真正步伐"，"崩解"使语词返回到"无声之中"，而"寂静之音"倒是为认识"存在""开辟道路"。（《在通向语言的途中》）在论述庄子的这种对语言-言说的"吊诡心理"和矛盾时，也是文学性地陈述的。如在讲"不说也罢"时，讲述幼年萧红因"被解诗"而对原来喜爱的唐诗"反胃"的故事；论庄子对语言之"吊诡心理"，而赋诗一首以结尾皆是。

　　论至庄子的第十个"谜团"，在前述诸谜团的基础上，至此末尾，自然地触及庄子的"前古典"与"后现代"的"首位衔接"的妙谛。此论应是这部传记的"亮点"与精彩。《传记》作者指出：庄子作为"前古典"的一大哲人，其思想，在诸多方面竟然与现代、后现代的思想、理论、学说"吻合"，如海德格尔、德里达、福柯等；"从这个意义上，可以说庄子是当今后现代的思想先驱"。"这是为什么?"作者这样设问。他的简要回答是：个人因素是基本成因；时代、社会的因素，"是酿成这种奇异的思维方式、思想观点的催化剂"。这个结论是正确的。催化那杰出的个人因素的，是客观社会的"大发展、大变革、大动荡、大交替"，是"残酷、多变、转型的社会现实，生存困境与压力，生命的价值与意义的扭曲，理想与现实的激烈交锋"，等等。这里，把"古典的庄子"和"后现代的现实"联系起来解读和思考，正是经典与现实、古典与现代结合的解读，它超出了一般对庄学的解读和研习，而达一新层次。

在《千古奇文》(第十五章)中，《传记》作者对庄子之"文"——文学特征与成就，作了比较精细的剖析。其中精彩之处在于对"三言"(寓言、重言、卮言)的解析。"寓言"是人们熟悉的庄子的文学手法，《传记》作者指出寓言就是"藉外言之"，它占了《庄子》的十分之九的比例。"重言"，是"借重先哲、时贤的话，以增强说服力与感召力"。"卮言"，是"依文随势的随机之言、应变之言、无心之言、支离之言，散漫流衍，层出不穷"。《传记》举出众多实例，论据充实，新鲜生动，是"以文(学)解文(学)"，解读本身也具有了文学性。

《逍遥游·庄子传》内容丰富，可以言说的精彩和可圈可点之处很多。我限于学力，只能就体认到的几点说一些肤浅的感受，难避谬误，乞作者和方家指正。

刘兆林论①

——诠释他创作心理的特质与作品艺术的成就

从"不幸文学院"里走出来的作家：他的创作心理的形成与特质

读刘兆林的作品，每每想起泰纳对作家的论述，感到他的情况是比较贴切地符合泰纳之所论的。泰纳说："在贝壳底下有一个动物，在文学后面有一个人。"而他认为人的状况有三个来源：种族、环境和时代。我把"种族"扩展为种族、民族、家族和个人气质。刘兆林出生在北国边城小镇一个命运不济、父母不和的教师家庭；他的故乡是一个蜷缩在苦寒、封闭、落后地区的、处于文化边缘的小镇。这一切就足以透露刘兆林之为作家的特征了。但最重要的、具有决定性意义的是：不幸。

海明威说过，作家最好的训练，是"不幸的童年"。刘兆林的童年，远不只是一般的不幸，而是非常的、特殊的不幸。而且，青少年时期以至长大成人以后，仍然遭受巨大不幸；而且，这不幸是笼罩整个家庭的。他的家庭的不幸，令人想起托尔斯泰《安娜·卡列尼娜》开篇第一句所说的："幸福的家庭都是一样的，不幸的家庭各有各的不幸。"刘兆林是共和国的同龄人。然而，在祖国走向繁荣富强的途程中，他的家庭，却由于个人的（他父亲的职业，特别是性格）、家庭的、社会的种种原因，而迭遭不幸，并且是累发的、出奇的、少见的不幸。这一点，言之令人痛心；然而"祸兮福所依"，"艰难困苦，玉汝于成"，在巨大不幸面前，当人没有被击倒，而是抗击奋战时，他就被成全了。事情在

---

① 原载《当代作家评论》1999年第3期。

刘兆林身上正是如此。不幸在使刘兆林成为作家、成为一位有特色的作家这一点上，起到了决定性的作用。这正是"蚌病成珠"。请听他本人的诉说："不幸是一所最好的文学院"（《高窗听雪·我喜欢的几句格言》），"想想我的文学之初，最应该感谢的就是苦难和不幸了。"（《刘兆林小说精品集·短篇卷·自序》）

"我个人的经历不怎么幸运。十多岁埋葬过弟弟，二十几岁埋葬过妹妹，不到三十岁埋葬了母亲，三十多岁又埋葬了父亲，而父母双双患有最讨厌的精神分裂症。"（《高窗听雪·写早了的自传》）这里，叙述得很平静，但在这"平静"背后隐存着大量的令人揪心的悲惨事实；在这"平静"底下，蕴含着巨大的人生悲痛、深沉的精神创伤和永远不能抚平的心灵刻痕。比如，关于弟弟妹妹的死，他有过稍微细一点的叙述，那就足以令人哀痛慨叹："我亲眼见过活泼如一只小狗般可爱的小弟弟头天晚上还在炕上咿咿呀呀地爬，第二天早晨却死了，死得比二加三等于五都简单，因感冒发烧得了肺炎一口黏痰憋断了气；我还见过我二十二岁的大妹妹早晨还像头憨厚老实的牛一样担水做饭洗衣服，没等笨拙地向乡亲们学会一段……忠字舞，……她就死了，死的也不复杂，顶多相当于十一除以二等于五点五吧，暴发性中毒胃肠炎，胃肠绞痛在地上乱滚一通呼吸就停止了"（《绿色青春期·写在前面》）。这样突然的、不正常的、不幸的、过早的夭折，是不同于一般的死亡、一般的不幸的。而且，刘兆林家庭的所有不幸和不幸的死亡，都和贫穷相连。那些不幸的死亡和家庭的酸楚，都是贫穷造成的。还有，更不幸的是，雪上加霜似的，他的父母都患有可怕的精神分裂症：父亲犯病时的那种狂躁凶暴，给过他多少折磨；母亲发病时那样冷漠无知寡情，使他失去几许母爱!？生活不幸、贫穷、死亡，就是这样与他伴行，与他的生命、成长、"心路历程"相连。他就是这样走进世界的；他就是这样"睁眼看世界的"。这会在他的心灵上留下什么样的刻痕；在他的面前展开什么样的世界呢？这在他所经历的作为作家都会有的"人生三觉醒"中，普泛地、深沉地留下了具有独特性的刻痕印记。促成他的"人生觉醒"的最早的因素，显然是贫穷与死亡。那是一只可爱的小狗被严酷的父亲烦它嗷叫而扔在门外，在严寒中活活冻死了；那是活泼的小弟弟患感冒没钱治，竟一夜之间夭折了；两个小生命的惨死，使幼小的刘兆林的心头蒙上了一层迷茫的悲凉之雾。透过这雾，他朦胧地感受到人生的苦难。

而当他18岁参军时，因为父亲被怀疑有所谓历史问题差点遭淘汰，直到他写血书、苦哀求，保证"划清界限"，才得入伍。这使他在心理上、思想上一下子长大了，"我简直变了一个人，觉得天地翻了个过"（《父亲祭》），他觉醒了，对世界、人生有了烙上深深烙印具有他个人特色的，然而是初步的看法。总括起来，就是中国传统人生哲学所言："人生实难，大道多歧。"刘兆林以自己混着血泪的生活经历，多次用朴实的话语来表述他对这个中华文化精义之一的体验："我总觉得人活着都很不易。"（《违约公布的日记·自序》）在不幸中浸泡的人，渴望理解、同情、温暖和爱。这就是他发自心灵深处的期盼。他的文学觉醒，就是在这种人生觉醒的过程中和基础上，形成和发展的。苦难用文学的汁液来冲淡，哀伤用文学的柔曲来抚慰，痛苦用文学的渠道来宣泄。他在"文学家园中得到被理解，被呼唤，被宣泄，被抚慰的关爱"（同上）。最初他是从偷看父亲不让看的闲书小说开始，以后，又从流落当地的落魄诗人那儿受到文学的诱惑，而生长在与他的故乡巴彦仅一河之隔原来就是一个县的呼兰城的女作家萧红的英名，更是他文学上的心灵领路人。"故乡出生的女作家无意中就作为一颗文学种子悄然落入我心田。"（同上）对文学的爱好，不仅有一种情感寄托和心理宣泄的"消极性"的作用，而且具有一种启迪情思、冥想、想象、直觉能力与艺术感受力的积极效应。这里，人生觉醒与文学觉醒，浑然一体，互为表里，显示出向文学的倾斜，并闪射文学的色彩和光泽。这成为他的创作心理形成的基础，也是他今后从事创作的心理基础。他的性觉醒，除了人的天性的普遍表现之外，更表现出时代-社会的特点。他在60年代末年方18岁时参军，在封闭的时代、在部队这个封闭的环境里度过青春期，生理的现象透过社会、环境的禁锢与压抑扭曲地折射出来，表现出诺思洛普·弗莱所说的"性的焦虑与时代的焦虑相伴而行"①。这一点，他在《绿色青春期》中有细致而有趣的描写。这使性的觉醒这种生理现象具有了时代、社会内涵。至此，在具有文学向性和文学形态的人生三觉醒的基础上，刘兆林作为一个"预备作家"的创作心理就形成了，具有雏形了。

在这样的时代、这样的环境、这样的家庭和这样的教养与文化熏陶

---

① 诺思洛普·弗莱：《诺思洛普·弗莱文论选集》，中国社会科学出版社，1997，第9页。

下，形成的一个"预备作家"的创作心理，具有怎样的特殊质地呢？这种创作心理对于他日后的创作成就具有什么样的优势和作用呢？人的个性心理特征，是他的生活环境与经历，环绕他发生的生活、家族、家庭事件，经过内化以后的外在表现；他的由"社会关系的总和"所决定的人性本质，决定着他的气质、素质与性格。刘兆林的"环境、经历、事件、社会关系总和"系列，决定了他的个性心理特征是一个"内"字，即内在、内向、内化、内秀、内思、内视、内省。对命运的多舛不满不平而内心抗争，意欲改变并付诸行动。他严格地内视以至反省自己内心深处的"那层封闭他人保护自己的小家子气硬壳"，和"心灵深处的卑微小人之念"。这种"预备作家"的"生活学"和心理构造，决定了他对生活素材、人物形象、故事情节等的选取视点和处理方式，以及艺术形态的设计。其特点正是"内"——内化、内向、内视、内思、内秀。这成为他的已有作品的思想艺术特征，也是他的作品吸引人的艺术素质之所在。他的小说作品中常常出现内省式的人物或人物的内省；他的散文常常直接写出自己的内省。他笔下的人物，"英雄"典型总是内省式的和具有内秀的美德。关于"卑微""胆小""牛性"，他都直率地作过自我解剖；他甚至坦诚地表白："卑微不光明不道德需忏悔的念头和行为都有……死前一定写篇忏悔录"（《高窗听雪·写早了的自传》）；他把自己比作牛，"常常把自己牛化一番""见牛思齐"。他说："牛实在值得我为之一化。它活着拉车犁地，肯出力气少怨言，吃的能将就，住的能对付，唯独干活时不含糊"，直到它死，肉、皮、骨头、牛黄，都有用处（《高窗听雪·牛化自己》）。这一段牛的颂歌，表现了他的人生标的、道德标准和价值观念。这一切都寄托幻化于他的小说人物的形象和精神上。这就是他的作品的特色和艺术素质，也是其魅力的源泉。刘兆林具有明显的悲剧意识。他多次表述他对"美丽出自痛苦"这一命题的赞赏和认同。他说他的不幸的身世，使他喜爱悲剧。因此，他的作品的明显的艺术品性即悲剧性或具有悲剧氛围。他的代表作，无论是短篇、中篇，还是长篇，都是"悲剧式"。尤其中篇《父亲祭》，更是悲凉之雾遍披全篇；而其成功之因和动人之处，就在于此。钱钟书在《诗可以怨》中，详细论证了"悲为美"的美学命题，他指出："痛苦比快乐更能产生诗歌，好诗主要是不愉快、烦恼或'穷愁'的表现和发泄。"当然，作家并不是"想悲即悲"，而是必须有了悲剧性的身世经历，又经过自己的内化，特别是心理汁液的"酶化"，更形成具有悲剧意识的创作心理，才能获得悲剧美的文学成果。刘兆林"感谢"不幸培养了他，不是无因的。我在拙著《创作心理学》中，曾详细论述了作家的记忆类型和功能，特别强调了情绪记忆和形象记忆的重要。刘兆林的创作心理中正是这两种记忆是强项，这帮助他取得创作上的成果。由于他的不幸和遭际中，有不少深深刺痛心灵、震撼灵魂的暴死夭亡，当时的情绪是难以忘怀的，其刻痕是永难抚平和消失的，它便成为创作心理的基础因素。而这些情绪都是和同样难忘的场景（形象、场面和人）分不开的。情绪记忆同时就是场景、形象记忆，两者混为一体。他的关于可爱小狗被冻惨死、亲爱弟弟和妹妹的暴死夭亡，以及和父亲一起在苦寒凄迷风雪中为弟弟送葬，更在风雪荒野雪埋小遗体……还有父亲一次次发病的狂暴凶狠和自己的艰难处境，母亲犯病时令人揪心的冷漠，这些场景、形象具有了时代、社会内涵。

每一位作家的创作心理中都有他的特殊经历所凝结锻冶而成的特殊的情结。这是他们创作的艺术原点和奥秘所在。刘兆林的特殊生活经历也形成了他的特殊的情结；它们也同样寄寓于他的作品中，发挥了艺术原点的作用；而且，给我们诠释他的作品以深层的依据。这一点，我们在下一节里将给予详细的探讨，这里且从略。不过要指出的是，刘兆林有一个与几乎所有作家都共同具有的基本情结，这就是"作家-创作情结"。即不仅阅读文学作品是他们的思想、情感、心理的寄托、依傍、抒发的渠道，而且文学创作活动更是他们这一切的重要渠道。创作是他们的"心理症结"和"存在方式"。刘兆林的这样一种创作心理的构造，决定了他的创作模式。它更倾向于心理、心灵的探索、描写和舒泄，愿意写人物心灵的历史，而把社会生活推居二线；他并不着力于社会事件的广泛的铺陈和展开，而是注意他的主人公的心灵的遭遇、挫折和发展。他把事件作为他的情感、心意、感想、认知的"对应物"来处理。这就是他所说的"按着我的人生体验来表达我的思想情怀"（《违约公布的日记·自序》），也是他所说的写"人心的变化"，写"人生的心电图。"（《高窗听雪·自序》）这里，他是遵从出自自己的创作心理，而作出的选择，他没有违拗自己的心，去追求新颖、新奇、时髦，去模仿别人。他的选择和决定是正确的，因此他取得了创作的成功。

艺术世界（1）：情结、原型与母题

在这里，我想做的，就是夏尔·博杜安所说的"探索作者和作品的沉思者心目中艺术与个人情结或原始情结的关系"。荣格认为，情结构成心理生活中个人的和私人的一面；而原型的基质则是集体无意识。"原型"是一种与生俱来的心理形式，是心理结构的普遍模式，它是一切欢乐和悲哀、行为和憧憬、想象和情感的原始根底。而情结和原型又促成和决定一位作家的作品的母题。我们从刘兆林的作品中，以及从他的创作自述、自传性散文中，可以比别的作家更明显地看出他的创作心理中的情结、原型和作品母题。刘兆林的主要情结，除了我在前面指出的作家一般都具有的"作家-创作情结"之外，还有重要的情结是："不幸"，"父亲"，"母亲"，"情侣"。这种抽象的表述，不能说明问题，必须钩稽诠释，加以具体化、个体化、私人化，赋以人生的、生活的、家庭的、社会的内涵，才能言之成理和说服人。

1. 所谓"不幸情结"，是不幸的童年、不幸的婚姻家庭、不幸的死亡和不幸人生的凝聚与抽象。关于这一点，我们在前面已经说明它的属于刘兆林的人生、家庭的内涵。刘兆林的主要特点是，这种不幸的遭际，出现得早，方面多，持续时间长，对他的折磨重。而且，这一切不幸，在家庭原因外，更有社会的重要因素，如教师工资低、父亲"文化大革命"时受莫须有"历史问题"和派性的迫害等等；社会因素通过家庭因素来表现，两者结合在一起。这种"早期、多种、持续、综合"的不幸所造成的心灵摧折、情感迫压，思想影响，在心灵上的刻痕，是极为深刻的，难于抚平和忘怀。这就不能不成为他的创作的原动力、创作动机激活的引爆点和作品的艺术原点。这种不幸的"事件"、"场景"、记忆和感情、感受、感应，都会要直接、原样、原汁原味地，或者间接地出现或折射于作品中；或者在虚构的故事中得到反射式的舒泄。

由于这种情结的作用，"不幸——不幸的婚恋、家庭与人生和死亡"，就成为刘兆林小说中重要的和首先的原型。他在这个容格所说的空洞的、纯形式的、心理结构的普遍模式，也是"领悟的典型模式"中，注进了自己个人的、私人的、家庭的、环境的、社会的与时代的内涵，注进了自己对世界与人生的特殊体验。这种体验就是前面说到的他对人生的一种深沉慨叹和哲理领悟："人生实难——'人活着都很不易'。"他的小说很多是，特别那些成功的、优秀的作品更是几乎篇篇都是写"不易地活着的人们的不幸的人生"。长篇小说《绿色青春期》的主角"我"，活得极为不易，它再现复述了刘兆林的"红卫兵—新兵—低级军官"的成长过程和心路历程。这里有参军的苦斗，与父亲"划清界限"的痛苦，与杨烨的曲折无望的恋情，父亲疯病发作后对自己身心的折磨；有指导员同农村妇女"花棉袄"的不合法的爱情以及指导员的突然被揭露和突然自杀；更有杨烨的一片忠心与深情的"参军情结"未能如愿几经波折终至自杀的悲剧。在这部作品中，刘兆林倾注了他从幼年到壮年的全部不幸经历，以及由此产生的情感、思想、理念与意象，他的情怀、他的情结、他的人生体验都在其中。它们是真实的、真切的、生动的，带着生活的原生态状貌，有一种直抒胸臆的奔腾恣肆之态，有一种从艺术原点中闪射而出的感人的艺术力量。其中许多场面，都是他的情感记忆和情绪记忆的直白的表露。中篇《父亲祭》中，写了不幸的家庭、不幸的父亲和儿子、不幸的父子关系、众多不幸的死亡（弟弟、妹妹、父亲和小狗），也还隐含着父母均受其害的不幸的婚姻。短篇《一江黑水向东流》中连长之子疆江的突然的、不幸的死亡；《黑土地》中的意外的然而是合情合理的爱情，却以"黑土地"的意外的死亡，不幸地结束，如此等等。刘兆林说："所以我的作品里常常出现死、痛苦及不幸人的善良、友爱与奋斗"（《高窗听雪·写早了的自传》）。这种"常常出现的不幸及其他"，是他的心境使然、情感使然、情结使然；他胸中拥有这个"原型"，它在刘兆林创作时跳跃而出，直觉、灵感、形象、意象这些"文学粒子"都活跃起来了。这就是他的创作的运作模式与成功之途。

2. 我这里所说的刘兆林的"父亲情结"，并不是"俄狄浦斯情结"。对于刘兆林来说，在"父亲"这个"抽象模式"中，应该是装进一个夏尔·博杜安所说的"暴父素材"。他说过，父亲的脾气怪，说话总是命令式，严峻不可亲。在《父亲祭》中，那个不顾儿子心理的虐杀小狗事件，突出地表现了父子冲突，特别是心理冲突。父亲发病时持刀砍杀的凶狠和詈语秽言的咒骂，更显出了病狂中的暴戾。然而，父亲对儿女又有深刻亲情的偶尔闪射。这是一位矛盾的父亲，一种矛盾的父子关系不能不在刘兆林的心中留下一个难解的情结。而这也就成为"蚌病"造成的"艺术之珠"!《父亲祭》《爸爸啊，爸爸》的成功和《绿色青春期》有关父亲的动人情节，都有这"父亲情结、暴父素材"的一份"功劳"。

这样，"父亲-暴父"形象便在刘兆林的长、中、短篇小说中反复出现，足可构成一个原型。这个"父亲原型"在刘兆林的作品中具有独特的内涵与魅力。它充满了父子之间爱与恨交织的复杂的矛盾冲突。父亲的内心具有对人生、对生活、对事业、对领袖、对家庭和对儿女的深沉的爱。但多面而一再地受挫，于是思想感情转向内心，如鲁迅所言："抉心自食……创痛酷烈"，心的热烈，竟表现为冷漠、严峻、残狠以至疯狂。但在特定条件下，偶一闪现的爱，真挚深沉，令人刻骨铭心。他在严冬荒野面对小儿子的僵硬尸体对口输气以图救活的挚爱而绝望的行动，为生病的大儿子去荒野冻地挖甜秆、拣豆粒、炒甜豆，都是十分感人的。他在疯病中一时清醒时的一句"要考理工科"的叮嘱，又含着多少人生的辛苦。一个极为矛盾复杂的"父亲形象"，由刘兆林创造出来，被赋予了独特的个人性、私人性内涵，成为黑格尔所说的"这一个"。老作家马加称赞《父亲祭》写父亲"写绝了"，是有道理的。刘兆林自己说："这是不幸赐给的。"诚哉斯言。但同时也应该说，在创作上、在艺术上，是"情结"赐给的，是"原型"赐给的。

3. "情侣"情结。"情侣、情人"情结和原型，是普及世界的传统"情结"和"原型妇女"中的形象、意象之一。就像一则德国谚语说的："每一个男人身上都有他自己的夏娃。"不过，刘兆林的这一"情侣、情人"情结，不像前面两个情结那么明显突出浓烈，而是比较隐在、简化和单纯，不妨称为"次情结"或"准情结"、"次原型"或"准原型"。这可能与刘兆林未曾很好发掘和发挥有关。在刘兆林的不少作品中，写到男女恋情，其中的女性，有一种共同品性气质，综合言之，就是比较通情达理、坚强而又温顺柔情、内向而又不乏开通的贤惠淑女。当然，在不同的作品中，又有不同的突出方面。《绿》中的杨烨，《枪声》中的小学教师，《船的陆地》中的李秀玉，《黑土地》中的"小洋伞"，《向北，向北》中的"女兵"，《我啊，我》中的宫丽莎，等等。这一女性系列中的每一个，都是不仅以柔情，而且总是以性格的力量，给男性以帮助（当然也有例外，如《因为无雪》中的习久珍，《三角形太阳》中的夏日，《妻子请来的客人》中的钟秋娅等）。这大概总体上可以视为刘兆林心目中的"夏娃"形象，是他的"情侣、情人"原型的内涵。他不必在实际生活中求其所有，但在创作上却可以幻化出之。上述女性系列形象，都是比较真实而可爱的。

也许这不会是过分的武断：在刘兆林的"情侣原型"的品质内涵中，渗透了他母亲的优秀品质和形象的成分。这种成分就是一种内在的、不事声张的诚挚的爱心和善良、贤淑的心性。刘兆林曾说："我人生哲学中最牢固的部分多来自母亲。她才是我最重要也最长久的导师。"（《高窗听雪·寄给母亲的花》）母亲的品质与形象的成分，就成为他对女性的理想和形象的"模式内涵"。而且，在原型理论中，本来就包含"妇女原型"中的"母亲原型"。

4. 在刘兆林的作品中，还有三个有意味的原型："故乡/军营（第二故乡）"；"新兵/老兵"和"雪"。

刘兆林对故乡的风雪、苦寒、荒凉和封闭的印象，是极为深刻的，这种自然环境的严峻同严峻的生活、不幸的家世混合融汇在一起，成为一种"自然、人文、社会"的混交文化丛，作为一种刻骨铭心的刻痕、创伤和意象，进入他的文化-心理结构之中。同时，也就成为他的创作心理中的情结之一；"故乡"形象也就作为他的作品中的原型而存在。许多作家都有他的个人色彩和内涵的"故乡"原型。鲁迅有他的"鲁镇"，托尔斯泰有他的"雅斯纳雅·波良纳"，福克纳有他的"约克纳帕塔法县-杰弗生镇"，萧红有她的"呼兰城"。"北国荒寒边镇"则是刘兆林的"故乡"原型。他的不少小说以这个北国边寨小镇为背景，或者写到它。他的第一部长篇《绿色青春期》的开篇，关于这个小镇的出奇酷寒景象的描写、刻画和"倾诉"，读了令人触目惊心，审美效应亦佳。也特别使人联想起萧红在《呼兰河传》开篇写到的呼兰城天冻地裂的情景。它们有异曲同工之妙。当然，刘兆林之所写，并非简捷的仿制；而是有他自己的环境实际、生活经历、情感体验，并且写到了他所特有的生活依据、社会状况，特别是政治背景与文化语境（如"长征"归来的红卫兵、解放军连队、被游街的"牛鬼蛇神"，以及裸体的因失恋致疯的少女拥抱解放军团长等），这都是《呼兰河传》所没有而属刘兆林的特色的。

刘兆林还有第二个故乡，他写得更多，这就是"军营、连队"。刘兆林所写的"军营"，大都不是中高级指挥机关，也不是野战军的大部队或军师旅团，而是"连队、班"。他实写的多是班排、班长、战士。他也写过团长（《绿色青春期》）和将军（《黑土地》），而且形象真实生动可爱，具有中国军队指挥员的气质与气概，可以说是成功之笔，但这都着笔不多，写意式，虽然成功，但不是主要的。他的主要篇章与成功是在写连队、写兵。这原因在于，不仅他说过"成为公民后的全部经历都是穿着军鞋走过的，我的每个脚印都带有军鞋底儿那特制的花纹啊"。因此"军营"是他的第二故乡，而且，他的最早的军旅生涯是从列兵开始、在连队度过的；所以这第二故乡就更落实在"连队"。因为他的整个青春期在连队度过，而且身体上、生理上、心理上、思想情感上，都备受锻炼与煎熬，整个物质世界与精神世界，都"乾坤转变"，所以留下的印痕最深，记忆最丰富，这也就成为一个情结与原型了；也就以"故乡——心灵的家园"的形象和"基地"出现在作品中了。

在这个"故乡、连队"的原型中，活跃着"新兵/老兵"的一对身影。在实际生活中，老兵是新兵的指导者，而在艺术上他则是新兵的陪衬。新兵在连队里完成了自己的"心理史""思想史""精神发展史"。"新兵/老兵"构成了"连队"里互相渗透的文化载体。刘兆林小说中的人物，多数可以归入这种创造心目中的人物典型的形象载体。这种新兵的内向、内在、内思、内省、内秀性格，寄托着刘兆林的自我，他可以像福楼拜说"包法利夫人就是我"、郭沫若说"蔡文姬就是我"一样，说"'新兵'就是我。"

"雪"——北国的狂风暴雪，这是刘兆林心中的一个情结，它同刘兆林的生活经历，特别是"不幸"的记忆，紧紧相连。刘兆林在多篇成功的作品中写到雪、雪景。"雪"成为情节的构成，成为一个"人物"，成为一种圣洁的象征。而且，大凡着笔之处，都写得精彩。

我们在论述了刘兆林创作心理中的"情结"和"原型"之后，就可以水到渠成地推定，也可以从他的作品总体中确定，他的作品中的几个基本"母题"了。它们是："不幸的婚恋、家庭"；"死亡-丧葬"和"'新兵'成长史-心史"。在这些基本母题下，他写军旅生涯、社会事件、人生故事，构筑他的故事框架、情节网络和叙事范型；也寄寓、涵盖，渗透了他的人生体验、思想感情、理想信念，以至他的艺术追求和审美理想。在这些母题下，他也歌颂英雄人物、描写英雄行为；也写美好的爱情、人的高尚品德。刘兆林曾经说他对"不好的小说缺什么"的看法，他说："缺少诗意。缺少对人的生存和疾苦的真诚关怀。缺少哲学意义上的主题和力量。缺少作者自己灵魂的颤动。缺少理想。"(《高窗听雪·关于小说的随笔》)这些"缺少"的反面就是他的追求。而在他的小说的几个基本母题中，正寄托着他的这些艺术追求和审美理想。

艺术世界（2）：叙述范型与"意义"世界

刘兆林的"军旅文学"，不是一般地写部队生活、写战争，写战斗故事、战略战术；他更多的是写训练、垦荒、边防连队和"新兵成长"。他所说的"个人情怀"、"人的变化"和"人生心电图"，都被纳入这一叙事框架中。这是他表现"外部世界"的一个"小世界"。他以他所写的"人和人的命运变迁"之涟漪，具体而微地反映了"时代、社会、历史、政治"之波涛。如果按照韦勒克的分法，我在前面探讨的是刘兆林作品的"内部规律"，那么，在这里探讨的就是"外部规律"了。而以接受美学的命题言之，我同时还求索刘兆林作品的本文"含义"，并进行罗兰·巴特所说的"读者的工作"，去创获一种意义。

决定作家创作成败的第一关键问题，是他的叙事范型的选择，是否符合自己的创作心理和所处理的素材，达到两者的契合状态。刘兆林在叙事范型上的首选策略是"全知作者视角"，甚至常常是取"自我叙述"的第一人称、叙述者视角来讲故事。他的长、中、短篇小说不少是，尤其成功的、获奖的作品，则大都是取这一叙事范型。这与刘兆林的小说大都带有自传性或自传成分很大有关，同他的创作立意常常在写自我人生体验、抒发自身情怀有关。不过，刘兆林的"我"只是一个人称、叙事视角，而不是他的"自我"化身。其中蕴含着一个"大我"——"社会的人"。而且，这个"我"的叙述，有两个层次。第一层次第一叙述系统，是关于"我"的故事，而在第二层次第二叙述系统，则可以解读到与这个故事相关联的社会、时代、政治的内涵。从《绿色青春期》中我们看到：疯狂的"军装崇拜"；狭隘的阶级论、唯成分论的肆虐；社会贫困、秩序混乱、人性遭戕害；父子情断、父"罪"女当、爱情隔灭；纯真青年的政治热情与崇高理想，遭受动乱现实与政治欺骗的摧残；社会、政治原因导致父亲的疯狂、儿子的"背叛"；指导员的自杀、杨烨的自杀；"新兵-战士"的一颗稚嫩纯正的心，在这种现实中受戕、受洗、改塑、净化与提升。社会、时代的风貌，通过这"第二叙述系统"显露出来。这成为生动的历史画幅、社会档案和社会心态史。作品的社会、思想和艺术价值，也在此处呈现。

《父亲祭》这篇至情美文，叙述的是家庭父子之间的爱恨恩怨，但在"第二叙述系统"，则揭示了深刻的社会、时代、历史内涵。父亲的暴躁、怪僻、冷峻，是由于"怨耦式"婚姻和低收入多子女造成的贫困，更由于社会、政治的原因——莫须有的"历史问题"罪名、"文化大革命"期间的批斗和派性的压迫，如此等等，终于导致精神分裂。他有理想、信仰、抱负，有一颗信赖和忠于伟大领袖的心，但却被判为"黑心"。这是导致精神分裂的主要的客观的、社会的原因。这样，一个个人的、家庭的悲剧，便反映了政治的、社会的、时代的、历史的内容。作品的意义也就由此显现。

短篇小说《我啊，我》《爸爸啊，爸爸》和《我家属》，可以说构成了自述自传性"私小说"系列。虽然每篇中的"我"的身份、职务、地位不同，但"我"的思想性格、内心独白是一致的。这里只说《我啊，我》。这也是一篇"心电图记录"，写出了一位内向的、相对保守封闭（或者说是具有在开放时期，正在转换的传统心态）的军人，在开放开通女性和新型社交生活面前的纯真而动荡、惶遽而变换的心态，从"私人性事件"中反映了社会风气、社会心态、人际关系的新变化、新面貌。

当然，刘兆林还有写得成功的非第一人称叙事视角的作品，如《啊，索伦河谷的枪声》《雪国热闹镇》《黑土地》，等等。《啊，索伦河谷的枪声》写一个从上级机关下派的新任连指导员，来到连队，面对从老连长到老兵和各种"病兵"（思想病）的各种调皮、抵制、考验，如何化解矛盾冲突，建设连队。这个故事反映了新的连队、新的时代、新的人物的新风貌。这也反映了刘兆林随着时代、社会的前进变迁，也使自己作品的内涵风貌随之前进变迁，那种"'新兵'眼中的连队-社会的风情与变迁"，转换成《啊，索伦河谷的枪声》《雪国热闹镇》《向北，向北》中的新面貌、新风情；并从这里以"军人-连队"的视角反映了整个社会的前进变迁。如果我们将刘兆林的小说系列纳入"'故乡/边镇'—'第二故乡/连队'—人物心态变迁轨迹—自身情怀发展'心电图'"这样一个"军旅生涯-社会风情"的叙事框架中，就更可看出它们的社会档案、历史文献、心态史的文学的、文学社会学的和文化人类学的意义与价值了。

还必须指出的是，刘兆林在他的作品中，总是反映了人的心灵美。一种来自生活的、真实的质朴的美。《绿色青春期》中的团长，《啊，索伦河谷的枪声》中的老连长王自委和老兵刘明天，《黑土地》中的"黑土地"等，以及一系列"父亲"的形象，都具有这种心灵美。还有"女性系列"，众多的女性，不同的出身不同的教养，处于不同的时代、社会和自然环境下，面对不同的问题和人生选择，也带有各自的缺点，但她们都有一颗美丽的灵魂明亮的心。刘兆林用自己的笔和心，描写了她们的真实形象，同时寄寓了自己的审美理想和情怀。

刘兆林现在离开了"故乡-北国边镇"，也离开了"军营-连队"，但它们仍在他心中，仍是他的创作心理中的宝贵的积淀和创作之源。近十年中，他又有了"地方-社会"的生活积累，如何在这种"文化的混合和混合的文化"的基础上，利用原有的生活积淀和艺术原点，发挥新的积蓄之所长，写出新的生活、新的社会-时代、新的人物、新的作品呢？这是我们对刘兆林的新的期待和祝福。

走进作家的思想与艺术世界[①]

——关于王占君研究的一些想法

祝贺王占君研究中心的成立。这是一件值得注意和值得祝贺的事情。这一方面说明了辽宁社会科学院文学所注意到研究本省的作家、本省的文学现象，体现了正确的科研方向；另一方面，也表现了阜新市委、市政府对于文学以至文化工作的重视。我作为一个科研工作者，对此感到高兴和羡慕。

会议主持人要我在会上作一个发言。我就在这种心情的基础上，谈一些感想，供大家参考。

在研究工作上，永远有一个根本性的问题需要首先解决，这就是研究工作、研究工作者和研究对象的深层次的结合，即全面、系统、深刻地结合。我们成立王占君研究中心，主要的目的是要开展好研究工作，这项工作的好坏，就看这种结合的程度如何。关于如何做到深层次的结合，我在这里谈几点感想，也可以说是几点认识。这可以归纳为以下几个方面来谈。

一、作家研究的总体框架问题

我们对一位作家进行研究，在总体上，有一个框架，也可以说是构架，这意思是说，这种研究工作，在总体上有一个将"作家的全部"纳入其中的框框，而且，它的几个组成部分是互相结合，互相渗透，形成体系，构成一种结晶体似的构造的。这种总体设计性的构架有其共性，

---

① 这是作者在王占君研究中心成立大会上的发言记录整理稿，曾收入1998年辽宁人民出版社的四卷本《彭定安文集》第四卷《历史的灯影》。

也有其个性（即每个作家研究，又有大同中的小异）。

一般地说，作家研究的框架，有两种"模式"，也可以说是内涵。一种是韦勒克和沃伦在他们的名著《文学理论》中提出的"外部研究"和"内部研究"，也可以说是"外部规律"和"内部规律"。这是一种方法。还有一种方法，与此说相通，不过，又细分了一下，这就是在西方文论中研究作家时所使用的一种框架，"人生/人格，层面、文本层面、抽象结构层面"。这里的第一层面和第二层面的一部分，相当于外部研究，即研究作家的生平、思想发展审美理想及其同历史、社会、时代的关系，他的作品同这些外部条件的关系，等等；第二层面的一部分和第三部分，则是"关起门来研究"，而把作品文本看作一个封闭体系，研究它的叙述范型、结构、语言、人物以及这一切所构成的抽象意义上的内涵、意蕴、象征，等等。

必须说明，在这样不同的确定框架中，是可以装进种种不同的批评理论、学说和方法的。

我现在根据这种一般性理解来谈谈对王占君研究的设想。如果这种设想，还有一点可取之处，那么，这就算是一种建议。

二、王占君外部研究

王占君作为一位作家，在对他进行外部研究时，是颇有研究头的。首先说在"人生/人格"层面的研究。他的人生应该说是不幸的、坎坷的：可怕的摧残性的疾病，摧残了他的身体，他不能不在床上和轮椅上生活。这就不能不使他失去了常人的工作条件、生活条件以及许多人生乐趣。这也就容易导致心理上的障碍、精神上的委顿、情感上的消沉。许多类同情况的人，会因此躺倒在床上和轮椅上，同时，也就是躺倒在家人、亲人的以及组织的肩头。但是，王占君却不是这样，他是倒而未倒：身体上躺卧床上或坐在轮椅上，但精神上却是挺立着的。这就是一种自己创造的人生，而这种战胜困难、战胜客观条件，在主观上发挥了一种能动性的人生，同时也就表现出一种人格。在这些方面，我想会有许多事情、许多日常生活情节、许多奋斗的故事，喜怒哀乐、跌宕浮沉、自我斗争、内外斗争，等等，可以研究的东西是很多的。

当然，王占君的这种生活经历、人生奋斗和人格锻炼，是在一个特定的社会、时代、地区、家庭、家族条件下发生和实现的。这些外部条件，如何给了他以支持、帮助、鼓励，如何成全了他，如何以外部的力量，启动了、支撑了他的内部的力量，这些，又是可以很好进行研究的。

这些，大体上可以纳入"传记研究"的范畴，对于王占君的创作（文学活动和作品文学产品）来说，可以通称为外部研究。但我以为这种外部研究是和内部研究相通的，就是说，这些"外部事务"，都会经过种种中介、通过种种渠道，以种种方式，进入、渗透、灌注于他的全部作品之中，成为他的作品文本的内在素质的构成因素，也成为他的作品的"抽象结构层面"的内韵的渊源。

如果我们采用艾布拉姆斯的"镜"与"灯"的命题，那么，王占君的作品，不仅是他所写的题材（包含它的时代、历史、社会内涵）的一面"镜"，而且，也是他的心灵之"灯"，对题材和作品的照射。而无论是"镜"，还是"灯；都和他的"人生/人格"框架和质地分不开。如果我们这样来进一步地、深层次地进行研究，我们又会获取更多的东西。

而且，我们还可以推进一步和再具体地延伸这种研究。比如，把这种外部研究，再扩大到王占君生长、成长、成为一个特质作家的历程，放到20世纪50—70年代的中国文化语境中来研究，放到他所生活的地区——阜新——的社会条件、人文环境和文化语境中来研究（这就具体化了，阜新不同于沈阳、大连，也不同于丹东、本溪，等等）。我们还可以推进到辽宁的作家群中来研究王占君。这种扩大了的研究，就不仅仅是研究了王占君，而且，研究了"其他"，而这种涉及"其他"的研究，"返回来"又可以推动、深化对王占君的研究。这是一种"个体、环境、群体"研究，它具有拓宽力和深化的功能、作用和意义。

我想，从这许多方面来研究，研究的对象、事项是很多的，内容很丰富，也会所获甚多。

三、王占君的内部研究

是指对王占君的作品研究。现代文论和文学批评中，喜欢称为"文本研究"。这不是一种名称的、只有表面意义改变。它有实质意义上的不同。"文本"有一种特定意义，即它是一种用符号（语言）来构成的一个封闭世界。它是作家的主体活动的产物，但产出之后，它就具有了独立价值，成为一个"第二自然"。"文本"研究常常不管"意义"。作品研究却往往而且在中国文论中是必须探究和揭示其意义。

我们对王占君的文本研究，是"中国式"的，即还要研究它们的"意义""价值"，等等。这就不能不涉及时代、社会、历史等外部条件。所以我前面说，文本研究的一部分是进入外部研究的。

对王占君的内部（文本）研究，有一种特殊意义，这同他的文本的特殊形态分不开。王占君以《白衣侠女》闯入文坛，而且获得了他自己的特有的读者群即接受者。以后，他的作品从这种具有剑侠小说性质的小说，进入到历史小说的部类，如《隋炀帝》《契丹萧太后》等。但不管这种变化是如何值得注意和研究，他的绝大部分作品，他的重要作品，是属于史传类型的。

中国的传统小说，基本上分属两种大类型：史传型与诗骚型。也可以不太准确地说是讲史型和言情型。史传型小说，从宋元话本的"讲史"类到《东周列国》《三国演义》到明清小说中的历史题材的种种作品，一脉相承，发展延续了很长的历史时期。王占君的作品，实际上承继了这种文学传统。这是他的作品的"意义世界/价值世界"的一个重要方面。

但更重要的是，他的作品自身所具有的思想的、历史的、社会的、文化的等多元多重的意义。作为处理历史题材的小说，王占君的作品，离不开历史，因此也就具有两方面的历史意义。一方面，是因这段他所写的历史自身的意义，比如隋代、契丹的历史；一些重要历史人物的意义，如隋炀帝、萧太后等。另一方面，是王占君对这段历史的反映的意义：他反映了什么、如何反映和反映得如何？——这些，应该说统统属于外部研究了。但同时我们也可以进行内部研究——文本研究。即王占君采用了什么样的叙述范型、如何构造他的小说世界、使用什么样的语言以及为何使用这种语言来完成他的小说？

在意义世界方面，从外部研究的范畴说，可以追究探索王占君是如何看待、评价这段历史的？如何看待评价那些历史人物的？又是如何评价那些历史事件和历史人物的行为的？这里，可以说具有一系列的历史内涵和"王占君评价"这两部分所构成的意义世界：其中包含政治的、社会的、历史的、文化的意义。

同时，作为文本研究，我们还可以探究，王占君对他的处理对象（历史、历史事件与人物，各个人物之间的关系，等等）的态度，情感、意识、心理，等等。这里有历史感、社会观念、道德观念、情感范型、人生体验、生活感受等等在内。而这些，都是王占君个人的，是现代的，而非历史的。这是又一重意义世界。

再进一步，就是抽象结构的层面的文本分析了。在这里，我们可以追求和研究王占君文本的"符号示义"，它或者明确地，或者隐蔽地，或者象征地，或者反衬地，诱导读者去阅读，并使读者在阅读过程中和归宿处，领会、体察出他"预先构想的效果"。比如说，历史观念上的，"英雄传奇"或"群众历史"或"权力情结"，等等；又比如在人生体验上的种种内涵，如"权力/伦理"，"政治情感/亲情"、"奋斗"、"孤独"、"心理流浪"，等等。

四、关于综合研究

综合研究是社会科学研究的方法论上的重要内容。文学研究也是如此。综合研究，有"大""小"之分。就王占君来说，大综合研究，就是以王占君传记研究和作品研究为中心，扩展到社会、历史、时代、区域、家族、家庭、友朋等方面；又扩展到他的生平的每一区段的具体的各方面的状况，把"王占君、作品、环境"三者综合起来，看作一个有机的系统来进行研究。

如果按照丹纳在《艺术哲学》中所说的，作家、作品的决定性因素是种族、环境、时代三者，那么，这种大综合研究，就是把"王占君/其作品"这两个有机系统，纳入这个三相大系统来研究。

丹纳还认为，三因素中，种族因素又是质一性的。他的"种族"，不仅包含民族、家族、家庭，而且包含作家自身的气质、情趣、心态、思维与情感特征等。这些，又为我们开展一种"大综合"中的"小宇宙"的研究，开辟了一个领域。这个"领域"，是可以外部研究和内部研究相结合地进行的。

我这里的"小宇宙"说，是借用了斯宾格勒的命题。他把"个体"看作一个"小宇宙"，而整个围绕他周围的世界，便是一个"大宇宙"，它影响着"小宇宙"。从这个命题，也可以进行非常广泛范围的综合研究。

　　所谓"小综合"，是指把王占君的所有作品，作综合的研究。读《王占君诗文选》，可知他除历史小说这一体裁之外，还写诗写文、写现代小说、写电视剧，这些，都可以综合起来研究，这可以看到一个"全人"、一个"作家整体"。

五、关于比较研究

　　这里的比较研究，有两重意思：一是比较地研究，即使用比较方法的研究；二是比较文学的研究。所谓比较地研究，也有两方面。前面说过，王占君的小说，可以定位为通俗历史小说，也可以说是带有传统模式性质的小说，由此，也还可以说属于大众文学范畴。如果这种定位可以被接受，那么，一可以拿王占君小说，同古典的、传统的同类型小说进行比较，以寻其继承传统之处，发扬和改变传统之处，以及创造性、独特性的表现所在。二也可以拿来和现代的同类小说进行比较，比如，同金庸小说的比较，如此等等。三可以拿来和其他当代大众文学作品进行比较。

　　至于比较文学的研究，我想，首先可以同东方国家的类似体裁的作品进行比较，也可以同西方大众文学作品进行比较。

　　这里要申明的是，这两种比较，目的都不在比高下优劣，虽然也不免包含这一内容，但主要的却是进行创造意识、宗旨，美学理想，结构模式，叙事范型，语言-言语构造等方面的异同比较，经过这种比较，可以深入一步开掘研究对象的素质内涵、美学构成、文化类型，以及这一切方面的成就及其性质。

六、关于主题学研究

　　王占君的作品，主体部分、多数部分，应属于"历史小说"，从古典的、传统的意义说，是"讲史"类，从现代意义上说，是以历史为题材的小说。如果仅从题材的历史范围来说，处理的历史题材，具有新鲜感，即为一般同类小说所少写和未写的。如白衣侠女、隋炀帝、契丹史，等等。这方面自然可以探究，即他为什么会和为什么要选择这段历史、这个历史人物来写？这可以从创作意识、知识准备、美学追求等方面来讨论。

不过，我以为更值得探究的还是主题学意义上的课题。克罗齐曾经说，任何历史都是现代史。这意思是说现代人回眸历史，总是带着现代眼光、现代思想反映现代生活的，是站在现代的对历史的回顾与反思，而不会是古人古心地来讲古。法国新史学派即年镳学派的历史观中，有一种说法，即历史是活着的人为了活着的人使死人重新活一遍。这同克罗齐的观点同类，但更具体，更鲜明、更深入了。我们不妨用这样的观点来看待和分析王占君的小说是如何处理历史题材的。详细地表述是：王占君这位现代作家，是为何和如何（怀着怎样的宗旨、主意、期待等）来为了现代人，使死人重新活一遍的？他又是怎样使死人活起来，并重新活了一遍（即怎样活法、如何建功立业、如何处世待人……）？在这一系列的"预设问题"中，就包含着对他从"历史-现实"这个双相框架中，确立了怎样的主题，并怎样来完成这个主题的？这个主题，表面上是历史的，但实质上，却是现实的：在历史的主题之中，蕴含的却是现实的意义。王占君对于现实的态度、对于生活的体验、对于历史的是是非非的观点，对于人际关系与亲情、对于生命的价值意义的体察，如此等等众多的"意义"，这些现实的主题，是都蕴含在历史的描述之中的。在"历史"的外衣之下，包裹着的是现实的灵魂。我以为，在这样的研究中，可以包容外部研究、内部研究于其中。

七、关于接受学研究

王占君拥有一个广大的读者群。这一群体是一个特殊的文艺理论批评889构成。这值得分析。当他的《契丹萧太后》在《辽沈晚报》连载时，我们省政府干休所收发室的一位老同志，原是一个工厂的工会主席，他不但每天连续阅读，而且每天剪下来，自己贴好装订成册，其喜爱之情可见。我们对于这个广大的读者群，不可忽视。按照接受美学的观点，作家写完作品问世了，只是完成了作品的一半，另一半，要由读者来完成。还可以说，作家使作品具有了固定的"含义"，但"意义"的产生，却要靠接受者的创造。从这种阐释学和接受学的角度来分析，我们还可以研究，王占君是如何提供，又提供了什么"含义"，它能够给读者进行什么样的"创造"？这里，既有"王占君研究"，又有"王占君接受研究"。后者的研究成果，又会返回来，补充、延伸、深化王占君研究。如果进行这种研究，还可以和应该进行"阅读调查"（问卷调查或座谈），进行一种实际研究。这会使研究更具有实际意义和社会意义。

八、附言

以上，我谈了一些不成熟的看法，未必有益，只供研究者的参考。我因为冗务繁杂，常常不能静下来真正研究问题，总是浮光掠影、蜻蜓点水，这常常使我自己感到惶恐和惭愧。在前面提到的两次会上，我应邀作了简短的发言，不意王占君同志竟"在意"了。大约两个月前，在一次会上，他手转着轮椅来到我的面前，说："你把你在那两次会上的发言写出来，给我们《新蕾》发表吧，长一点写都可以的。"他的挚诚恳切的约稿，使我难于推脱，虽然我预计到近期的忙迫。好在我记住了他一句话："九月发稿，你九月写出来就行。"这样，我应承下来，应付着各种事务和活动，却时时想着这件任务，到九月中旬了，不能再拖了，我硬挤着安排了这一写作。终于，在平时想起时就记下一点这样积累而成的提纲上，写成了以上一篇综合两次发言内容的拉杂的文字。这只能算是一个讨论稿。我的目的，不敢说是我"说了什么什么"，而只是我"说的什么什么可供讨论"而已。抛砖引玉，此之谓也。

最后，我想借此机会，祝愿占君同志层楼更上，写出更多、更好的作品，循着自己独辟的蹊径，继续前进。最近，又读到他的新作《辽太祖阿保机》。这段历史，在历史研究范畴内都是不多见的，而在文学领域里的反映，就更是罕见的了。这种题材领域的开发，首先就值得肯定。祝他取得新的成功。

文艺"五性"与当代文学①

　　文学艺术具有与生俱来的"五性"，即人民性、社会性、时代性、思想性和艺术性，而且，它们之间是互相汇融、彼此渗透的。这不是人们对它的主观规定，也不是理论家硬性给它的定位，而是它自身在产生之初，就这样定性了。从发生学的角度来究其底，我们就会看到，文学艺术为什么一出世，就这样地铸就了自己的这种基质、形成了这样的特征。原始人类，为了祈求艰辛的渔猎多获、原始的农业丰收以及疾病痊愈、多生子女，或者还有械斗胜利、出外顺畅等"生之需要和目的"，或者是事前的祝福，或者是事后的庆祝，会聚众祷告神明、先祖、鬼神，祈求赐福，同时欢聚娱乐。他们进入迷狂状态，手之舞之足之蹈之，吟诵、歌唱、舞蹈、祈祷，与鬼神同在共舞。这时，他们的行动，将原始的音乐、舞蹈、诗歌、戏剧、宗教、科学等熔于一炉。以后，在长期的历史发展过程中，这些人类认知和思想-情感活动的内涵，逐渐互相剥离、彼此分支，在互相影响中，独立地发展，成为"各自为政"并沿着自身的特征地发展，形成各自独立的体系。但在它们汇融一体地产生和发展的初始和滥觞期，那种为了人的生存需要、为了人的幸福而从事的艺术活动和形成的艺术心态，就奠定了它的笃定不移的人民性，它与人类的存在、生产、生活，息息相关。

　　而文学的社会性也就同时产生。马克思说"人在本质上是社会关系的总和"。人类生活于社会之中，社会因人类的生产、生活而存在和发展。文学作品是作为社会的人的作家，写出来反映社会，供社会的人阅读，因而是为社会而存在。社会不接受，"孤芳自赏"，它实际上就不存在了。因此，文学的人民性就蕴含着社会性，而其社会性也就包容了人

---

①　原载《芒种》2016年第4期。

民性，二者会融一体。当然，原始群落以至后来的部落，聚众而居，还只是构成一个拥有相当数量的人群，构成了一个具有一定社会性的群体。而就其巫术、敬神、祈祷、游戏等活动来说，就是一种社群活动、集体游乐，是融娱乐、游戏、体育于一炉。这便是一种初级的社会，是后来文艺的社会性的滥觞。以后，人类的社会组织越来越发展、庞大、复杂、严密，社会性也就越强。文学艺术永远是人类社会生活的反映，是为了社会性的目的、反映社会生活、又为社会服务的。同时，社会又是生存于一定的时代之中的，即具有时代性。就长时间段来说，在不同的历史发展时期，都赋予这个历史时期的社会以明显突出的时代性。在断代的历史时期，在历史转折和巨变时期，更会有各自的突出的时代性。比如中国的春秋战国时代、魏晋时代、唐宋元明清各个时代，西方的"黑暗中世纪"、文艺复兴时期等，都具有其鲜明突出的时代性，并产生各自的反映其时代性、具有鲜明突出时代特征的文学艺术作品。至于文艺的思想性和艺术性，当然也是它的存在的本质和必备的特性。没有思想性和艺术性的文学艺术作品，就不能称其为文学和艺术。没有思想性和艺术性的作品，只有思想性低下、缺乏和艺术性低俗、匮乏的文艺作品。

关于文艺的"五性"，从中国的儒道释三大家的论著——"诸子"中，在从《文心雕龙》到《诗品》到历代文论、诗话、词话等类著述中，都有专门的、分别的或片段的蕴含这种内韵的系统论述、宝贵感悟和理论元素；在西方，则从亚里士多德的《诗学》、贺拉斯的《诗艺》到后来的格罗塞的《艺术的起源》、丹纳的《艺术哲学》、阿诺德·豪泽尔的《艺术社会学》以及普列汉诺夫的《没有地址的信》和《艺术与社会生活》、哈拉普的《艺术的社会根源》，还有韦勒克、沃伦的《文学理论》等这些文艺理论的基本著述，更有切实的、系统的、雄辩的逻辑论证，并被普遍接受和应用。马克思主义文学-美学理论，更是充分肯定和强调文学的"五性"。这里无法详述，仅举一例以为证：恩格斯在评论欧仁·苏描写了大城市"下层等级"的小说《巴黎的秘密》时，在批判分析的同时，还肯定其在"小说的性质方面发生了一个彻底的革命"，因为小说的主人公由"国王和王子"，转变为"穷人和受轻视的阶级了"，"而构成小说内容的，则是这些人的生活和命运、欢乐和痛苦"；并且肯定这和乔治·桑、查·狄更斯等现实主义作家共同构成的文学流派，"无疑的是时代的旗帜"。这里就明确地宣示了文学的人民性、社会性、时代性，以及思想性和艺术性的内韵。

至于从创作实践和作品实际来看，那么，那些世界文学奥林匹克山上的众多尊神，以及他们留下的，中外古今成为人类文学艺术和文化珍贵积淀的，其艺术典型进入人类艺术瑰宝长廊的作品，都无一不是具有广阔、深邃、隽永的"文艺五性"的作品，它们深刻地而又是艺术地，创造了不朽艺术典型地，反映了自己那个时代的社会生活，反映了那个时代的人民的心声和祈求，反映了那个时代的精神气质和历史面貌，而且其反映是深刻的、精到的、美好的，具有崇高的、深邃的思想性和卓越的深厚审美质素的艺术性，从而塑造了反映那个时代的艺术典型形象，这些作品成为后代千秋万世的珍贵遗产，丰富和养育着人们的高尚、美好的精神世界。这是每个民族的、全世界的文学艺术的历史所鲜明昭示和证明了的铁的事实。巴尔扎克宣称自己要当"社会的书记"；托尔斯泰则表明自己要"写人民的历史"；鲁迅则说："'中国的大众的灵魂'，现在是反映在我的杂文里了。"这些伟大作家的创作立意和根本宗旨，就具有文学"五性"的意义。这是明确地表达了自己崇高的创作宗旨的作家。他们的作品也就达到了反映人民生活和社会进展以及时代精神的目的，因而不朽。

2014年10月15日，习近平总书记《在文艺工作座谈会上的讲话》中，结合我国当代的文艺现实，对文艺"五性"尤其文艺的人民性、社会性和时代性，都作了深刻的论述，并特别强调了文艺的人民性和时代性。他指出："文艺深深融入人民生活，事业和生活、顺境和逆境、梦想和期望、爱和恨、存在和死亡，人类生活的一切方面，都可以在文艺作品中找到启迪。""人民既是历史的创造者、也是历史的见证者，既是历史的'剧中人'、也是历史的'剧作者'。"他强调指出："第一，人民需要文艺""第二，文艺需要人民""第三，文艺要热爱人民"。因此，他指引文艺的发展方向，是"坚持以人民为中心的创作导向"。他论述道："人民的需要是文艺存在的根本价值所在，能不能搞出优秀作品，最根本的决定于是否为人民书写、为人民抒情、为人民抒怀。一切轰动当时、传之后世的文艺作品，反映的都是时代要求和人民心声。"而作家艺术家和文艺作品的成就与业绩，思想性和艺术性，都建立在人民生活和精神的基础之上。他引用诸多中外文艺作品为例证，指出："精品之所以'精'，就在于其思想精深、艺术精湛、制作精良。"正因为如此，即文艺以其精深的思想性和精湛的艺术性，而成为"铸造灵魂的工程"，作家也成为灵魂工程师。所以他指出："好的文艺作品就应该像蓝天上的阳光、春季里的清风一样，能够启迪思想、温润心灵、陶冶人生，能够扫除颓废萎靡之风。"至于文艺工作者如何能够达此境界，归根结底还在于深入社会生活、情系人民群众。习近平同志着重指出："文艺工作者想要有成就，就必须自觉与人民同呼吸、共命运、心连心，欢乐着人民的欢乐，忧患着人民的忧患，做人民的孺子牛。这是唯一正确的道路，也是作家艺术家最大的幸福。"又说："文艺的一切创新，归根到底都直接或间接来源于人民。"

最早明确地提出文学的人民性这一理论概括的，是俄罗斯伟大的文学理论家和批评家别林斯基、杜勃罗留波夫，他们使用这一正确的理论观点，评价、推举、培养了一批俄罗斯伟大的作家和他们的作品。我们在上世纪50年代引进了这一理论并运用于文学理论和批评中，用以肯定了一批现当代文学作品，并用以研究文学史。但是，这一理论后来被极端化、庸俗化地使用和发挥，使它变成为一根打人的棍子。所以在新时期以来，就被废弃不用了。这也反映了在一些作家和批评家的思想观念和创作实践中，缺乏文艺的人民性观念，甚至少数人持反对文艺人民性的观念。前已述及，文学的社会性和时代性，向来是文学研究者的基本观念和理论范畴。只是在20世纪的50—60年代，被扭曲发展为庸俗社会学，错误地否定了一些现实主义作品，挫伤了作家们的创作热情，扭曲了理论的指导意义，至"文革"时期更达到登峰造极的程度，文学被勒令成为主观臆造的产物，于是，后来物极必反地产生了否弃文学的社会性、时代性的理论价值和指导意义的情绪和作为。

近些年更出现了一些奇谈怪论，在理论上否定文艺的人民性、社会性和时代性。也否弃文艺的思想性；而在艺术性方面，则一味追求新奇、模仿怪异、热衷庸俗低俗以至恶俗。有的作家标榜自己是"只写我自己""无目的的写作"，有的学者居然说"我越来越怀疑文学与时代有什么关系"，有的则宣称"文学跟时代根本没有什么关系"，甚至有的说"文学离开时代越远就越具有文学性，要'回到文学自身'。"其实这些都是缺乏文学常识的昏话，谬种流传，误世害人。

而与之同声相应、同气相求的，则是在文学史和文学理论研究领域的有害表现。有的所谓理论家、批评家还有一些伪学院派，鼓吹文艺脱离时代、脱离人民、要"纯文学"，并以此为标的，把文学史上某些虽然艺术性较高、在一定程度上反映了上层社会阶层或者社会底层人们生活，但却未能反映社会生活主流和底层人民困苦挣扎、艰辛奋斗的作品，给予崇高的评价。这种翻历史的旧案，给过去彻底否定或者否定过多的作家和作品，以符合实际的正确评价和应有的地位，是应该的、合理的、正确的。但是那种把他们吹捧得上了天，祭奉为中国文坛的北斗的瞎吹，而同时又相对应地贬低、嘲笑甚至否弃那些反映了历史深层、人民苦难、民族命运的伟大作家和他们的作品，如民族魂鲁迅等。——在这方面，甚至坚持不懈、不遗余力、不惜深文周纳，造谣污蔑，颇有不达目的誓不休之慨。这样做，就很不对了。这不仅在文学艺术上倡导一种错误方向，宣传一种违背文学理论的歪论，而且引导一种违背历史大潮的文化逆流。

而在创作实践上，则是背离我们伟大的社会现实，不懂得中国现代化进程所带来的旷古未有、震惊世界的时代变化和社会进步，不理会也不理解其伟大的历史意义和世界影响；也熟视无睹中国人民在主要方向上的超越历史的进步，创造性发挥聪明才智，开辟着实现民族复兴的伟大中国梦的革命道途的现实，他们背对着伟大的社会现实，"情不系苍生，思不关社稷"，只是瞩目眼皮底下，或自己内心，而重视什么"回到自己内心""远离时代，回到文学自身"、还有什么"下半身写作"和"写下半身"，有的则是离开社会现实的宏大和美好，写狭小的社会面、写一己的欢欣愁怨、写三角四角甚至多角恋爱以及畸形爱、写皇室争斗和后宫争宠，甚至写痈疽、病态、落后，稍好一些的，故作高深，写抽象的性灵、"哲思"，实际空疏浅薄；或者盲目学外国，东施效颦地蹩脚地模仿西方现代派，制造脱离现实的故事，又采取主观臆造的稀奇古怪、不知所云的叙事模式，搞一些伪现代派或伪先锋派作品。有的作家身染铜臭气、得意于销路多多稿费高高、声名隆盛。甚至反传统、反崇高、反理性、反理想、反审美，讥讽文艺创作对思想性、艺术性和审美素质的追求。

这些，都不仅是无视人民、愧对伟大社会现实，而且是糟蹋文学的。真正有出息的作家，真正能够以文学为人民服务、为社会主义服务的作家和作品，就应该主动地、自觉地、充分地创造、发挥文学的"五性"，这才能使文学真正成为人民的心声、社会的灵台、时代的号角，成为实现民族复兴的伟大中国梦的精神与文化推动力和良知良能。

我国现今的社会现实和时代风貌，是已经具备产生文学大师的条件了。我们已经成为世界第二大经济体，现在世界上的任何重大问题的讨论和解决，都不能没有中国的声音和态度，我们的社会结构发生了历史上从未达到过的前进性、现代性的变化，城市化程度达到空前的高度，中国人在世界上真正扬眉吐气，而且正在发挥着民族优秀精神和聪明才智，进到"大众创业，万众创新"的局面。这是中国从未有过的社会现实与民情国威。这些，在我们现在的文学中，是反映得很不够的。不少作家，对此熟视无睹，不是反映美好的中国故事，而是闭门编造狭小的"个人私事"，缺乏文学的人民性、社会性和时代性。现实期待的是能够自觉地不仅坚持文学的"五性"，而且使之充分发挥，达到高层次的思想与艺术境界，使作品无愧于我们正在实现民族伟大复兴的中国梦的社会现实与人民需求。在总体上，我们的当代文学，是未能适应我国社会主义现代化的进程，未能很好反映其伟大成就和辉煌现实的。也许可以说愧对当代社会与人民。

几千年以小农经济为基础的社会结构，从根底上被现代农业和生产方式所解构，向城市化、现代化转换；十几亿农民在现代化进程中，或者进城转换身份，或者从事越来越增加的现代农业生产方式、实现身份、人格主体、社会角色及文化心态的现代化转换；城市也在迅猛地、规模化地实现现代转化；十几亿人口从传统人向现代人转化；延续几千年未曾断裂的古老中华文化，创造性在实现现代转化。新的社会主义中国社会、新的现代中国的国民性，已经和正在产生。这样伟大的现实，在中国亘古未有，在世界也是仅此一见。它不是提供了产生文学大师的社会条件和时代氛围吗？它不是在酝酿着、培育着新的艺术典型的出现，而等待作家艺术家去理解、诠释和塑造吗？真具有呼之欲出的气势。但是，很遗憾，人们却转过身去、背过脸去，看着自己的脚下、身旁、近距离周围，而于伟大的现实和时代声响，却闭目塞听，放弃能够成为伟大的可能性。这是何等可惜！

习近平同志在上述《讲话》中指出："有的同志说，天是世界的天，地是中国的地，只有眼睛向着人类最先进的方面注目，同时真诚地直面当下中国人的生存现实，我们才能为人类提供中国经验，我们的文艺才能为世界贡献特殊的声响和色彩。说的是有道理的。"并指出:"古老中国的深刻变化和13亿中国人民极为丰富的生产生活,为文艺创作提供了极为肥沃的土壤,值得写的东西太多了。只要我们与人民同在,就一定能从祖国大地母亲那里获得无穷的力量。"他语重心长地告诫:"热衷于'去思想化''去历史化''去中国化''去主流化'那一套,绝对是没有前途的!"

我们现在需要能够无愧于今天这个时代的文学,它具有充足的、深沉的、美好的"文学五性",它能够反映中国古老社会深层结构的现代性变化,能够反映正在完成从传统人向现代人转换的新的中国人即现代中国人的精神面貌和文化-心理结构;能够反映在人类新的历史时期的"中国世纪",能够创造出新的伟大中国的艺术典型,取代阿Q,而进入世界艺术典型的不朽画廊之中;这个文学,能够革新、能够创造新的既继承汉字文化传统,又创造了新的汉字文化的新的语言——新的语式、语言规范和叙事范型。社会生活提供了这个条件、时代响彻着这种声音、人民呼唤着它的诞生,文化的现代性转换,也输送了这种文化的与艺术的气质、威势和底气。我们期待着!

辽宁文学：未来30年的发展预想①

辽宁文学已经走过新时期的三十年，取得了可喜的成绩。

未来三十年的走向将会是怎样的？这里拟作一个初步而又粗略的发展预想，当然只能是一种个人视角的展望，挂一漏万和失误，均属难免，谨此提出向大家求教并参与讨论。

所谓文学发展"预想"，最基本最主要的依据就是现实生活的发展变化。辽宁未来的发展变化会很大，我们可以用突飞猛进来形容。其性质则是共和国老工业基地重振雄风，并且更有新的发展，工业化程度大大提高，现代化程度更高，城市化程度也更高。人民生活更富裕，消费水平也提高了。人民的文化素质也相应地提高了。这是文学发展的现实依据。它不仅决定文学的发展方向，而且决定它的性质、质地和文化品性。

文学发展另一方面重要的依据，就是文学的现状；现状是发展的起跑点。因此，展望中即带有回顾的成分——自然只是略微的含有。

"预想"的依据还有它的理论支撑，即依据什么理论来"说未来"？

凡预想，都含有个人的观念和观点，含有主观的成分。因此正如恩格斯所说，对于未来的设想愈是具体，就愈会陷入空想。因此，这里只能粗略言之。

一、我关于文学的几个基本认识和基本观点

我一向有一些自己经过学习体会而形成的，对于文学的基本观念，概括起来共有四个方面。这里作一简述，不详细说明。这些观点和观念

---

① 这是作者在一次文学座谈会上的发言稿，未在报刊上发表过。

是我提出下列预想的理论依据。

第一，文学艺术是人类生存、活动和自我养育、自我实现的基本领域、基本范畴和基本手段。从发生学来说，人类从进入文明时代的一刻起，就有原始状态文学艺术的萌生，以后，文学艺术则与人类伴生，共同成长。它们是人类文明之花。

第二，文学艺术作品都具有三重基质：即社会性、本质上的现实主义和文化基质、文化含量、文化品性。凡文学艺术作品，皆未能跳出这个如来佛的掌心。只是多少、浓稀、优劣、高下不同而已。

第三，文学具有与生俱来的三个精魂：一，使命感；二，人文关怀；三，良知激情。这从文艺的发生学上可以得到证实，中外文学史上留下痕迹的作品，率皆如此。

第四，文学艺术作品都是艺术与思想的共同产品，是艺术的甘露和思想的琼浆共同浇注出来的鲜花。不是单方面的产品。艺术不能单独产生文学艺术作品；必须有思想隐匿其中；思想不可能产生文艺作品，但文艺作品必须有思想。文艺作品是"有艺术的思想"和"有思想的艺术"。

这是属于我个人的基本文学理念，也是我作文学预想的理论支撑，所以在这里首先简述一下。

二、辽宁文学未来三十年大体走向的预想

由于市场经济的发展，由于大众文化的兴盛，中国当代文学在失去优越地位之后，存在边缘化趋势；文学叙事合理地分化为两种状态，这就是：

市场写作/文学写作；畅销作品/滞销产品；消遣文本/阅读文本

这种分殊是目前文学创作、文化市场和文学阅读的现状。这里有类别的不同、市场命运和阅读状况的不同，但是却没有优劣的差别。属于大众文化的前一类写作，并不就比后一类作品差；滞销的也并不都是因为曲高和寡，阳春白雪，将藏之名山。前者也可以出巴尔扎克、托尔斯泰。《水浒传》《三国演义》都出自说书，历经大众文学的传播与淘洗，而成经典；"三言二拍"，也从话本和拟话本中产生。后者，也并不总是

滞销、寂寞无人问。不少杰出作品在若干年后，被发掘、被承认，而后风靡世界。德莱塞的《嘉丽妹妹》，就是如此。学者小说《围城》，经电视剧一推，成为畅销书，历久不衰。当然，绝大多数滞销的文学作品，所谓高雅文学，从产生到结尾，都处寂寞中。不少这类作品出生就是死亡。

在未来三十年的文学发展进程中，现在的这种分殊状况，会逐渐改变，即两种文学的结构比的比值，会发生变化。前一种文学作品会在数量上相对减少，而后一种文学，则相对增加。但总体趋势仍然会是前者占多数。

不过两者的质量、文化含量和质地，均会改变。随着阅读公众文化水平、审美趣味和审美理想的提高，特别是目前被称为"不成熟的中产阶级"，将进一步向成熟发展，尤其是文化上的提高与日趋成熟，引发民族公众文学-文化的期待视野的变化，属于大众文化系列的文学作品，社会性会加强、思想性会得到提高，文化品位也会相应提高。在辽宁，文学对于工业化、城市化、现代化现实的反映将会得到加强。这在全国文学界将是一个文学优势。与此同时，文学写作和阅读文本会增加部分文化市场份额；其文学性、思想性以及文化品位都会得到提高。

所谓社会性加强，是指文学作品中的社会含量增加，对于社会生活、社会构造、社会状况及其变化、人与人的关系社会内涵及其变化，等等的反映，会更充分、更扎实、更具自觉性。不像现在有的作品，比如说现在流行的情爱小说，人物在恋爱婚姻的浪涛中翻滚，他们都有现时性的社会角色与公众身份，也在什么公司、企业、机构中出入，但都是抽象的人，是缺乏甚至没有社会性的人；公司、机构等等也是虚悬的空中楼阁，没有社会身份和社会性。故事的内涵也缺乏社会性。托尔斯泰创作他的两部名著，可以作为我们的借鉴和榜样。《安娜·卡列尼娜》原是一个女主人有了外遇最后卧轨自杀的家庭悲剧，托尔斯泰将它"扩大了"，注进了巨大的社会内容，揭露了卡列宁的虚伪本质，将他与妻子安娜的矛盾扩大、深化为两种人生追求的社会性矛盾，并且增加了列文这条线，即农村这条线，并且使之与安娜-沃伦斯基这条线并行。《复活》是托尔斯泰从朋友那里听来的一个案件。但他从整个案件中发掘也创辟了新的社会内涵，深刻地揭露了沙皇统治下的法庭、法律的虚伪，以至整个沙皇制度的黑暗。

从长篇小说来说，由于作家对于生活理解的加深——长篇小说总是也应该是写"过去正在进行时"的社会生活，因为理解和把握生活，需要时间的距离、知识的积淀和历史的反思——会得到一个发展，对于辽宁老工业基地的历史与贡献，对于在这个工业的、现代的企业的发展建设中的人物命运和悲欢离合的人间故事，其反映都会更丰富和深刻。

关于思想性的加强，是说作家对于生活的理解与思索、对于历史的感受与反思，都会更深入也更深刻了。

我想特别强调的是，前面提到的"文学的三个精魂"会得到增强。一个是作家主观上在这方面会加强，另一方面是作品的性质在这方面会加强。经过二三十年的发展，作为文化泡沫式的生产、创作，势必逐渐减少，而向反向进展。这是文化发展的一个规律性现象。

现实主义创作方法与文学的现实主义精神，都将更进一步发展与提高。前面说的"文学都具有本质上的现实主义"，是指的本质的状态，是不自觉状态下的产物。自觉的使用现实主义创作方法和作家-作品具有现实主义精神，则是更高的境界，是自觉地去认识、理解、把握现实生活，走进社会的深流、潜流，而不是浮在社会生活的泡沫上，是一种具有历史感的对于现实的把握。其中，还特别包含对于人与人性的、人际关系的深入理解与把握。米兰·昆德拉曾经谈到"小说死亡"这个问题。他说，小说是如何死亡的？是它"脱离了自己的历史"；"它不声不响、不被人注意地死去"。一位中国作者说，"大量没有意义的、置身事外的小说，也就是落在小说史之后的小说的产生及其占据主流地位，是真正的小说消亡的原因"。我们现在的确有时会有小说在消亡中的危机感，因为，读者不阅读，失去了公众，就意味着消亡。但是，危机往往就是机遇。若干年后，即进到将来三十年期间，这种状况会改变。公众的看不见的手和看得见的手，会改变作家的主观状态和创作意识、创作心理；作家自身，也会觉醒，会投身现实和历史，扬起艺术与思想的旗帜，追求作品的社会性、人民性和思想性。

散文是辽宁的强项，在全国走在前列。未来的发展前景仍然看好。老作家将会层楼更上，取得新的发展；后续的作者队伍还将扩大和提高。这里要特别提出是公众叙事，将进一步得到发展。辽宁散文世界，将会花开缤纷，展开一个辽宁的现实与历史的画卷。

当然，以上所说，是文学发展的可能性，不是必然性。从可能性到现实性，还有一个功能项，这就是人自身的努力，其中包括作家自身的努力和文学倡导方面的努力。评论队伍，是属于文学倡导方面的力量，也是可以作贡献于这个事业的。

（2008 年 7 月）